KB120996

관점설계

관점 설계

에밀리 발세티스
박병화 옮김

성공하는 사람들이
세상을 바라보는
4가지 방법

김영사

관점 설계

1판 1쇄 인쇄 2021. 11. 22.
1판 1쇄 발행 2021. 11. 29.

지은이 에밀리 발세티스
옮긴이 박병화

발행인 고세규
편집 박민수 디자인 홍세연 마케팅 고은미 홍보 이한솔
발행처 김영사
등록 1979년 5월 17일(제406-2003-036호)
주소 경기도 파주시 문발로 197(문발동) 우편번호 10881
전화 마케팅부 031)955-3100, 편집부 031)955-3200 | 팩스 031)955-3111

값은 뒤표지에 있습니다. ISBN 978-89-349-4472-0 03190

홈페이지 www.gimmyoung.com   블로그 blog.naver.com/gybook
인스타그램 instagram.com/gimmyoung   이메일 bestbook@gimmyoung.com

좋은 독자가 좋은 책을 만듭니다.
김영사는 독자 여러분의 의견에 항상 귀 기울이고 있습니다.

피트와 매티에게, 진심을 담아

차례

들어가며

　　어느 봄날 상쾌한 토요일 아침, 나는 홀로 베를린 미테 지구의 한 카페에 앉아 카푸치노를 마시며 당근 비트 스콘을 우물거리고 있었다. 적어도, 그렇다고 생각했다. 독일어로 된 메뉴를 읽을 수는 있었지만, 한 달간 빌린 아파트의 주소를 발음하는 것보다 나을까 말까 한 정도였다. 혼자서 아침 겸 점심을 먹으며(너무 볼썽사나우니 그러지 말자고 한때 〈뉴욕타임스〉에서 한마디한 적이 있다), 나름 멋진 시간을 보내는 중이었다.

　　카페에서 〈뉴욕〉을 들추다가 페인트 색에 관한 글이 눈에 띄었다. 말라가는 페인트를 보는 것처럼 지루한 일은 또 없을 테지만, 그래도 기사 자체는 마음에 들었다. 기사는 검은색에 초점을 맞췄다. 뉴욕에서 10여 년을 사는 동안 뉴욕 사람들은 대체로 검은색을 좋아한다고 들었다. 검은색은 햇볕을 못 받아 하얘진 뉴욕 사람들의 살갗과 강렬한 대비를 이룬다. 또 일하러 갈 때 시야에 들어오는 거리의 지저분함을 가려주기도 했다. 그런데 기사는 특히 검은색 페인트의 다채로운 특성에 흥미를 보였다. 그건 단순한 페인트가 아니었다.

기사는, 런던 과학박물관의 안테나 관에 전시된 BBC 인기 진행자 마티 조프슨Marty Jopson의 청동 흉상을 다루었다. 흉상의 높이는 약 15센티미터, 살짝 보조개가 파인 모습이나 짙은 눈썹, 카이제르 수염이 실물을 꼭 닮았다고 했다. 조프슨은 소품 디자이너이자 발명가였고 아마추어 수학자이기도 했다. 한동안 텔레비전에서 자신이 창안한 과학 발명품들을 소개하기도 했다. 한번은 조프슨이 자기가 진행하는 쇼에 안전 고글을 쓰고 나왔다. 그러고는 오페라 가수에게 고음을 강하게 내면 크리스털 와인 잔을 산산조각 낼 수 있는지 물었다(테스트 결과 가능했다). 영국의 버터사이드 로드에 거주하는 사람들의 도움을 받아, 토스트가 떨어질 때마다 버터 바른 면이 바닥에 닿는지도 실험한 인물이다(거의 버터 바른 면이 바닥에 닿았다). 마티 조프슨의 흉상을 글감으로 삼다니, 이례적인 선택이었으나 딱히 주목할 바는 없었다.

그 옆에 거의 같은 모습의 흉상이 있다는 것을 제외하면 말이다. 두 조각상은 나란히 전시되어 있었다. 비교하자면, 두 번째 흉상은 단순히 하나의 실루엣으로 보였다. 마치 누군가 작은 칼로 곳곳에 구멍을 파서 조프슨의 것과 형태와 크기를 정확히 맞춘 것 같았다. 보조개나 수염은 보이지 않았다. 그림자도 없고 윤곽도 없었다. 아마 손으로 만지면 이마의 주름이나 턱수염 같은 얼굴의 질감이 모두 느껴질 것이다. 하지만 눈으로 보면, 그 모든 세부적인 것들은 허공 속으로 혹은 블랙홀로 사라진 듯했다.

이 두 번째 흉상은 첫 번째와 마찬가지로 청동으로 제작되었지만, 뭔가 특별한 것으로 표면이 덮여 있었다. 지상의 모든 검은색 중에서 가장 새까만 밴타블랙Vantablack이 그것이다.

밴타블랙은 실제로 존재하는 색소가 아니다. 과학자들이 표면에 칠할 의도를 가지고 금속 표면에서 직접 얻어내 조성한 물질이다. 실제로는 아예 질량이 없다. 포뮬러 원의 경주용 자동차나 페라리 엔초의 차체를 구성하는 물질처럼, 밴타블랙은 초박막 탄소 나노튜브의 밀집 퇴적물이다. 밴타블랙이 그토록 새까만 이유는 직사광선을 99.965퍼센트가량 흡수하기 때문이다. 참고로 비교하자면, 아스팔트의 검은색은 직사광선을 약 88퍼센트 정도 흡수한다. 우리가 뭔가 보기 위해서는 물체에 부딪히고 반사하는 빛이 있어야 한다. 빛이 없으면 전혀 사물을 볼 수가 없다.

밴타블랙은 스텔스기의 표면을 칠하는 데 이용된다. 망원경 내부의 선을 긋는 데도 쓰인다. 내가 이 기사를 접하기 몇 달 전 즈음, (내가 앉은 자리에서 기차로 불과 몇 정거장 남짓 떨어진) 베를린우주기술센터Berlin Space Technologies의 과학자들이 우주 공간으로 향하는 마이크로 위성에 밴타블랙을 활용하기도 했다.

영국의 유명한 예술가 아니시 카푸어Anish Kapoor 경은 최근, 자신의 작품에만 밴타블랙을 쓸 수 있도록 독점 사용권을 승인

받았다. 런던 과학박물관에 있는 흉상도 이렇게 만들어진 것이다. 카푸어는 밴타블랙에 대해 이렇게 말했다. "밴타블랙은 우리가 상상할 수 있는 그 어떤 색보다도 더 검다. (…) 너무 검어서 거의 볼 수 없을 정도다. 너무 어두워서 우리가 어디 있는지, 우리가 어떤 존재인지 모를 만큼 모든 감각을 잃어버린 공간을 상상해보라. 특히 모든 시간 관념을 잃어버린 공간을."

카푸어의 말은 과장이 아니다. 그 흉상을 바라보노라면, 온갖 차원의 감각을 상실하게 된다. 우리가 보는 것은 실제로 거기 존재하지 않는다. 환상이며 눈속임이다. 실재와 인식 사이의 틈, 카푸어는 이 틈을 열쇠로 삼았다. 그리고 거대한 예술적 기획으로 평소라면 눈에 띄지 않을 조각상을 획기적 작품으로 탄생시켰다. 우리가 실제로 보는 것이 모든 차이를 만들어낸다. 특히, 우리가 보는 것이 실제로 존재하는 것에서 벗어날 때 차이가 생긴다.

이 책은 바로 그 '특별함'에 관한 것이다.

인간은, 눈으로 보는 것이 실제 그대로의 세상이라고 생각한다. 거울에 자기 모습이 비칠 때, 다른 사람이 우리를 보는 것과 똑같이 자신의 모습을 본다고 생각한다. 눈앞에 펼쳐진 거리를 내다볼 때, 여행하며 어느 곳을 지나갈지 안다고 믿는다. 식판에 담긴 음식을 살필 때, 무엇을 먹게 될지 알고 있다고 확신한다. 하지만 이들 중 어느 것도 항상 완전히 진실하지는 않다. 그보다 우리의 시각 경험은 종종 곡해된다. 우리 인간은 불완전한 인상을 만들어내며, 간절한 마음이 빈틈을 메우고 빠진 부분들을 채워 넣는다. 밴타블랙으로 덮여 있지 않은 사물들을 볼 때도 마찬가지다. 흥미로운 건, 이런 일들이 우리가 의식하지 못하는 사이에 일어난다는 것이다. 일상적인 환경에서는 물론이고 삶에서 아주 중요한 결정을 할 때도 마찬가지다.

나는 동료들과 함께 연구하며, 왜 그리고 언제 그런 일이 발생하는지 알게 되었다. 인간이 세상을 완벽하고 정확하게 혹은 철저하게 보지 못한다는 바로 이 지점에, 내 연구는 유용하게 쓰일 것이다. 우리의 눈이 뇌와 더불어 서로 어떻게 작용하는지 더 잘 알게 될 것이다. 가장 중요한 목표로 나아갈 때 닥쳐오는 거대한 난관들을 극복하는 방향으로 세상을 보게 될 것이다. 이를 통해 자신의 지각 경험을 다스릴 수 있다.

나는 사회심리학자이자 사회과학자로서, 뉴욕 대학교에서 15년 이상 지각과 동기부여에 관해 연구해왔다. 매우 탁월한 학자들과 함께 연구 활동을 했고 유능한 연구원들로 팀도 구성했다. 우리는 함께 설계한 실험의 데이터들을 분석했다. 사람들이 어떻게 자신의 목표를 추구하는지, 그들을 가로막는 것은 무엇인지 전 세계의 연구실에서 나오는 최신 보고서들을 총합해 검증했다.

이런 연구 활동을 통해, 우리는 개인적으로 야망을 성취하는 길에 부딪히게 되는 문제들의 공통된 부분에 주목했다. 나 역시 이런 문제에 부닥쳤다. 의학 학위가 있는 의사도 코감기에 걸리듯, 내가 획득한 동기과학motivation science의 박사학위도 목표를 추구하면서 내가 맞닥뜨린 과제에서 날 보호해주지는 못했다. 하지만 이 과정에서 불거진 문제점들을 통해, 해결책은 무엇인지 밝힐 과학적 데이터에 접근할 수 있었다. 그 결과, 성공으로 가는 길에 부딪히는 난관을 극복하게 할 전략을 발견했다. 연구에 참여해온 수많은 이들과 나의 경험을 통해, 무엇이 가능하고 무엇이 가능하지 않은지 배웠다.

흥미로운 점이 있다. 우리가 발견한 것들은 성공한 기업, 운동선수, 예술가, 그 밖에 뛰어난 유명 인사들이 사용한 방법과 일치했다. 풍부한 과학적 데이터를 살펴보면, 이 놀라운 개인들이 극한의 난관에 직면했을 때 이를 극복하고자 택한 접근 방식이 효과가 있었다. 연구의 결과로 이 책에서 제시할 네 가지 보편적인 전략 안에, 그들의 습관과 일상, 관행의 핵심도 광범위하게 들어 있는 셈이다.

앞으로 설명할 그 네 가지 전략이란 다음과 같다. 더 효과적으로 운동을 하는 데, 조기 퇴직을 위해 더 많이 저축하려고 할 때, 진짜로 하고 싶은 일을 할 시간을 확보하는 데 **관심의 초점 좁히기**narrow our focus of attention 전략이 어떻게 도움이 되는지 알아본다. 그다음, 목표와 단계, 노력을 **구체화하기**materialize 전략을 알면, 지나온 과정을 추적하는 방법을 현저히 발전시킬 수 있다. 또 **틀짜기**framing는 상대의 감정을 읽는 능력, 거래할 때 협상하는 능력, 다른 사람들과의 관계를 좋아지게 하는 능력, 대중 앞에서 연설할 때 두려움을 극복하는 능력을 강화해준다. **시야 확대 기법**wide bracket은 우리가 충동에 휘말릴 때, 동시에 많은 일을 하는 다중작업(멀티태스킹)의 유혹에서, 그리고 언제 경로를 수정할지 판단할 때 대단히 큰 도움이 된다.

이 전략들을 나의 도구함에 넣어놓자. 나 자신을 발전시킬 프로젝트를 실천할 때 꺼내 쓸 네 가지 도구라고 생각하자. 나의 망치, 나사돌리개, 렌치, 집게라고 여기자. 거의 모든 일에 유용하게 쓰일 소중한 기본 도구들이다. 애초에 설정한 목표를 달성하기 위해서는 하나 이상의 전략이 필요할 때도 있다. 집을 수리할 때 하나 이상의 도구가 필요한 것과 마찬가지로 말이다. 목표로 삼은 지점에 도달하기 위해서는 특정한 계획이 필요하며, 일을 되게 만들려면 다양한 옵션을 완비하는 게 매우 유익하다. 마치 모든 것이 완비된 도구함을 갖추면, 렌치를 집어든 선택이 맞지 않을 때 대신 나사돌리개로 바꾸어도 되는 가능성을 가진 것과 같다.

이 네 가지 전략에는 흥미로운 공통점이 하나 있다. 모두 눈의 능력을 활용하는 것과 관계가 있다. 그야말로 '다르게 보도록' 노력하면 시각과 전혀 관련 없어 보이는 일에서도 성공 확률을 높일 수 있다. 최근 나는 어떤 노래를 드럼으로 연주하겠다는 목표를 세웠다(나름 이걸 배우고 싶은 이유가 있는데 곧 말할 예정이다). 박자를 기다려가며 드럼 비트를 치면서, 내가 연구한 전략을 활용하여 예상치 못한 어려움이나 난관도 인내심으로 대응할 수 있었다.

이러한 전략을 적용했던 나의 경험을 밝히는 이유가 있다. 여러분 역시 더 새롭고, 더 창의적이고, 더 나은 방식으로 세상을 바라보아서 원하는 바를 성취할 수 있길 바라서다. 이런 전략들을 왜, 언제, 어떻게, 무엇에 활용하는지 조사한 결과, 완전히 새로운 관점으로 진정한 인생을 보고 살 수 있다는 걸 알았다. 인간은 인식을 다스릴 수 있다. 행운을 키우는 방식으로 보되 그렇지 않은 방식은 회피할 수 있다. 우리의 시각적 경험을 이용하면 하루하루 일상을 더 행복하고 더 건강하며 더 생산적인 방법으로 볼 수 있다.

이 책을 다 읽고 나서, 독자 여러분이 새로운 길과 관점을 얻게 되길 진심으로 바란다. 물론 그런 부분도 다루긴 하겠지만, 금메달을 딴다든지 돈을 더 많이 번다든지 하는 것이 이 책의 주제는 아니다. 자신의 인식 경험을 더 많이 통찰함으로써, 스스로의 목표에 얼마나 다가갔는지, 앞으로 목표 지점까지 얼마나 남았는지, 어떻게 그 목표에 더 빨리 다가갈 수 있는지 더 잘 파악하게 될 것이다. 또 왜 다른 사람들이 당신이 보지 못하는 것을 본다고 진심으로 믿는지도 더 잘 알게 될 것이다. 이러한 관점이 성공을 추구하는 방식에 어떻게 영향을 주는지도 알게 될 것이다. 언제 어떻게 시각이 편향되는지 알게 될수록, 그런 편견을 유리하게 활용하는 법과 그와 반대로 행동하는 법도 익히게 된다.

세상을 보는 방법에 정답은 없다. 이 책에서는 그 점을 존중할 것이다. 대신, 나는 여러분이 당면한 문제에 효과적으로 대응할 수 있도록 여러분만의 가용한 자원 목록을 만드는 데 도움을 주고자 한다. 이 책에서는 강력하고도 아직 계발되지 않은 인식 전술을 여러분에게 제공할 것이다. 그럼으로써 자신과 타인, 주변의 관점을 창조하고 지킬 수 있게 할 것이다. 이는 '볼 수 없는 것' 속에서 가능성을 보게 한다. 나는 사회심리학과 시각적 인식의 교차점에 있는 연구물에 기반해 이 목표를 향해 나아갔다. 인간의 시각 체계에서 신경생물학적 특징을 다룬 나의 작업들은, 그 자체로서 눈과 뇌의 협업이었다.

우리는 주변 세계를 어떻게 인식하고 있을까? 그 과학적 근거를 알게 되면, 목적지를 향해 가는 길은 더 분명해지고, 성공은 더 가깝게 보이며, 그 과정은 더 순탄해질 것이다.

1

새로운
길을 보라

어느 여름, 나와 연구팀은 16개 나라 1,400여 명의 남녀에게 오감 중 가장 잃고 싶지 않은 감각이 무엇인지 물었다. '사라지면 가장 살아가기 힘들 것 같은 감각이 무엇입니까?' 출신지와 연령, 성별에 상관없이 10명 중 7명꼴로 시각을 잃을 때 가장 힘들 것 같다고 답했다. 다수의 사람들이 시각 없이는 살 수 없을 것 같다고 했다. 실제로는, 시각이 없이도 살 수는 있다.

그러면 일단 우리가 시과학vision science의 몇몇 기본사항에 관해 생각이 같은지 확인해보자. 눈이 뇌와 연결되었기 때문에 인간은 시각을 경험한다. 태양의 빛, 하늘의 색깔은 눈으로 인지하지만, 먼저 뇌가 그런 감각을 무언가 의미 있는 것으로 옮길 때라야 비로소 그런 '보기'를 경험한다. 예를 들어보자. 아마인유亞麻仁油와 천연소금, 뻣뻣한 브러시, 아마포, 나무틀은 별개의 물품이다. 클로드 모네가 알맞은 비율과 화법으로 이들을 결합했기에 비로소 우리는 지베르니의 집 밖에서 그려진 그 〈수련〉을 볼 수 있다.

하버드 대학교 의대의 신경의학자 알바로 파스쿠알레온Alvaro Pascual-Leone은 사람이 시력을 잃을 때 뇌에서 일어나는 현상을 밝힌 것으로 유명하다. 그는 사람의 눈이 작동하는 방식에 변화가 생기면, 눈이 보내는 신호를 감지하도록 특화된 뇌의 영역인 시각 피질visual cortex이 놀랍도록 빠르게 변화를 일으킨다는 것을 밝혀냈다. 그는 정상 시력을 가진 사람들을 대상으로 닷새간 시각 없이 생활하게 했다.[1] 자발적으로 실험에 참여한 사람들은 눈가리개를 했다. 이 눈가리개는 해외여행 할 때 흔히 기내에서 착용하는 그런 용품과는 다르다. 첨단기술로 제작된 특수 인화지를 붙인 것이어서, 빛에 노출될 때 반응하며 이를 착용한 실험 참가자들은 햇빛을(혹은 전깃불을) 보지 못했다.

파스쿠알레온 연구팀은 실험 참가자들이 앞을 보지 못하는 닷새 동안 기초적인 점자를 가르쳤다. 참가자들은 3열에 2개씩 격자 형태로 돌출된 다양한 모양의 점자를 배웠다. 'A' 자는 이 격자의 왼쪽 위 모서리에 나타나는 점처럼 느껴진다. 'B'는 'A'와 같은 느낌이지만 왼쪽 중간 열에 점이 추가된다. 참가자들은 점의 위치가 어떻게 다른지, 동시에 몇 개나 돌출되었는지 등을 집게손가락으로 감지하는 훈련을 받았다. 닷새쯤 지났을 때, 그들은 셰익스피어를 읽을 정도는 아닐지언정 손가락 끝으로 기본적인 알파벳을 읽을 만큼은 완전히 점자를 익혔다.

연구팀은 또 매일 기능적 자기공명영상fMRI을 이용해, 참가자들이 점자를 읽을 때 뇌에서 무슨 일이 일어나는지 영상으로 기록했다. 첫날 참가자들의 뇌는 체성 감각 피질somatosensory cortex, 즉 촉각을 담당하는 뇌의 영역이 가장 활발했다. 시각 피질은 점자를 읽을 때의 느낌에 아무 반응을 보이지 않았다. 그러나 시각을 차단한 지 닷새 되는 마지막 날, 이 현상은 반대로 변했다.

참가자들이 점자를 느낄 때, 체성 감각 피질의 반응은 줄어들고 시각 피질이 더 활발하게 반응했다. 쉽게 말해서, 손가락으로 하던 작업이 평생 보는 것을 담당하던 뇌의 영역에서 기록되고 있었다. 일주일도 지나지 않아 시각 피질은 새로운 상황에 적응했다. 실제로 보지 못하지만 점자를 읽는 데 숙달된 사람들의 뇌에서 벌어지는 일을 기록하고 있었다. 뇌의 시각중추가 손가락이 '보는 것'을 기록했다.

파스쿠알레온은 실험 참가자들에게 눈가리개를 씌움으로써, 어떤 의미에서 지각 과정을 재창조했다. 참가자들의 뇌는, 보려고 해도 눈으로는 볼 수 없었다. 파스쿠알레온은 뇌의 매개체를 바꾸었지만, 그래도 뇌는 여전히 화가의 기능을 잃지 않았다. 붓이 없거나 쓸모가 없다고 여길 때, 화가는 색을 칠할 새로운 방법을 찾는다. 잭슨 폴록Jackson Pollock은 통에서 물감을 떨어뜨려 표현하는 방법을 고안했다. 게르하르트 리히터Gerhard Richter는 고무 롤러를 정교하게 캔버스에 문지르는 기법을 사용했다. 파스쿠알레온이 참가자들의 시각을 차단하자, 뇌는 새롭게 보는 방법을 찾아낸 것이다.

이 연구를 통해 발견한 시각의 놀라운 적응력은 신경가소성 neuroplasticity이다. 뇌과학의 세계에서 시각 피질을 유명하게 만든 기능이기도 하다. 이런 카멜레온적인 특성 외에도 사람의 시각을 높이 평가할 이유는 또 있다. 시력의 힘을 생각해보자. 안개가 끼지 않은 맑은 날 어두운 곳에 있을 때, 사람은 육안으로 48킬로미터 떨어진 곳에서 깜빡이는 촛불을 볼 수 있다. 밤하늘을 예로 든다면 우리는 지상에서 340킬로미터 높이에 있는 국제우주정거장을 어렵지 않게 볼 수 있으며 방향만 알면 16억 킬로미터 떨어진 토성까지도 볼 수 있다.

게다가 사람의 눈은 아주 빠르다. 우리 눈은 1초에 약 8.75 메가비트의 속도로 데이터를 보낸다. 미국의 평균 인터넷 접속 속도의 약 세 배다. 우리는 음속보다 빠르게 우리 앞에 있는 것을 인지한다. 소금과 설탕의 맛이 서로 확연히 다르긴 하지만,[2] 우리의 뇌가 맛의 차이를 기록하는 속도보다 우리가 좋아하는 사람과 좋아하지 않는 사람의 얼굴을 구분하는 속도가 더 빠르다.[3] 실제로 과학자들은 우리가 친구의 얼굴이나 꿈에 그리던 자동차, 결혼식 부케 속의 장미를 볼 때, 그것을 인지하는 속도가 76분의 1초밖에 안 된다는 사실을 발견했다.

사람은 자신의 눈으로 보는 것이 무서우리만치 실제와 같고 정확하며 거짓이 없다고 느낀다. 1896년에 사상 최초로 움직이는 영상이 선보였다. 프랑스 팬들은 영화의 탄생에 열광하며 파리의 한 극장에서 〈열차의 도착L'arrivée d'un train en gare de La Ciotat〉이라는 짤막한 영화를 보았다. 해안에 있는 역으로 기차가 들어오는 장면을 찍은 50초짜리 흑백영화인데, 마치 직접 객석을 향해 달려오는 것 같았다. 무성영화였지만, 증기기관차가 자신에게 달려드는 것 같아서 자리에 있던 관객들이 혼비백산해 피하는 소동이 벌어졌다.

사람은 무엇보다 시각적인 경험을 선호한다. 그리고 직관적으로 그 경험을 신뢰한다. 우리가 보는 것이 주변 세계를 정확하고 완벽하게 반영한 것이라고 믿는다. 하지만 이 생각이 항상 옳지는 않다. 라인 드로잉으로 동물을 묘사한 다음 그림을 보자. 더는 말고 1초만 들여다보라. 무엇일까? 첫눈에 무엇으로 보이는가?

대부분의 사람들은 말이나 당나귀의 머리로 본다.[4] 나도 그렇게 보았다. 이제 좀 더 찬찬히 다시 들여다보라. 두 번째로 본다면, 혹은 관점이 바뀌었다면, 전혀 다르게 보일지도 모른다. 혹시 물개로 보이지 않는지? 처음에는 바다 동물로 보았다가 내가 말이라 하자 다시 앞으로 돌아가서 본문에 오타가 없는지 확인하려고 할 가능성도 있다.

최근 뉴욕 루빈 미술관에서 수백 명에게 이 그림을 보여주었다. '기만의 과학과 미술'이라는 주제로 강연을 하려는 참이었다. 청중들이 자리를 가득 메웠다. 나는 1초 동안 이 그림을 스크린에 비추고 강의를 시작했다. 이어서 "농장의 동물로 보신 분 계시나요?" 하고 물으며 청중의 반응을 보았다. 그러자 약 80퍼센트가 손을 들었다. 동시에 나머지 20퍼센트가 수군대기 시작했고 그 소리는 금세 웅성거리는 소리로 바뀌었다. 그때 앞줄에 앉은 나이 지긋한 할머니가 안경을 위로 휙 밀어 올리며 말했다. "뭐라는 거야?"

각기 떠들썩한 반응을 보였다. 그림을 말로 본 사람들은 다시 자리에 앉아 물개로 본 사람들을 쳐다보았고, 물개로 본 사람들은 질대 말이 아니라고 단언했다. 사람들을 모아 미끼를 물도록 해놓고서는 놀리는 거냐고 흥분한 표정이 역력했다. 누구나 자신이 본 것이 예술적 묘사라는 건 인정했다. 그런데 자신이 처음에 본 동물이 맞다고 확신했다.

정보나 영감 같은 정보의 원천이 들어 있지 않은 시각적 경험을, 사람은 맹목적으로 신뢰한다. 시각에 대한 우리의 의존, 신뢰는 때로 우리를 미혹시킨다. 아무런 의심도 없는 미술관의 청중에게 그렇듯 혹은 은막에 비친 기차의 모습에 익숙지 않은 파리의 관객에게 그렇듯 시각적 인지에는 위대한 힘이 있다.

목표 달성으로 향하는 여정에서, 이 모든 요인이 결합된 눈은 나 자신과 벌이는 싸움에서 최대의 동맹군이다. 열정적인 노력을 방해하는 정신적인 문제, 발전을 더디게 하는 신체적 난관, 맨 먼저 시작할 때 엄청난 부담으로 다가오는 현실의 제약을 극복하는 데, 사람의 눈은 큰 몫을 한다.

무언가를 할 수 없다고 느껴진다면, 실제보다 더 어렵게 보기 때문일 수 있다. 해결할 수 없을 것처럼 느껴지는 문제가 다른 누군가에게는 그렇게 보이지 않을 수도 있다. 또한 꼭 불가능하게 볼 필요도 없다. 미술관 객석 앞줄의 안경 쓴 할머니가 끝에 가서 그 그림이 말일 수도 있고 물개일 수도 있다는 것을 이해했듯, 누구나 지각을 다스리는 법을 알면 세상을 다르게 보는 방법을 배울 수 있다. 사람의 눈은 자신의 경험을 형상화하기에는 믿을 수 없는 도구다. 그 눈으로 우리는 전혀 새로운 길을 볼 수도 있다.

나의 목표 설정

고등학교 시절 나는 펑크punk와 스카ska, 펑크funk 선율을 연주하는 밴드에서 색소폰을 불었다. 우리는 차에 스테레오 장치를 하고 몰고 다니며 관악기가 섞인 밴드의 연주를 듣거나 색소폰이나 트럼펫, 트롬본 연주에 맞춰 노래를 부르면서 많은 시간을 보냈다.

1990년대 후반에는 인기 있는 것이라면 무엇이든 시카고에서 볼 수 있었다. 어느 날 라디오에서 우리가 좋아하는 로스앤젤레스의 밴드가 인근 축제에 온다는 소식을 들었다. 날짜에 맞춰 입장권을 샀다. 몇 주 후, 우리는 골드핑거Goldfinger가 관악기 파트 없이 온다는 소식을 듣게 됐다. 입장권 값을 그냥 날려버린 기분이었다. 골드핑거에는 색소폰과 트럼펫, 트롬본이 필수라고 우리는 철석같이 믿었다. 이 그룹이 관악기를 빼고 공연하면 원곡의 소리를 낼 수 없다는 생각이 너무도 강한 나머지, 우리 중 트럼펫 연주자가 이 생각을 골드핑거에게 꼭 전해주어야 한다고 말했다.

당시 우리는 부모님들의 도움으로 지하 연습실을 얻어 연습하곤 했다. 연습실 빈벽에 앉아 우리는 함께 이메일을 썼다. 축제에서의 공연이 불완전할 것 같다는 예감, 우리가 느낀 절대적인 실망을 이메일에 고백하면서 동시에 우리가 찬조 출연하면 어떻겠

냐고 제안했다. 우리는 〈킹 포 어 데이King for a Day〉에 들어가는 장식적인 소절들을 알고 있었다. 또 〈히어 인 유어 베드룸Here in Your Bedroom〉이라는 곡에 어울리는 우리만의 연주 기법을 만들어보기도 했다. 골드핑거는 과연 우리와 함께 공연하고 싶어 할 것인가?

골드핑거의 리드싱어 존 펠드먼John Feldmann이 수락의 이메일을 보내왔다. 이에 우리는 한껏 고무되었다. 지하 연습실에서 연습하는 시간을 두 배로 늘렸다. 입고 나갈 의상을 골랐다. 돌이켜보면 전체 이야기 중 이 의상 부분이 가장 불운한 결정이었다. 우리는 펠드먼이 보내온 이메일을 출력하고 각자 담당하는 관악기를 챙긴 다음 공연장으로 향했다.

무대 뒤에서 몇 가지 보안상의 당부를 들은 뒤 (보안 요원들은 글씨를 알아볼 수 없이 점 행렬이 인쇄된 이메일을 의심쩍어했다. 하루 종일 종이를 들고 있는 바람에 손바닥의 땀이 번진 탓이었다) 트레일러에서 펠드먼을 만났다. 그때까지 나와 활동한 그 어떤 친구보다도 그는 팔뚝에 문신이 많았다. 인생에서 잊지 못할 기념비적인 순간이었음에도 대화는 의외로 평범했다. 그는 학교에 다니는지, 몇 살인지, 음악은 얼마 동안이나 했는지 등을 물었다. 우리가 VH1 채널에 나온 〈음악의 이면Behind the Music〉을 외울 정도로 보았다고 말했음에도, 그는 실망스러울 정도로 물만 대접하고는 딱딱하게 대했다. 우리는 펠드먼이 치는 통기타에 맞춰 몇 소절을 연주해보았다. 그런 다음에는 무대에 오를 일만 남은 터였다. 그런데 그때, 점잖을 떨던 그의 태도가 돌변했다. 돌변한 그의 입에서 나온 한

마디 한마디는 여기다가 도저히 그대로 옮길 수 없다. 다만, 태도가 급변하기 전에 펠드먼이 우리 세 사람에게 충고했다. "연주할 곡이 없으면 노래를 해. 우리는 싱어가 없으니까." 그렇게 우리는 모두 무대에 오르게 되었다.

믿을 수 없는 에너지와 힘이 흐르던 축제였다. 1만 5,000여 명의 관중이 앞에서 내지르는 함성과 뒤에서 확성기를 통해 흘러나오던 사운드가 섞였고, 무대 앞에서는 관중들이 춤을 추며 열기를 내뿜었다. 뒤흔드는 관중들 사이로 땀 냄새와 먼지가 휘날렸다. 엄청난 힘과 열광적인 반응이었다.

이것이 평생 갈 내 공연 경력의 시작이었다. 이후 10년 동안 숱한 밤을 순회공연 버스에서 자느라 눈 밑에 다크 서클을 달고 제트족 생활을 하며 보냈다. 인터넷에서 내 이름을 검색하면 '그들은 지금쯤 어디에 있는가?' 따위 제목의 기사를 통해 내 역사를 찾을 수 있다고 말하면 좋으련만. 그렇게 검색해서 내 이름이 나오지는 않는다. 내 록 활동의 전성기는 그때뿐이었으니까.

이 시기에 나는 록 스타가 될 수 없다는 걸 아주 잘 알고 있었다. 내 사진이 〈롤링 스톤〉 표지에 나오는 일 따위는 결코 일어나지 않을 것이었다. 어느 찌는 듯한 여름 오후, 내 사진을 올려놓은 잡지를 차 계기판 위에 두고 내려서 사진과 잡지가 녹아 엉겨붙기라도 한다면 모를까. 절대 불가능한 일이었다. 나는 너무 겁이 많아 문신 하나도 못 새길 정도였다. 머리를 핑크 빛으로 물들이고 싶지도 않았다(물론 고등학교 때 잠시 시도한 적은 있다). 아무튼 나는 마약도 못 했고 술도 못 마셨다. 그리고 이제는 다른 영역에서 살고 있으므로 록 가수로 명성을 얻을 기회는 끝났다고 봐야 한다.

그러다가 1년 전쯤 어느 토요일, 다시 그 기회를 슬쩍 엿보았다. 드러머가 되기로 결심한 것이다. 스스로 설정한 도전 목표는, 노래 한 곡을 박자에 맞추어 멋지게 연주할 만큼 드럼을 배우는 것이었다. 단 한 곡이라도, 청중이 놀랄 수준으로 연마하자는 것이었다. 리드 싱어가 되고 싶은 마음은 단연코 없었지만 언젠가 써먹을 수 있는, 지금보다 더 멋진 취미가 있었으면 했다. 한 곡을 드럼으로 연주하는 법을 배우되 '진정' 절묘한 솜씨를 익히게 된다면, 내 대표곡이 될 터였다.

그러나 여러 가지 면에서, 바보 같은 생각이거나 적어도 꿈도 꾸지 못할 일임을 처음부터 알았다. 우선, 나는 보통 가정의 차고보다도 좁은 침실 하나짜리 맨해튼의 아파트에서 젖먹이 아들 매티, 남편 피트와 함께 살고 있었다. 제대로 된 드럼 키트를 설치할 평수가 못 되었다. 조금 여유가 있는 공간은 아이 기저귀함이 차지했다. 또 동네 사람들이 시끄럽다고 귀마개를 할지도 몰랐다. 불만이 있어도 다른 집 문을 두드려대는 동네 분위기가 아니어서, 그들이 어떻게 경고를 해올지도 알 수 없었다. 실패할 수밖에 없는 목표였다. 고집을 피우다간 쫓겨날 수도 있었다.

게다가 드럼 연주에 관한 내 소질도 문제였다. 어릴 때 목관악기로 모험을 했다고는 하지만, 나는 톰톰(드럼)과 탬탬(징)의 차이도 몰랐다. 페달에 발을 올려놓고 하이햇의 음을 낮추는 것도 몰랐고 드러머가 '벨'이라고 할 때, 그것이 스위스에서 소의 목에 다는 종 같은 것이 아니라 대개 심벌 한복판의 둥근 돌출부를 가리킨다는 것도 몰랐다. 어디 그뿐인가. 드러머가 있는 자리도 그냥 시트가 아니라 '옥좌throne'라고 한다.

특별히 몸이 민첩한 편도 아니었다. 나는 한 손으로 배를 문지르면서 동시에 다른 손으로 머리를 두드리는 동작을 못 한다. 체조 시간에 평균대에 오르면 얼마 못 버티고 떨어지기 일쑤였다. 4학년 때, 두 번째 농구 시즌에 출전하지 못한 이유도 내 발에 스스로 걸려 넘어지는 바람에 공을 들고 있던 팀원이 나와 함께 라인 밖으로 나가서였다. 무엇보다 드럼 스틱 한 벌을 다루는 내 솜씨가 서툴다. 그것이 내 계획이 실패로 돌아갈 여러 이유 중에 으뜸이었다.

그런데도 왜 드럼을 배우려고 결심했나? 그에 대한 나름의 근거는 엄마가 되고 나서 생겼다.

이 모험을 시작했을 때, 매티는 생후 4개월이었다. 때문에 내 삶에서 조용하고 안정된 시간은 거의 없거나 어쩌다 간간이 짬이 나는 정도였다. 대부분의 일과에서 매티를 돌보는 시간과 나 자신에게 쓰는 시간은 줄잡아 5 대 1 정도였다. 아이를 씻기려면 한증막처럼 사용할 수 있는 욕실이 있어야 했고 수건은 주방 오븐에 미리 데워야 했기 때문에 요리할 시간은 없었다. 매티가 우리 생활에 합류한 뒤로, 샤워도 서둘러 건성으로 하다 보니 6분을 넘긴 기억이 없다. 마찬가지로 하루에 내가 달성해야 할 목표는, 연간 업무수행평가가 어떻건 식탁에서 밥을 먹건 말건 신경 쓰지도 않는 내 분신의 지시를 받게 되었다. 나는 대부분의 일을 45도 각도로 엉거주춤하게 선 상태에서 했다. 무수한 시행착오를 통해 내가 노트북 화면을 보면서 타이핑하는 사이에 내 가슴에 안겨 자는 매티가 바닥에 굴러떨어지지 않도록 균형을 취하다 보니 생긴 습관이었다.

나 이전의 모든 부모가 부닥쳤던 난관에 비할 때 나의 이 고달픈 노력이 전혀 새롭거나 다르지 않음을 절실히 깨달았다. 다만 난 직접 체험하는 중이었다. 내 문제라면, 나에게 배당된 인생의 파이 조각이 계속 줄어들고 있다는 것이었다. 그에 대한 해결 방법은 나 자신만을 위한 목표를 설정하자는 것이었다. 개인의 도전 목표를 위해 시간을 들이는 이런 훈련, 드럼 연주 배우기와 같은 것은 나의 뇌에 흥미롭고 새로우며 낯선 여행이 될 것이었다.

솔직하게 말해 이 목표는 또한 어느 정도는 내 아들과도 관계가 있었다. 매티는 아직 두 계절도 구경 못했지만, 피트와 나 두 사람은 아이의 내면에, 가능하면 이른 시기에 아니면 적어도 리듬 감각이 발달하는 중요한 시기가 오기 전에 음악에 대한 애정을 심어주고 싶었다. 이 시기가 지나면, 아이는 박자와 박자 사이 다른 사람들이 가만히 있을 때 손뼉을 치는 아이가 될지 모르니까 말이다.

그때 막 캐나다 심리학자들의 연구서를 읽었다.[5] 연구서에 의하면, 6개월 된 유아는 음악의 몇몇 기초를 배울 수 있다. 눈에 띄는 점은, 아이들이 학습하는 데 부모의 개입이 결정적인 역할을 한다는 것이다. 연구진은 동전 던지기로 부모들을 선발했다. 일주일에 한 시간씩 수업 시간에 아이들에게 자장가나 동요를 불러주고 그 녹음을 들어보라고 당부했다. 그리고 나머지 부모들에게는 음악을 틀어놓고 가족들과 함께 놀이를 하거나 책을 읽어주라고 했다. 실험에 참가한 부모들은 모두 아이 교육에 관심이 높고 일상의 경험을 풍요롭게 해주는 데 적극적이었다. 유일한 차이는, 첫 번째 그룹은 음악에 맞춰 부모가 부르는 노래를 들었다면, 두 번째 그룹은 배경으로 나오는 녹음 음악만 들었다는 것이다.

연구진은 그 당시 1세가 된 아이들을 대상으로 음악적 재능을 테스트했다. 아이들이 들어보지 못한 음악 한 곡, 즉 토머스 애트우드Thomas Attwood의 소나티네 여덟 소절을 고른 다음, 한 소절씩 걸러 가며 악보의 멜로디에 반음 정도 변화를 주었다. 미미한 차이였지만 음향상으로는 영향이 컸다. 음이 바뀐 소절은 귀에 거슬리는 것 같았다. 바흐나 모차르트의 곡, 혹은 일반적인 자장가에서 흔히 보이는 화성의 구성 양식에서 조금 벗어나 있었다. 즉, 모든 아이들이 들어오던 음악 양식과는 조금 달랐다.

연구진은 아이들이 변주된 소나티네와 비교되는 부모의 노래에 더 크게 관심을 보인다는 사실을 발견했다. 이 간단한 변화에 많은 의미가 내포되어 있었다. 첫째, 생후 6개월 때의 음악 훈련에 부모가 개입한 아이들은 이 두 가지 화성의 차이를 알았다. 아주 어릴 때도 음악 청취 능력을 발달시킬 수 있다는 주목할 만한 사실을 나는 믿게 되었다. 집에서 스테레오로 음악을 들을 때,

존 콜트레인John Coltrane이 1965년 맥코이 타이너, 지미 개리슨, 엘빈 존스와 함께 벨기에에서 라이브로 녹음한 〈마이 페이보릿 싱즈My Favorite Things〉나 정글짐에 걸린 플라스틱 별을 아이가 차면 나오는 로시니의 〈윌리엄 텔〉 서곡 피날레의 신시사이저 연주 모두 매티에게는 매력이 없는 것 같았다. 뭔가를 해야 했다.

그 연구에서 한층 더 인상적인 것은 아이들이 선호하는 음악 양식이었다. 두 집단의 아이들 모두 같은 시간 동안 음악을 들었다. 음악을 좋아하는 정도도 같았다. 그러나 부모가 불러주는 자장가를 들은 아이들의 경우 화성의 구조에 대한 이해력을 발달시키고 자신의 음향 스타일을 다듬기 시작했다. 이 아이들은 자신이 무엇을 좋아하는지 알았고 자신이 부모와 함께 배운 곡과 가장 비슷한 음악을 좋아했다. 반면에 배경음악을 들으면서 부모와 함께 놀이를 한 아이들은 협화음과 불협화음의 차이를 구분하지 못했다.

대학에서 약 15년간 심리학을 가르치면서, 또 동료들과 한 연구를 통해, 녹음 스튜디오 같은 전문 음악 시설과 상관없이 음악에 대한 이해가 아이의 성장에 영향을 준다는 사실을 난 예전부터 알고 있었다. 독일의 과학자들은, 또래나 어른들과 어울리며 음악을 하거나 춤을 추어본 어린아이들이, 음악적인 경험이 없이 함께 듣기만 한 아이들에 비해 다른 사람을 돕는 데 더 적극적이라는 것을 발견했다. 실제로 두 번째 그룹의 아이들은 24명 중에서 4명만이 부수어진 장난감을 수리하는 친구를 도왔다.[6] 이에 비해 놀이시간의 일부로 음악을 한 아이들은 24명 중에 13명이 친구를 도왔다. 연구진은 집단으로 음악을 하는 데는 나이에 상관없이 다른 사람을 배려하는 음악가의 자질이 요구된다고 설명했다. 음악가는 정서적 경험과 움직임의 모습을 공유하고 화성상 어울리는 음을 만들어내면서 다른 사람과 협력한다. 진화 단계를 거치면서 음악은 인간이 집단으로 어울리는 데 일조했다. 우리가 음악을 연습할 때, 동시에 훌륭한 사회적 기능을 연습하는 셈이다.

매티가 잠든 동안의 그 소중한 시간을 더 시끄럽고 혼돈스러우며 좌절할 수밖에 없는 음악 연습으로 채우기로 한 결심이 꽤나 자조적으로 비칠지 모르겠다. 그런데 나는 일상에 음악 훈련을 끌어들이면, 보채는 매티를 달랠 때보다는 내 머리에 뭔가 궁리할 거리가 제공된다고 판단했다. 나는 그때 〈바, 바, 블랙십Baa, Baa, Black Sheep〉 같은 동요보다 블루 오이스터 컬트Blue Öyster Cult의 판을 올리고 스테레오 오디오를 들었다. 그리고 그것을 연구 작업이라고 불렀다. 내가 읽은 연구물로 나를 정당화하며 매티에게도 뭔가 가치가 있는 삶의 교훈을 가르치는 것이라고 주장할 수 있었다. 나 스스로 보기에도 달성하기 힘든 목표였지만, 되기만 하면 큰 성공의 기회가 될 수도 있으니 놓치고 싶지 않았다.

물론, 내 인생에서 처음으로 커다란 목표를 달성하기 위해 고군분투한 시기도 아니고 내가 그렇게 한 첫 번째 사람도 아니다. 해마다 12월이면, 마리스트 칼리지에서는 미국의 광범위한 지역에 사는 성인 1,000명을 대상으로 새해 결심을 세웠는지 설문조사를 한다.[7] 매년 많은 사람이 비슷한 대답을 한다. 참가자의 약 절반 정도는 계획한다고 답한다. 하지만 전년도의 결심을 지켰는지 물어보면, 세 명 중 한 명은 지키지 못했다고 답한다.

목표를 설정하는 것과 목표를 이행하는 것은 다르다. 개인적으로도 나는 이를 매우 잘 안다. 나 역시 신년 초면 은퇴 이후를 대비하기 위해 능률적인 투자 방법을 배우리라 결심하곤 한다. 그해가 끝날 무렵엔 운동과 관련된 결심마저 중도에 단념돼 있기 일쑤다. 피트니스 센터 회원권 기간을 다시 연장해봐도 결국 몇 번밖에 나가지 못하고 스스로의 게으름을 탓한다. 올바르게 선택하고자 여러 전략을 시도해보았지만 (나 자신에게 재정 건전성을 확보하라고 격려의 말을 해주거나 피트니스 클럽 사물함의 새 자물쇠를 잊지 말고 사라고 하는 등) 이런저런 시도에도 내 지갑만 지키지 못했을 뿐 내 허리 치수를 원하던 사이즈에 근접시키지 못했다.

이렇듯 똑같은 문제들이 되풀이될수록 서둘러 버릇을 고치고 싶어 괴로웠다. 첫 번째 훈련 기간에 나는 매티와 나란히 방바닥에 앉아 작은 빗자루를 드럼 스틱 삼아 바닥 면이 실리콘으로 된 금속 그릇을 엎어놓고 두드렸다. 그릇을 연습용 드럼 패드 삼아 두드렸던 것이다. 우리 둘 모두 박자를 제대로 맞추지 못했다. 매티는 이걸 장난감으로 사용했다. 나는 데이브 그롤Dare Grohl이나 버디 리치Buddy Rich의 흉내를 내기는커녕 인형극 〈더 머펫츠The Muppets〉의 동물 인형을 쫓아가기도 벅찼다.

첫 훈련 기간(실제에 비해 관대한 표현)이 끝나자, 이런 노력으로는 내 관심을 충족할 수 없는 게 자명해졌다. 나는 소질이 없었다. 내가 내는 소리를 듣고 싶지 않았다. 뭔가 변화하려면 시간이 걸릴 것이었다. 제대로 시작도 해보기 전에 이 계획에 대한 관심이 줄어드는 게 느껴졌다. 자동차를 빌리거나 운동을 하려고 들면, 누가 내 재정 포트폴리오의 리스크 관리라든가 복잡한 보험의 보상 문제를 열심히 설명할 때처럼 관심이 식고는 했다. 이 드럼 계획을 계속 밀고 나가려면, 몰입을 하게 만들 창의적인 생각이 필요했다.

다른 사람들도 대개 그렇듯이,[8] 스스로의 목표가 무엇인지, 그리고 왜 그것이 중요한지 떠올리기 위해 애썼다. 매티를 처음 보는 친구들이 집에 들르기로 했을 때였다. 친구들이 어떻게 지내는지 물어볼 때에 대비해, 매티가 지금 입고 있는 유아용 우주복이나 선인장 같은 자세로 자는 잠버릇 말고 다른 이야깃거리가 절실했다. 음악은 정신과 뇌를 위한 양식이자 또 아기를 갓 낳은 엄마의 개인 시간에도 좋다고 말하고자 그 증거를 찾았다. 한밤중 매티에게 우유를 먹이며, 푸근하고 귀엽게 먹는 모습을 사랑스레 바라보며 시간을 보낸다고 말하고 싶었지만, 그건 아니었다. 보통의 나는 한 손에는 아이를 안은 채 다른 손으로 스마트폰을 들고 과학 리포트의 개요를 읽는다(이것이 아이를 안은 상태에서 내가 잠에 곯아떨어지지 않게 하는 유일한 방법이었다). 건설 노동자들이 도로를 마구 파헤쳐놓았을 때처럼 혹은 막 걸음마를 배우는 아기

타조의 굼뜬 동작처럼 내 드럼 소리가 귀에 거슬리는 상황에서 과학 리포트들이 계속 연습하게끔 내 결심을 공고히 해주리라 여겼다. 하지만 발표된 연구물을 찾아내고, (유난히 졸릴 때) 학술적인 수준을 평가 내리고, 관련 내용을 이해하고, 그릇을 두드리는 것이 매티와 나에게 왜 중요한지 기억할 만한 메시지로 옮기는 작업은 집중적인 노력이 필요했다. 솔직히 말해, 나는 그럴 틈이 없었다. 왜 우리가 이 일을 해야 하는지 상기해야 할 때마다, 그렇게 지속하기가 어려웠다.

왜 어려울까?

목적을 추구할 때마다 종종 우리는 이런 식의 전략을 쓴다. 그런데 이러한 전략은 사람을 지치게 만든다.

지속적인 동기부여 전략은 나뿐 아니라 다른 이들에게도 가장 빨리 떠오를 생각이다. 그런데 이러한 방식만으로는 궁극적으로 직업상에서 요구되는 것들까지 해결할 수 없다. 내 경우에는, 개인적인 암시와 자기 격려는, 가라앉는 배의 상갑판에 있다가 구명튜브를 붙잡은 것처럼 일단은 성공적인 게 분명했다. 다만 드럼을 배우려는 과감한 시도에는 그 이상의 것이 필요했다.

내가 당면한 음악적 도전뿐 아니라 다른 일에서도 그러했다.[9] 다이어트를 할 때, 디저트로 나오는 치즈케이크를 물리치기 위해서는 번번이 유혹을 이겨내야만 한다. 예산의 균형을 맞추고자 건강저축계좌health savings account에 매달 납입금을 불입하는 것은, 그 금액으로 매일 아침 출근길에 카푸치노 한 잔을 사는 것만큼 만족스럽지 않다. 목표 달성에는 도움이 된다. 하지만 익숙하지 않을 때는 그 순간을 참고 넘기는 데 숙달돼야 한다. "난 할 수 있어. 난 할 수 있어. 난 할 수 있어……" 같은 자기 주문을 반복하는 것도 금방 질린다. 게다가 유혹이나 나쁜 습관에 대한 생각을 지우려고 하면 할수록 노력은 역효과를 내곤 한다.

이렇게 노력을 요하는 접근 방식을, 다이어트를 하는 여성들이 돌파구를 찾는 해결책으로 시도해보았다. 이 여성들은 실험자들의 지시를 따르면서[10] 초콜릿 먹는 생각을 피하려고 노력했다. 나머지 그룹은 상상 속에서 초콜릿의 환상적인 맛의 감각을 느끼라는 지시를 받았다. 다이어트를 하는 사람이 달콤한 감각을 상상하면 맛의 즐거움을 떠올리게 돼서 식욕이 생길 것이라고 예상할지 모르지만, 그렇지 않았다. 맛있는 것에 대한 생각을 멈추려고 적극 노력한 사람들은 실험 후반에 캐드베리 쇼츠 초코볼과 갤럭시 민스트럴스 초코바를 시식할 기회가 주어지자 8~9개를 먹었다. 초콜릿이 얼마나 향기롭고 맛있으며 입에서 살살 녹는지 집중적으로 생각한 사람들의 결과는 어땠을까. 이 여성들은 평균 5~6개밖에 먹지 않았다. 첫 번째 다이어트 그룹의 예에서 보듯, 가장 중요한 목표에 다가서려고 일반적으로 사용하는 전략은 잘못되었다. 이런 전략이 우리의 고된 일을 덜어주지 못하는 까닭은 무엇일까? 그 까닭은, 이러한 접근 전략이 한정된 에너지와 시간, 관심을 고갈시키기 때문이다.

왜 이 문제가 중요한가. 대체로, 방해물을 극복하는 능력에 더 큰 영향을 미치는 건 신체의 상태가 아니라 정신의 상태이기 때문이다. 스스로는 미처 못 깨달을지언정 자기 체력을 평가하고 힘과 기운을 살필 때는 우리가 내리는 판단이 더 영향을 끼친다. 실제로 몸이 일을 완수하는 데 쓰는 에너지보다도 말이다. 만일 내가 힘들게 일했다고 생각하고 또 정신적인 에너지를 배출했다고 믿는다면, 나중에 효과를 기대할 수 없다. 실제로 과로했는지, 아니면 충분한 휴식을 취했는지 여부와는 무관하다.

자기 신체의 상태와 관련한 자기평가의 중요성을 조사하기 위해, 인디애나 대학교 학생들이 엄청 지루하면서도 에너지가 소모되는 몇 가지 테스트에 참가했다.[11] 참가한 학생은 모두 교재 한 페이지에 나온 모든 'e' 자를 삭제하라는 지시를 받았다. 이 작업은 물론 지루하지만 동시에 아주 간단하기도 했다. 그래서 실험의 두 번째 단계로서 다음 페이지에 나오는 'e' 자를 삭제하라는 요구를 받았을 때, 실험 참가자들은 이전보다 에너지가 많이 소모되지는 않았다. 다른 참가자 집단에 새로운 규칙이 적용되자 참가자들의 에너지가 훨씬 많이 소모되었는데, 첫 단계의 과제보다 두 번째 과제가 어려웠기 때문이다. 두 번째 집단은 두 번째 과제로 교재의 'e' 자를 삭제하되 다른 모음이 이어지거나('read'처럼) 앞뒤로 한 자 건너 다른 모음이 있을 때는('vowel'처럼) 예외라는 지시를 받았다. 이 새로운 규칙을 판별하는 데는 기력이 소모되었다.

실험은 여기서 그치지 않았다. 연구진은 색종이가 인간의 에너지 수준에 미치는 영향에 관해 허위 주장을 늘어놓았다. 실험 참가자들에게 신체의 상태가 앞에 놓인 종이 색깔의 영향을 받는다고 말이다. 과제가 쉽든 부담스럽든 상관없이, 참가자 절반은 노란색 종이가 집중력과 신중한 사고력을 소진한다는 말을 들었다. 나머지 참가자들은 노란색 종이가 에너지에 활력을 불어넣고 집중력을 강화해주며 신중한 사고를 유도한다는 말을 들었다. 이어 연구진은 분석적인 사고에 대한 마지막 테스트에서 모든 참가자의 집중력과 지구력을 측정했다.

물론 단순한 책략이기는 했지만, 색종이의 영향에 관해 참가자들에게 들려준 허위 주장은 실제로 위력을 발휘했다. 노란색 종이가 기력을 고갈시킨다는 말을 들은 사람들은 더 빨리 과제를 포기했고 글자 수수께끼를 풀 때 실수가 더욱 빈번했다. 자신들이 찾는 형태가 나타날 때 인식하는 속도가 더 느렸다. 그리고 이어서 글을 읽을 때는 근거가 빈약한 주장과 확실한 주장을 구분하지 못했다.

이들이 뭔가 도전적인 과제를 완수했는지 아니면 보다 쉬운 과제를 했는지는 여기서 중요한 문제가 아니다. 자신에게 가용할 힘이 더 있는지 없는지에 대한 믿음이 다음 순서에 올 행동을 얼마나 잘 해내는지에 영향을 미쳤다. 정신적인 자원의 이용에 대한 개인적인 평가가 실제로 에너지가 남았는지 여부와 무관하게 성취도에 영향을 주었다. 재미있는 사실은, 이들의 동기부여가 부족하지 않았다는 것이다. 자신이 방금 엄청난 노력을 기울였다고(실제로는 그렇지 않더라도) 느낄 때조차, 이들에게는 여전히 목표가 중요했다. 다만 목표 달성을 해내기 위한 능력이 발휘되지 않았다. 다시 말해, 이들에게는 신체 상태보다 정신 상태가 더 중요했다.

바로 그렇다. 최고의 도전에 직면했을 때 도움이 된다고 '생각하면서도' 실제 노력이 너무 많이 요구되는 전략으로 접근하면 실패하기 쉽다. 부주의해서가 아니다. 노력이 충분하지 않아서도 아니다. 그 목표를 향해 갈 때 잘못된 도구를 사용하기 때문이다.

-○○-

전략을 찾아서

어느 깊은 밤, 그날도 나는 힘든 과제를 해결할 더 나은 기술이 없는지 찾는 중이었다. 미국의 유리 공예가이자 혁명적 조각가 데일 치홀리Dale Chihuly의 성공에 얽힌 사연을 알게 되었다. 우아하게 골이 진 조개 형태와 구근 모양으로 꼬인 유리는 균형의 규칙을 간단히 넘어선다. 그의 작품 〈로턴다 샹들리에Rotunda Chandelier〉는 런던의 빅토리아 앤드 앨버트 미술관 로비에 걸려 있다. 빌 클린턴 전 미국 대통령은 치홀리의 작품을 영국의 엘리자베스 2세 여왕과 프랑수아 미테랑 프랑스 대통령에게 선물했다. 로빈 윌리엄스, 엘튼 존, 빌 게이츠가 그의 작품을 구매했다. 지난 10년 동안에만 1,200만 명이 넘는 방문객이 7개국 97개 전시관에 소장된 그의 미술작품을 관람했다. 1976년 뉴욕 메트로

폴리탄 미술관 소속 현대미술 큐레이터인 헨리 겔트잘러Henry Geldzahler가 처음으로 치홀리의 유리 바구니 3점을 사들인 이후 그의 인기는 해마다 치솟았다.

치홀리는 그해 영국에서 비 오는 밤, 자동차 정면 추돌사고로 몸이 앞 유리를 부수고 날아가는 대형 사고를 겪었다. 앞 유리창의 날카로운 파편이 얼굴에 박혀 256바늘이나 꿰매야 하는 상처를 입었다. 이 사고로 그는 왼쪽 눈의 시력을 잃었고 시각적 깊이를 인식하지 못하게 되었다. 3년 뒤에는 서핑 사고로 오른쪽 어깨가 탈구되었다. 이때부터 그는 녹은 유리 안으로 공기를 불어 넣는 취관blowpipe의 무게를 감당할 수 없었다.

이러한 충격적인 경험을 겪고 난 후 그의 예술적 방향이 급격히 변화했다.[12] 치홀리는 미술에 대한 접근 방식을 재설계해야 했다. 한쪽 눈으로만 봐야 하는 시력에 맞춰 자신의 기술을 적응시킬 수밖에 없었다. "나는 아마 그 때문에 사물을 다르게 보게 된 것 같습니다." 이런 사정에 대해 치홀리는 이렇게 설명했다. 엄밀하게 말해, 예술적인 인정과 사업적 성공은 그가 한발 물러나 다른 관점으로 작품을 보고 난 후에야 비로소 얻어졌다.

목표를 추구하는 과정에는 바로 이런 일이 있어야 한다. 목표 지점에 다다르는 데에는 새로운 길이 필요하다. 지금까지와는 다른 진로가 필요하다. 스스로의 접근법을 다르게 볼 줄 알아야 한다.

나는 계획이나 일정표 없이 나의 음악 여행을 시작했다. 하지만 내 마음과 의지, 결심의 능력과 한계를 밝혀내고 싶었다. 어쩌면 나는 치홀리의 말을 그가 의도한 것 이상으로 문자 그대로 따르며 내 눈에 초점을 맞췄다. 나는 성공으로 가는 새로운 길을 '보고' 싶었다.

2

나에게 맞는
도전 과제
찾아내기

진정 드러머가 되길 원했고, 첫 곡을 선정해야 했다. 남편 피트에게 도움을 청했다. 피트는 십대 때 동네 점포에서 일해 번 돈으로 드럼 키트를 샀다. 40년째 그 드럼 키트로 연주를 해왔다. 수십 년이 지났지만 고등학교 때 수개월간 갈고 닦은 기량은 단지 몇 차례 집중적으로 연습하는 것만으로도 되살아났다. 캐나다에 사는 언니 집에 방문하는 길에 피트와 함께 악기점에 들렀다. 피트는 전시용으로 진열된 드럼 앞에 앉아 닐 퍼트Neil Peart의 〈라 비야 스트레인지아토La Villa Strangiato〉 몇 소절을 즉석에서 연주해 보이기도 했다. 그때 악기점 주인이 깜짝 놀라 얼굴이 벌게져서 달려왔다. 피트의 연주 실력은 뛰어났다. 정말 훌륭했다. 내가 드럼을 시작하면서 그의 도움을 구한 것은 당연한 선택이었다.

피트는 내게 뭘 배울 것인지 일주일 정도 생각해보라고 했다. 드럼 파트에서 내가 들은 걸 확실히 하려면 반복해서 계속 들어보라고도 충고했다(코러스가 하듯 가사를 따라 부르다 보면 록 음악을 할 수 없다고 했다). 나는 그 무렵 U2에 빠져 있었다. 때문에 〈조슈아 트리Joshua Tree〉 앨범에서 〈불릿 더 블루 스카이Bullet the Blue Sky〉를 골랐다. 라벨의 〈볼레로〉처럼 반복이 많은 곡이었다. 나는 그 가락을 반복해 연습하며 몸에 익혔다. 일주일 뒤, 내가 준비가 끝났다고 하니 피트는 곡을 잘못 골랐다고 했다. 깜짝 놀라 이유를 물으니 이 곡이 아름답기는 하지만 실제로 매우 복잡하다는 것이었다. 또 드러머가 익히고 조화롭게 연주할 세부적인 기술이 많이 필요하다고 했다. 더 구체적으로 말해, 16분 음표의 스네어 드럼 픽업을 네 번째 박자에 찔러 넣으려면 심벌즈에서 벗어나 스네어 드럼을 치고 다시 재빨리 심벌즈로 돌아와야 한다는 것이다. 훨씬 더 힘든 것은, 4분의 1박자에 맞춰 스네어 드럼에서 스틱을 떼고 심벌즈로 올라간 다음 4분의 1박자에 스네어 드럼으로 미끄러지듯 내려오는 대목이었다. 이런 과정이 계속 반복된다고 했다. 매번 찌르듯 내리치는 동작이 힘들다는 것이다. 초보자에게는 정말 어렵다고 했다. 맞는 말이었다.

전적으로 그 말을 인정했다. 그리고 방금 내가 목표를 추구하면서 치명적인 실수를 하나 범했음을 깨달았다. 목표를 너무 높게 잡은 데다 단번에 결판을 내려고 했던 것이다.

누구나 이런 실수를 자주 저지른다. 취미로 가정 요리사를 꿈꾸는 이들도 늘 이런 실수를 한다. 요리를 하고 싶은가? 처음부터 베이크드 알래스카Baked Alaska를 시도하지 말라. 이 디저트를 깔끔하게 완성하려면, 먼저 자신만의 아이스크림을 만들고 이어 종이클립 상자처럼 무게가 안 나가는 시폰케이크를 만든 다음, 국가별로 고유한 맛에 더 잘 어울리는 프랑스식과 이탈리아식, 스위스식 머랭 중에 하나를 골라야 한다. 이 배합이 잘못될 수 있는 이유는 여러 가지다. 처음에는 직사각형 형태의 평면으로 시작하지만 아이스크림을 둘러싼 3차원의 구형으로 바꾸는 고난도 작업이기 때문이다. 이어 케이크는 꽃으로 덮인, 1950년대 수중발레 선수의 모자가 생각나는 파이프 머랭의 자태가 된다. 이를 500도에 맞춘 오븐에 집어넣고 고온에 구운 다음 고급술을 첨가한다. 냉동 아이스크림을 써서 녹는 일이 생겨서는 안 된다.

내가 목표로 삼은 첫 번째 곡은 나의 베이크드 알래스카였다.

피트는 다른 곡을 추천했다. 아웃필드The Outfield의 곡이었다. 런던에서 활동한 영국 록밴드 아웃필드의 대표곡으로는 〈유어 러브Your Love〉가 꼽힌다. 1986년 '빌보드 핫 100' 차트의 6위까지 올랐으며 1980년대 이후에도 죽 인기를 끌었기 때문에 개인적으로 공감할 수 있는 노래였다(난 파란만장한 중학교 시절을 보냈다). 기본적인 록비트의 곡으로, 드러머는 처음 65초 동안 아무것도 하지 않는다. 꽤 단순하긴 했지만, 내 팔다리 동작을 지속적으로 조화롭게 이끄니 확실히 나에게는 도전해볼 만했다. 익히기만 한다면, 나로서는 충분히 자부심을 느낄 만한 도전이었다. 첫 곡으로서, 목표 달성이 불가능하리라는 걱정을 줄여주기도 했다. 멋진 자랑거리를 찾아내려는 내 포부에 다소 부족할 수 있다고 피트가 첨언했지만 한번 해보자는 생각이 들었다. 〈유어 러브〉는 발표한 지 30년이 지났는데도 건조기에 드라이어 시트를 넣으라는 신호처럼 여전히 재발매되는 곡이었다. 내가 이 곡의 연습에 몰두하던 6개월 동안에도 그랬다. 멋짐이 내 자랑거리였던 적은 내 인생에 별로 없다. 비근한 예로, 나는 밴드 행진을 할 때 너무 큰 깃털이 달린 모자를 써서 행렬 위로 삐죽이 튀어 나온 모습을 연출하고는 했다. 8년간 그저 내가 하고 싶어서 밴드에 매달렸다. 이것은 나를 위한 곡이었다.

피트는 성공을 이끌어내는 법을 직관적으로 아는 듯했다. 전문가들도 인정하듯이, 가장 잘된 목표 설정은 수준에 맞게 목표를 세운 경우다. 너무 도달하기 힘들면 안 된다. 제대로 시작도 해보기 전에 포기할 것이다. 도중에 지나가야 할 이정표가 수없이 늘어나거나 진행 속도가 아주 빠르게끔 목적지를 설정하면, 그 목표를 추구하다가 진이 다 빠질 것이다. 반대로 아주 쉽게 성취할 수 있게끔 목표를 설정하면, 앞으로 서둘러 나갈 필요가 없으니 자신이 성취한 결과에 기대어 쉴 수 있다. 미래에 기대되는 보상이 크지 않기 때문이다. 조금 난관이 있더라도 도달하기에 불가능하지는 않은 목표는 도전 욕구를 자극한다. 마라톤 경주에서 단거리 스퍼트를 하듯 속도를 올리거나 도보를 하듯 속도를 낮추면 우승할 수 없는 것과 같은 이치다. 목표 설정이란, 지나치게 힘든 과제와 느슨한 노력 사이에서 한쪽에 치우치지 않도록 균형을 잡는 것과 비슷하다.

가령, 너무 쉽지도 너무 힘들지도 않을 정도의 적당한 수준으로 목표를 설정한 회사는 기록적인 속도로 혁신을 추진할 잠재력이 있다. 3M은 5년 전에는 볼 수 없던 제품으로 연 25퍼센트의 매출 성장을 이룬다는 목표를 잡았다.[1] 이 회사는 끈끈한 재료로 온갖 접착제부터 그것을 닦아내는 연마제까지 매년 5만 5,000종이 넘는 제품을 생산한다. 그뿐인가. 무선 청진기처럼 인체 내부를 들여다보는 의료기, 인간의 능력보다 빠른 속도로 숫자를 처리하는 건강관리 소프트웨어도 만든다. 창의적인 새 디자인을 추구하는 3M의 목표는 얼핏 높아 보이기도 하나, 관련된 모든 보도를 종합해보건대 이 목표를 달성케 하는 기업문화를 조성해놓은 것으로 보인다. 이 회사 내의 창의적인 혁신 팀은 이익을 내든 못 내든 근무 시간의 15퍼센트를 할애해 스스로 태한 아이디어에 자유롭게 몰두한다. 연구개발 부서는 사내 과학 박람회에 아직 개발 중인 프로젝트를 소개하는 포스터를 전시한다. 잠재적인 공동 작업자의 참여를 기다리는 것이다. 3M이 이런 기획을 시작하고 5년이 지난 뒤, 그 전에는 목록에 없던 제품의 순 매출액은 매년 30퍼센트씩 증가했다.

피트가 제안하고 내가 드럼 데뷔작으로 선정한 곡은 3M의 목표 설정 원칙에 들어맞았다.

처음 훈련에 들어가 그와 똑같은 목표 설정에 접근하려고 했을 때, 나는 그 이점을 감지할 수 있었다. 물론 〈유어 러브〉를 연주하면서 성급하게 맞추려던 내 팔다리의 동작은 우아하기는 커녕 효율적이지도 못했다. 그래서 좀 더 관리 가능한 수준의 목표를 선택했다. 나는 하이햇(풋 심벌즈)과 라이드 심벌은 무시하고 우선 스네어 드럼과 베이스 드럼에 초점을 맞추었다. 오른팔은 옆에서 대기 상태로 있었다. 아마 차례로 한 귀를 막아 들어오는 소리를 죽일 준비를 한 것 같다. 베이스 드럼 페달에 있는 오른발로 네 박자를 하나씩 치면서 두 번째와 네 번째 박자에 왼손으로 스네어 드럼을 치려면, 부끄러운 말이지만, 음반의 속도를 절반으로 떨어뜨려야 했다. 어쩌겠는가. 이것이 내가 시작하고 견딘 수준인 것을. 그것은 보잘것없지만 관리 가능한 목표였다.

스네어 드럼과 베이스 드럼의 동작 방식을 연습할수록 실수가 줄어들었다. 내 의도가 적중되는 횟수가 늘어나자 나는 동작을 바꿨다. 오른팔은 엇갈린 자세로 '칭칭' 소리를 내기 위해 클로즈드 하이햇으로 향했다. 오른발은 똑바로 베이스 드럼 페달에 있었다. 나는 발동작의 두 배 빠르기로 하이햇을 '톡톡' 두드렸다. 팔과 다리의 조화를 이루려는 이런 노력에서 록 음악이 나올 리는 없었다. 스타 등극이 아니라 관리 가능한 수준으로 목표를 하향 조정하자, 강한 비트의 리듬을 타고 한 번에 절반의 소리만 내면서 내가 감당할 수 있는 성과를 냈다.

⊶⊷ 목표에 초점 맞추기

〈유어 러브〉 연주 리듬을 초보에 맞게 낮추는 데 어느 정도 성공을 거두었다. 그 뒤 나는 도처에서 다른 난관에 직면하게 되었다. 이리저리 관심사를 뻗치거나 너무 많은 데에 관심을 쏟을수록 목표를 성공적으로 추진하기가 어려워졌다(너무 집중적인 관심이 요구되는 일이 있으면 더욱더 그렇게 됐다). 사람은 언제나 생각만큼 능률적일 수는 없다. 그리고 여러 가지 일을 동시에 하면(다중작업) 우리는 보통 자신의 능력을 최대로 반영한 성과를 만들어내지 못한다.

카네기멜론 대학교의 신경과학자 마르셀 저스트Marcel Just는 이 개념을 계량화하고자 시도했다.[2] 그는 운전자들을 가상현실의 모의 장치에 들어가게 했다. 그다음, 이따금 누군가 하는 말에 관심을 보이면서 길을 찾아가게 했다. 이때 운전자들의 50퍼센트가량은 운전에만 집중한 사람보다 길에서 벗어나는 횟수가 많았다. 이 문제는 신경 기능의 변화와 관계가 있는 것으로 밝혀졌다. 두정엽parietal lobe은 인체와 그 주변 환경에 관한 정보를 다루는 뇌 영역이다. 다중작업을 한 운전자들의 두정엽은 도로에만 집중한 운전자들과 비교할 때, 평균 37퍼센트의 활동 감소율을 보였다. 즉, 그들의 뇌는 마치 관심이 분산되어 임무를 제대로 수행하지 못하는 것처럼 보였다. 최대한 활동의 효과를 내고자 한다면, 열망하는 대상에 초점을 맞추고, 주변 대상이나 사건, 경험, 사람 들은 무시해야 한다.

이런 목적에 관심을 쏟던 도중, 처음엔 재능이라고는 없어 보이던 인물에게서 어떤 영감을 발견했다. 1800년대 초반, 오늘날 슬로바키아라고 불리는 땅에서 일어난 일이다. 당시 4학년이 된 요제프 페츠발Joseph Petzval이라는 소년은 구두장이가 될 운명이었다. 부모가 이 아이를 위해 선택한 직업이었기 때문이다. 아이가 그다지 성적이 뛰어나지 않았던 이유도 포함돼 있었을 것이다. 특히 페츠발은 수학에 재능이 없어 졸업반 무렵에는 수학을 한 해 더 공부해야 할 처지였다. 그해 여름, 페츠발 스스로《수학 원리 분석Analytic Paper on the Elements of Mathematics》이라는, 뭔가 전문적인 느낌의 책을 읽기로 결심하고 나서 큰 변화가 일어났다.

1년 뒤, 페츠발은 구둣방 도제 대신 일종의 대학 예비학교인 리체움에 진학했다. 공학부 과정을 이수하기 위해서였다. 이어서 대학 과정을 마친 그는 대학원 과정에도 들어갔다. 그리고 물리학부 교수가 된다. 페츠발은 수학과 기계학, 실용기하학에 관해 연구한 성과를 도시의 홍수 대책과 댐 건설, 하수도 시설 등에 적용하며 부다에서 도시공학자로 활동했다. 박사학위를 취득한 뒤에는 빈 대학교의 수학부 교수로 초빙되었다. 일설에 의하면, 매일 검은색 아라비아 말을 타고 강의실에 와서 강의했다고 한다. 그는 다뉴브 강이 내려다보이는 칼렌베르크 산 북쪽에 셋집을 얻었는데, 폐쇄된 피아리스트 수도원이었다. 바로 이 종교시설의 폐허에서 사진술을 영원히 바꿔놓는 발견을 한다.

이 수도원의 돌담 안에서 페츠발은 유리 연마 작업실을 차린다. 그곳에서 사진 촬영 방식에 혁명적인 변화를 일으킨 렌즈를 완성했다. 페츠발 이전에, 개인의 초상을 포착하는 데 가장 많이 쓰인 기술은 은판사진술daguerreotype이었다. 은판사진들에 박힌 굳은 표정의 인물들, 그늘지고 흐릿한 그 이미지가 뇌리에서 떠나지 않는다. 은판사진은 완성하기가 아주 힘들었다. 이미지가 동판에 새겨지도록 빛에 노출되는 동안 피사체가 30여 분을 정지 상태로 있어야 했다.

1840년, 페츠발이 렌즈와 조리개를 정교하게 만들어 더 많은 빛이 빠르게 사진기로 들어가게 했다. 그 뒤로 사람들은 지루하리만치 오래 앉아 있지 않아도 되었다.[3] 무엇보다도 페츠발의 사진 배경에서 일어나는 작용이 오늘날까지 사진가들을 매료시켰다. 그의 사진에서, 전면의 피사체는 뚜렷하게 초점에 들어오지만 뒤에 있는 형상은 무엇이든 부드럽고 은은하게 처리된다. 배경은 흐릿하고 소용돌이치는 것처럼 보인다. 이 효과는 너무도 신비롭고 매혹적이어서 180여 년이 지난 요즘도 이 렌즈를 둘러싸고 관심이 되살아나고 있다. 페츠발이 처음 설계한 대로 정확하게 재제조한 기술을 시장에 내놓기 위해 자금을 조성하는 캠페인도 있다.

페츠발은 사진사들이 조리개라고 부르는 것으로 투사하는 법을 발명했다. 조리개의 작용으로 전면에 초점이 맞춰지는 데 비해 배경에 있는 모든 것은 흐릿하게 처리된다. 이 효과는 주변의 다른 대상을 희생시켜 피사체를 부각시킨다. 그렇지 않으면 피사체에 대한 집중도가 흐트러질 수도 있다. 페츠발의 19세기 광학 혁신은, 오늘날 인물 렌즈를 최고로 설계하는 데 토대가 되었다. 그리고 이 시각적 효과는 이 책에서 말하는 목표 추구를 위한 강력한 동기부여, 즉 초점 좁히기의 토대다.

⊶⊙⊙⊷ 시각적 주의를 좁혀라

그해 이른 봄, 뉴욕에서는 집집마다 널판자를 덧댈 만큼 눈보라가 쳤다. 치울 엄두가 안 날 정도로 거리는 온통 눈으로 뒤덮였다. 악천후에도 불구하고 나는 '뉴욕에서만' 경험하게 될 모험을 떠났다. 다양한 분야에서 일하는 사람들을 대상으로, 시각적 주의와 착시 현상에 대해 강연하러 가는 길이었다. 내가 과학 얘기를 하는 동안 사람들은 비폴렌(벌 화분花粉)으로 얼룩진 보드카 칵테일을 마시고 비트 포카치아를 먹었다. 행사장 주변에 내 옷장 속 핸드백보다도 많은 아카데미상 수상자들이 어슬렁거렸다. 그들이 건네는 명함은 고급스러운 종이에 한 번 더 감싸여 있었다. 화초 식물에서 나온 재질로 된 종이였다. 단언하건대, 남극 대륙을 제외하고는 모든 대륙에서 손님들이 비행기를 타고 날아온 듯했다.

다소 일찍 도착했는지라 강연을 시작하기 전에 여유 시간이 많았다. 나는 제프 프로벤자노Jeff Provenzano라는 남자와 대화를 나누었다.⁴ 기술 지원 차 나온 사람일 거라 생각했는데 그게 아니었다. 그는 후원을 많이 받는 전문적인 스카이다이버였다. 레오타드를 입고 낙하하는데, 이런 차림으로 그가 노르웨이의 절벽에서 뛰어내릴 때면 꼭 날다람쥐처럼 보였다. 그는 낙하산을 메고 주거용 건물로는 세계에서 두 번째로 높은 두바이의 프린세스 타워에서 낙하를 시연한 적이 있다. 또 3,000미터 고도에서 비행하는 화물기 뒤쪽 비디오게임용 의자에 앉은 상태로 발사되듯 낙하하기도 했다. 한번은 하늘을 나는 비행기에서 텍사스의 호수로 낙하하다가 물 위를 달리는 제트스키의 뒷자리에 내려앉은 적도 있다. 제트스키 운전자는 그가 그 전날 처음 만난 남자였다. 〈톱기어〉라는 TV 쇼에서는 벨로키랍토르 475라고 불리는 포드 F150 비포장도로용 몬스터 트럭의 도전을 받은 적도 있다. 8킬로미터 경주를 벌인 적도 있는데, 트럭은 수평으로 애리조나 사막을 횡단하고 프로벤자노는 수직으로 곤두박질치는 대결이었다. 프로벤자노가 승리했다.

행사가 시작하길 기다리며 그가 휴대폰을 꺼냈다. 그의 거친 활동을 말해주기나 하듯 화면에 금이 가 있었다. 그럴 수 있겠다는 생각이 들었다.

우리는 서로 자신의 직업에 관한 이야기를 주고받았다. 앞서 말한 그의 활동 경력이 증명하듯, 그의 직업이 훨씬 더 흥미로웠다. 특히나 관점의 위력과 좁은 초점의 가치를 확연하게 보여주는 이야기가 호기심을 자극했다.

프로벤자노와 그의 스카이다이빙 팀원인 루크 에이킨스Luke Aikins, 존 디보어Jon Devore는 낙하산 없이 8,000미터 상공에서 낙하해 그물로 떨어지는 묘기에 도전한 적이 있다.[5] 이 제안을 처음 받았을 때에는 아내를 과부로 만들고 자녀를 아빠 없는 아이로 만드는 무모한 행동이라 생각하고 한 귀로 흘려들었다. 그러다가 나중에 마음을 바꾸고 한번 해보기로 결정했다. 지정 낙하자는 에이킨스가 맡기로 했다.

세 사람은 팀원을 모았다. 얼마 전에 나온 영화 〈아이언 맨〉의 스턴트 감독, 공항 활주로용 전구를 설계한 조명 디자이너, GPS 시스템 엔지니어, 공기 저항을 최소화하고 착륙 시에 척추와 목을 보호할 의상을 제작할 디자이너, 그리고 유성처럼 (이 경우에는 사람) 지상과 충돌하는 물체의 힘을 계산하는 데 익숙한 NASA의 엔지니어들이 합류했다.

이들은 함께 가로세로 각 30미터 길이에 무게가 270킬로그램 되는 그물을 설계 제작했다. 그리고 그물을 크레인에 연결해 펼쳐놓았다. 그물 세 군데 장력점에서 에이킨스가 착륙하기 직전 정확한 순간에 풀어져 충격을 줄이게 되어 있었다. 너무 일찍 풀어주면 그물은 지나치게 느슨해질 것이고 너무 늦게 풀어주면 그물은 지나치게 팽팽한 상태가 될 것이었다. 전문 스턴트맨이자 타이밍 시스템 전문가인 닉 브랜든Nick Brandon이 낙하 정보와 에이킨스의 발뒤꿈치에서 날리는 연기를 보면서, 스카이다이버의 행동을 계산하는 노련한 관측 팀원 두 명의 도움을 받아 정해진 원칙에 따라 이완 버튼을 감독했다.

그물은 또한 부드러운 제동 시스템을 구현한다는 목적으로 에어 피스톤에 연결되었다. 물론 로켓이 발사될 때 우주 비행사들이 느끼는 2.4의 관성을 에이킨스가 경험하도록 과학자들이 계산했다고 해도, 얼마나 부드럽게 착지하게 되는 건지 나는 실감할 수 없었다.

에이킨스는 저산소증을 막아줄 비상 산소통을 메고 뛰어내렸다. 저산소증은 비행기 순항고도와 같은 에베레스트의 하이 캠프처럼, 혹은 뛰어내릴 때의 상공에서처럼 고공의 산소가 부족해 귀가 먹먹해지고 색 구분을 못하며 입술이 파래지는 인지 혼란 상태를 일으킨다. 에이킨스의 사촌은 에이킨스가 대기에서 직접 충분히 산소를 공급받는 고도에 도달하면 공중에서 에이킨스와 접선한다. 그다음 그의 산소통을 수거하여 동시에 뛰어내리는 계획을 세웠다.

프로벤자노와 팀원들은 8,000미터 상공부터 전체 낙하 과정을 전송할 수 있도록 라이브 스트리밍 카메라를 부착하는 계획도 세웠다. 그것이면 증거자료로 충분했다.

내가 가장 매료된 부분은, 에이킨스가 그 그물을 발견하고 거기에 정확하게 착륙하는 방법이었다. 이 일은 건초 더미에서 바늘을 찾는 것보다 어려워 보였다(바늘 찾기는 그래도 지상에서 하는 것이고 아무리 지루하다고 해도 죽는 것보다는 낫지 않은가).

팀원들은 정밀진입경로지시기PAPI를 여덟 개 구입했다. 활주로상의 착륙할 위치로 비행기를 안내하는 데 종종 쓰이는 특이한 전구다. 이 조명장치가 에이킨스를 그물 중심으로 안내해주기를 바랐다. 각 전구는 나란히 빨간색과 흰색의 고강도 광선을 방출한다. 수 킬로미터 떨어진 곳에서도 이 광선이 쉽게 탐지되도록 조합했다. 팀원들은 그물 밖에 두 개의 동심원 표시등을 설치했다. 다트 판의 중심에서부터 두 번째, 세 번째로 둥글게 원이 그려지는 방식이다. 에이킨스의 목표는 그물의 중심 위로 낙하 위치를 잡는 것이었다. 그가 그물을 벗어나면 조명은 빨간빛을 내고 다시 그물의 중심 쪽으로 돌아오면 흰빛을 내게 되어 있었다. 에이킨스는 낙하할 때, 그러니까 이들이 쓰는 표현으로는 날 때 하얀 불빛 안쪽으로 위치를 유지해야 한다는 것을 알고 있었다. 어려운 점은 곧장 떨어지는 것처럼 느껴지는 실전에서, GPS 추적 시스템이 보여주듯 시속 32킬로미터 정도로 수평 이동을 하는 것이었다. 만일 나 같으면, 낙하하며 죽음을 앞둔 상황에서 조명을 추적하여 색깔을 구분할 수 없을 것 같다 하자, 프로벤자노가 어렵지 않다고 대답했다. "흰색이면 살고, 빨간색이면 죽는 거니까요."

위험한 일이었던 만큼 프로벤자노 팀은 한두 번의 시험 낙하 없이는 혹은 충분한 테스트를 거치지 않고서는 에이킨스를 비행기 밖으로 내보내려고 하지 않았다. 그들은 묵직한 인체 모형을 몇 차례 던져보고 예비 낙하산을 짊어지고 낙하 연습을 했다.

각각의 테스트는 장비와 낙하 팀의 한계를 확인하기 위해서였다.

첫 번째 시험 낙하를 통해 조명 시스템이 제대로 작동하지 않는다는 것을 알았다. 불빛의 위치가 잘못되었다. 조명 세트 중 하나는 30미터 폭의 그물 가장자리를 비추었다. 그물을 둘러싸고 있는 두 번째 바깥 원은 중심에서 76미터나 벗어나 있었다. 이 두 원은 비행기에서 뛰어내릴 때마다 팔을 뻗어서 엄지손가락으로 모두 가릴 수 있을 만큼 가까웠는데도 프로벤자노는 시험 낙하에서 자신과 에이킨스 모두 두 번째 원을 보지 못했다고 말했다. 광선은 모두 위를 향해 똑바로 뻗어 있었다. 대기를 뚫고 비출 만큼 광선이 강력해서 조종사는 이들이 뛰어내리기 전에 그것을 볼 수 있었다. 그러나 프로벤자노와 에이킨스가 뛰어내렸을 때는 중심 주변의 네 군데 불빛에 너무 집중한 나머지 바깥쪽 원이 표시하는 불빛이 보이지 않았다. 낙하하는 이들은 집중한 시계視界 밖의 것은 하나도 보지 못했다.

이렇게 낙하 팀은 적응 과정을 거쳤다. 이들은 안쪽 원과 바깥쪽 원의 직경을 처음 크기보다 30~40퍼센트 각각 줄였다. 이제 흰색 불빛의 창은 훨씬 작아졌다. 대신 이전과 달리 에이킨스가 집중적으로 초점을 맞출 필요가 있는, 또 그가 실제로 초점을 맞춘 공간만 비췄다.

이 모든 일은 어떻게 결말이 났을까? 2016년 7월 30일, 지상 8,000미터 상공에서 에이킨스는 비상 산소통을 단단히 움켜쥐고 세스나 기Cessna 機의 문으로 향했다. 그는 문밖으로 고개를 내

밀고 아래를 내려다보았다. 그물은 보이지 않았지만, 뛰어내렸다. 그는 하늘을 가르며 날았다. 모니터에 기록된 에이킨스의 심박 수는 1분에 148회였다. 내가 줌바 강습 시간에 힙합 동작을 따라 할 때보다 여유롭고 침착했다. 그는 하얀 불빛을 찾으며 공중에서 활강했다. 일단 흰 불빛이 눈에 들어오자 하강하는 내내 흰색 테두리를 벗어나지 않았다. 그물 위 90미터 지점에 왔을 때, 에이킨스는 그물에 그의 허리가 감싸듯 부드럽게 안기도록 등을 굽혀 몸을 통처럼 굴렸다(배럴롤). 비행기를 떠난 뒤 2분 9초 만에, 그는 그물에 떨어졌다. 에이킨스는 충격으로 비명을 질렀다. 고통에서 나온 비명이 아니었다. 불가능해 보였던 것을 해냈다는 데서 터져 나온 안도와 자부심의 외침이었다.

애리조나 사막은 엄청나게 광활하다. 그럼에도 불구하고, 에이킨스의 시각적 초점은 요제프 페츠발의 카메라 렌즈만큼이나 좁고 날카로웠다. 지상에서 까마득히 먼 상공에서 그의 눈에 들어온 풍경은 옆으로는 산맥 단층이 어지럽게 뒤엉키고 사방으로 강과 도로가 구불구불 이어지는 등 너무도 거대하고 넓었을 것이다. 그러나 하늘에서 뛰어내릴 때, 그는 그런 것은 보지 않았다. 일단 그물의 위치가 확보되자, 주변의 다른 것들은 모두 흐림 처리가 되었다. 그것이 이 일의 핵심이었다.

운동선수들의 초점 좁히기

조앤 베노이트 새뮤얼슨Joan Benoit Samuelson은 땅에서 신발을 60센티미터 이상 떼지 않았다.[6] 루크 에이킨스의 이야기에 나오는 8,000미터와는 전혀 다른 높이다. 그런데 이런 방법으로 새뮤얼슨은 다른 여성들이 결코 해내지 못했던 기록을 달성했다. 그는 여자 마라톤이 처음 도입된 1984년 로스앤젤레스 하계 올림픽에서 경쟁자들을 따돌리고 최초의 올림픽 여자 마라톤 챔피언이 되었다. 새뮤얼슨은 스키 사고로 다리 골절상을 입었고, 다리 회복에 도움이 될까 싶어 고등학교 때 장거리 육상을 시작했다. 대학생이 되고 나서는 비교적 무명선수로서 1979년의 보스턴 마라톤에 출전했다. 그는 이 대회에서 종전 기록을 8분 단축하며 우승했다. 그리고 4년 후에는 다시 이 기록을 12분 이상 단축하며 세계 신기록을 수립했다.

어떻게 이런 기록을 달성할 수 있었을까?

새뮤얼슨은 물론 페츠발이나 에이킨스를 만난 적이 전혀 없다. 그녀가 사기 분야에 도전하여 성공한 기술은 카메라 렌즈나 표적 같은 조명장치의 교묘한 디자인과 일맥상통한다. 새뮤얼슨은 초점을 좁혀서 주변 세계를 보았다.

새뮤얼슨은 달리면서 앞선 주자를 자세히 살핀다.[7] 상대를 한 명 고르면, 가령 핑크색 반바지를 입은 주자라 치면, 그를 제친다. 이어 새로운 표적을 정하고 다시 그 사람도 제친다. 그녀는 멀어 보이는 목표를 정한 다음 (정확히 42.195킬로미터로 우리 대부분 도달하기 힘들 거라 생각하는 목표) 이를 관리 가능한 부분으로 잘게 쪼개어 극복한다. 새뮤얼슨은 굴하지 않고 힘껏 분발하여 이룰 수 있는 목표를 세운다. 부분부분으로 쪼개어진 이 목표는 그녀를 지치지 않고 더 빠르게 한다. 새뮤얼슨은 마라톤의 마지막 4분의 1 구간에서 결승선에 이를 때까지 이렇게 한다. 각각의 새로운 세부 목표에 초점을 맞추도록 눈을 훈련한다. 어느 순간이 되면 누구에게나 찾아오는 체력의 한계에도 불구하고, 더 빨리 달리도록 동기가 부여된다. 이렇게 함으로써 처음에는 멀어 보였던 더 큰 목표가 손에 잡힐 듯 가시권에 들어온다.

새뮤얼슨의 성취는 일반적인 경험과는 확실히 구분되는 뛰어난 것이다. 그러나 그녀의 기술은 내가 1월 어느 추운 밤 브루클린의 YMCA 바닥에 앉아서 발견한 것처럼, 실제로 목적을 달성한 다른 주자들의 경험과 통한다.

제니스 벨로시티Zenith Velocity라고 불리는 육상 정예 팀은 일주일에 한 번, 트랙의 규격을 4분의 1로 줄인 YMCA 오렌지색 고무 트랙에서 훈련한다. 팀원들의 면면은 화려하다. 한 사람은 나이지리아에서 가장 빠르다. 또 한 사람은 트리니다드의 랭킹 3위로, 인간으로서는 역사상 가장 빠른 우사인 '번개' 볼트와 함께 훈련한 바 있다. 그다음, 라론드 고든은 올림픽에서 메달을 딴 최초의 토바고인으로서 두 번이나 동메달을 땄다.

이날 밤 운동 전에, 이 정예 선수들은 각각 자신이 달릴 때 눈앞의 코스를 어떻게 보는지 잠시 이야기해주었다.

나는 '집중적인 주목focused attention'이 과학자에게 어떤 의미인지, 왜 연구하는지 설명했다. 그리고 그들이 달릴 때 무엇을 보는지 물어봤다. 결승선이나 직선의 끝 같은 표적에 초점을 두고 집중하여 바라보는가?

나는 또 광범위하게 주의를 두는지 물었다. 전면의 곡선을 향하나 아니면 좌우의 사람들을 보는가? 시선을 이리저리 돌려 옆에 있는 모든 것을 볼 수 있는가?

그들 다 경쟁자를 쫓는 건 매력적이라고 수긍했다. 그런데 이 제니스 벨로시티 회원들이 뛰는 방식은 모두 새뮤얼슨의 시각적 기술과 비슷했다. 무엇보다 초점 좁히기를 이용한다고 대답했다. 그것이 경쟁자를 따돌리는 다른 어떤 방법보다 낫다는 것이다.

-○○-
눈에 보이는 것이 문제다

이 선수들은 수영복 시즌이 가까워지는 데는 아무 관심도 없다. 이들의 일상은 선수가 아닌 사람들과는 다른 면이 많다. 가장 큰 차이는 주변 세계를 바라보는 방식이다. 이들은 주변 세계에 큰 관심을 두지 않는 듯하다. 이들은 또 도전하는 대상을 바라보는 관점이 다소 다르다. 실제로 조사를 해보면, 신체적인 상태는 운동을 바라보는 방식을 변화시킨다.[8] 전반적으로, 피로하거나 과체중으로 힘들어하는 사람들은 체중이 가볍고 에너지 넘치는 사람에 비해 걷거나 달릴 수 있는 거리를 더 멀게 느낀다. 올라갈 수 있는 계단이나 산을 바라볼 때도 마찬가지다. 일어나서 돌아다니기 힘들 때, 사람은 주변 환경을 더 어려운 난관으로 체험한다.

버지니아 대학교의 한 연구팀은, 일주일에 적어도 세 번 이상 5킬로미터 정도 조깅하는 노련한 주자 60명을 선택해 조깅하기 전과 후에 설문조사를 실시했다.[9] 언덕 시작점에서 저쪽 도착점까지 가기만 한다면 어떤 코스로 가도 상관없었다. 출발하기 전과 조깅을 마쳤을 때, 각도기 위의 스윙 암을 조작하며 눈앞에 보이는 비탈의 경사도를 측정했다.

모두가 단련된 주자라는 사실에도 불구하고, 설문 참가자들은 피곤할 때는 눈앞의 언덕이 눈에 띄게 가팔라 보인다고 답했다. 피곤하지 않을 때와 비교했을 때, 50퍼센트는 더 가파르게 보였다.

굳이 수 킬로미터씩 장거리 조깅을 하지 않아도 세상이 힘들어 보일 수 있다는 것을 내 실험실에서도 알 수 있었다.[10] 체력을 측정할 때 일반적으로 쓰는 지표로 사람들의 허리와 엉덩이 둘레를 쟀다. 그런 다음 실험 참가자들에게 도착할 결승선 사이의 거리를 가늠해달라고 주문했다. 빈 지도상에서 결승선의 위치를 가리키기만 하면 되었다. 지도에는 우리가 있는 곳의 윤곽만 표시되었는데, 출발점을 나타냈다. 참가자들은 지도상에서 결승선이라고 생각되는 곳의 위치를 가리키기만 하면 됐다.

비록 참가자들은 몰랐으나, 이들의 허리와 엉덩이 수치는 어디쯤을 결승선으로 지목할지 가늠케 하는 예언적 기능이 있었다. 신체적 조건이 떨어지는 사람들은 우수한 사람보다 더 멀리 떨어진 곳을 결승선으로 가리켰다. 사람이 피곤할 때 나타나는 이런 인식상의 과장perceptual exaggeration은 일상적으로 체중 관리를 어려워하는 사람들에게도 똑같이 나타난다. 운동도, 그것을 전투처럼 여기는 사람은 더 힘들게 여긴다.

운동을 쉽게 만들어주는 훈련

이 주제는 나에게 이런 질문을 던졌다. 운동을 하는 데 인식이 영향을 미친다고? 그러면 문제를 해결하는 데도 도움을 주지 않을까? 그래서 운동을 더 편하고 쉽게 느끼도록 도와주는 기술로서, 주변 상황을 다르게 보도록 훈련시키는 교육 프로그램을 설계했다. 사람들이 걸어갈 때 지나치는 동네 상점 혹은 자녀들과 함께 뛰노는 운동장을, 제니스 벨로시티의 주자들이나 세계적인 선수들이 결승선을 바라보듯 볼 수 있게 가르치는 프로그램 만들기에 착수했다. 비록 경쟁에 적합지 않은 사람이라도 이 훈련이 운동의 질을 개선해줄 것이라고 기대했다.

나의 제자 샤너 콜과 매트 리치오, 이 두 사람이 사람들을 만나 자신의 운동 능력을 테스트하고 싶으면 동네 체육관에서 운동해달라고 요청했다. 그리고 프로그램을 시작했다. 이들에게 발목에 고리를 채워 체중을 15퍼센트 늘릴 것이라고 설명했다. 그리고 능력껏 빠른 속도로 결승선까지 걷도록 했다. 조금 힘겨워졌어도 불가능하지는 않은 운동이었다.

프로그램에 들어가기 전에, 우리는 이들에게 어디에 관심을 집중할지 따로따로 코치해주었다. 한 집단에게는 새뮤얼슨이나 제니스 벨로시티 주자들처럼 오로지 목표물에만 시선을 집중하라고 말해주었다. 눈을 자동차 전조등이라고 생각해서, 시선을 그들의 목표물인 결승선만 비추고 주변의 것은 일체 보지 말라고 한 것이다. 나머지 집단에게는 좌우의 담이나 농구대, 혹은 체육관 동료를 마음대로 보라고 했다.

운동을 시작하기 전에, 실험 참가자들은 결승선이 얼마나 멀어 보이는지 각각 측정했다. 이들은 조금씩 다른 방법으로 거리를 측정했지만, 그에 상관없이 목표물에 시선을 고정시킨 집단이 자연스럽게 주변을 둘러본 그룹보다 결승선을 30퍼센트 가깝게 평가했다. 초점 좁히기가 운동을 수월하게 해준 것이다.

그러면 성과도 개선되었을까? 운동에 참여한 사람들은 결승선까지 능력껏 빠르게 걸은 다음 어느 정도 노력이 필요했는지 보고했다. 초점 좁히기를 한 집단은 그렇지 않은 집단보다 평균 17퍼센트 정도 노력이 적게 들었다. 이 결과는 단순히 주관적인 것이 아니었다. 우리는 또 각 참가자들이 활기차게 걸어가는 데 얼마나 시간이 걸리는지 측정했다. 초점 좁히기를 활용한 집단은 다른 집단보다 23퍼센트 빠르게 결승선에 도착했다. 이렇게 생각해보자. 당신이 남자고, 베를린 마라톤에 출전하려고 한다 치자. 당신의 종전 기록이 2시간 45분이라고 할 때, 속도가 23퍼센트 빨라지면 최고 기록에서 단지 5분밖에 뒤처지지 않은 성적이다. 케냐의 일리우드 킵초게Eliud Kipchoge가 2018년 베를린 마라톤에서 2시간 2분이 채 안 되는 기록을 세웠으니 말이다.[11]

얼마나 열심히 훈련에 매진할지, 그 훈련을 어떻게 평가할지, 초점 좁히기 전략은 엄밀히 지시해준다. 다만, 이 시각적인 전략은 그 배후에 마음이라는 동기가 있다. 마음에 의해 효율성이 달라진다. 목표물에 시선을 집중하는 사람은 더 효과적으로 훈련한다. 가깝다는 감각을 인식하면 자신감이 붙는다. 불가능할 정도로 목표가 멀지 않고 가깝게 보일 때, 도전이 두 배는 쉽게 느껴진다.

저축의 수혜자를 보라

초점 좁히기는 또한 우리를 (적어도 정신적으로는) 더 빨리 은퇴의 결승선으로 밀어 보내면서 재정을 더욱 건전하게 개선시켜줄 수 있다.

은퇴 연령에 도달할 때쯤이면, 대개는 원하던 삶을 살 만큼 돈이 충분하지 않다고 느낄 공산이 크다. 2017년 미국 연준(연방준비제도)의 조사에 의하면, 미국인의 60퍼센트 이상이 퇴직 대비가 순조롭지 않거나 퇴직 이후가 불확실하다고 생각했다.[12] 생각만 그런 게 아니다. 연준은 조사 결과 성인 근로자의 4분의 1이 퇴직금이나 어떤 형태의 투자금도 가지고 있지 않다는 것을 확인했다. 모두 부자라서 은퇴를 대비한 저축이 없는 게 아니다. 실제로 2019년에 근로자급여연구소EBRI가 공개한 분석 결과를 보면,[13] 세대주의 연령이 30대 중반에서 60대 중반 사이에 있는 미국 가정의 40퍼센트 이상이 퇴직 시점에 돈이 부족할 것으로 예상했다. 결혼하지 않은 사람일수록 더욱 그랬다. 퇴직 당시 최저임금계층에 있는 독신 남자는 평균 퇴직 저축 부족액이 3만 달러, 독신 여자는 부족액이 평균 11만 달러에 달했다.

이처럼 필요한 양과 소유한 재원이 일치하지 않는 까닭은, 많은 이들이 은퇴를 위해 저축하기에는 이미 너무 늦었다고 생각하기 때문이다. 학자금 대출이 밀린 대졸자에게 퇴직 준비가 소홀하다고 비난할 수는 없는 법이다. 새 옷이나 자동차 할부금, 계속 늘어나는 집세, 오르는 건강보험을 감당할 만큼 급여도 오를 것으로는 보이지 않는다.

이러한 현실적 제약에도 불구하고 재정 컨설턴트는 미리미리 은퇴 계획을 준비하라고 권고한다. 왜 그럴까? 다음의 예를 생각해보라.[14] 연 평균 투자수익률을 8퍼센트로 어림잡을 때, 22세부터 한 달에 500달러씩 저축한 사람은 65세에 은퇴할 때 200만 달러가 넘는 돈을 거머쥘 것이다. 그러나 초임에서 500달러를 떼는 건 힘들 수 있다. 게다가 10~20년 동안 투자를 회피하고 싶은 유혹이 한결 달콤해 보일 수 있다. 중요한 것은, 잃어버린 시간을 나중에 보충하기보다 젊은 나이에 퇴직 후를 대비하는 것이 더 유리한 경험칙이란 것. 모든 조건에 변함이 없다면, 한 달에 100달러를 저축한 22세의 젊은이는 복리 덕분에 20년 늦게 5배의 금액을 저축한 사람보다 퇴직금을 더 많이 받고 은퇴생활을 하게 된다.

군이 보험 회계사가 아니더라도, 산술적 계산을 통해 조기 투자의 이점을 알 수 있다. 그럼에도 불구하고 조기 투자에 대한 수치는 귀에 들어오지 않을 때가 많다. 왜 소득이 있는 젊은이가 별로 저축하지 않는지 더 확실하게 파악하고자, 내 강의를 듣는 학생들에게 설문조사를 실시했다. 불과 몇 달 뒤 졸업하는 대학생들이었다. 그들 모두 수업료와 제반 경비를 감당할 직업이 있었다. 그런데 퇴직을 대비해 저축하고 있는지 물어보자 60명 중 55명이 그렇지 않다고 대답했다. 퇴직 대비 저축에 대하여 종종 생각해보는지 물었다. 학생들은 대체로 "자주 생각하지 않는다"거나 "1년에 한두 번쯤"이라고 답했다. 이유를 묻자, 많은 이들이 빅토리아와 비슷하게 대답했다. "미래는 너무 멀리 있는 것 같으니까요." 맞는 말이다.

다음으로, 그들의 관점을 변화시킬 수 있는지 알고 싶었다. 미래에 다가올 은퇴가 생각보다 가까이 있으며, 지금 내리는 결정이 큰 영향을 줄 것이라는 사실을 깨닫게 해줄 수 있을까? 생각보다 결승선이 가깝다고 시각적으로 경험하는 주자가 더 멀다고 체험하는 주자보다 빨리 달리는 이치로, 시각적 경험으로 미래를 가깝게 느끼면 투자 시기를 앞당길 것이라고 생각했다. 하여 나는 컴퓨터 화상 소프트웨어를 이용해 학생들의 얼굴 사진을 찍었다. 각자의 얼굴을 나이가 든 연예인 사진과 합성했다. 그런 다음, 학생들의 현재의 모습부터 미래의 모습에 이르기까지 변화 과정을 묘사하는 애니메이션을 만들었다. 몇몇 여학생들은 베티 화이트의 머리와 입 모양을 한 미래의 자기 모습을 보았다. 또 어떤 여학생들은 마야 앤젤루의 눈이나 턱 선 모습을 보았다. 어떤 남학생들은 댄 래더처럼 변한 미래의 자신을 보았다. 학생들에게 미래의 모습을 보여주면, 은퇴 시점의 자신을 분명히 볼 수 있다면, 미래 자체가 멀게 보이지 않을 수 있다고 생각했다.

처음에는 주로 혐오와 공포, 충격을 수반한 반응이 터져 나왔다. 엘리자베스는 베티 화이트의 헤어스타일을 한 자신의 모습을 보고는 잠시 숨을 고르더니 계속 웃음을 터뜨렸다. 그런 다음 "끔찍해요"라고 했다. 마리사는 상냥하고 부드럽게 속삭였다. "아, 이런!" 제시카는 "어머나, 너무 흉해요"라고 했다. 그리고 라툴은 나를 돌아보며 "제가 정말 멋있어 보이네요"라고 했다.

이어 나는 그들에게 미래의 얼굴 사진을 주었다. 학생들은 은퇴생활을 하며 어떤 일이 일어나기를 바라는지, 그리고 그 시점에 어떤 시간을 보내고 싶은지 사진 여백에 적었다.

그런 다음, 지금 은퇴에 대비한 저축을 시작하고 싶은지 물었다. 학생들은 모두 가능성을 열어놓았다.

이 강의실 프로젝트는 사회심리학자 할 허시필드Hal Hershfield 가 실시한 실제 실험에 토대를 두었다. 그는 젊은이들에게 미래의 모습을 알려주는 방법을 하나 발견했다.[15] 허시필드는 지역사회 사람들의 사진을 찍고 이것을 좀 더 현실적인, 연예인과는 무관한, 나이 든 모습으로 변형시켰다. 45년 후 그들이 어떤 모습일지 보여준 셈이다. 그러자 그들은 퇴직에 대비하여 평균적으로 현재 급여의 6.2퍼센트를 저축하고 싶다고 말했다. 자신의 현재를 묘사한 아바타를 본 사람들은 4.4퍼센트를 저축하겠다고 했다.

두 번째 실험에서 허시필드는 대학생들의 나이 든 모습을 제작했다. 45년 후에 가상환경에서 다른 사람들과 어울리는 자신의 모습을 보여주었다. 실험 참가자들이 몇 분간 자신의 미래의 모습을 들여다본 다음, 기대하지 않은 1,000달러가 생겼다고 상상하도록 했다. 그런 다음 그 돈에서 얼마를 당좌예금계좌에 넣을지, 아니면 특별한 이에게 멋진 선물을 하거나 재미난 일, 사치스러운 행사를 기획할지, 거기에는 얼마를 쓸지 결정하라고 했다. 현재의 자신을 묘사한 아바타를 본 학생들과 비교했을 때, 나이 든 자신의 역할을 생각해본 학생들은 퇴직에 대비해 두 배 이상 저축하겠다고 답했다. 앞의 학생들이 불로소득 1,000달러에서 80

달러를 저축한다고 대답한 데 비해 이들은 평균 172달러라고 대답한 것이다.

푸르덴셜 파이낸셜 보험사에서 만든 광고에는 한 쾌활한 청년이 나이 든 미래의 자신을 가리켜 '저축의 수혜자savings successor'라고 부른다. 이 광고는 허시필드의 연구 덕분에 탄생했다. 그 둘은 서로 자신을 소개하며 얼마나 공통점이 많은지 알게 된다. 두 사람은 똑같은 음악을 좋아하고 같은 팀에 있으며 패션 감각이나 헤어스타일도 어느 정도는 같다. 허시필드의 연구를 기반으로 푸르덴셜은 사람들이 미래의 저축의 수혜자를 상상하도록 자극하면 더 많이 저축할 것이라고 생각했다. 그리고 정예 통계학자들을 투입해서 어떤 결과가 가능한지 조사했다. 연구 결과, 미국인 개개인이 하루에 단 3달러(뉴욕에서는 커피 한 잔 값도 안 되는)만 저축하면 은퇴할 시점에 미국은 총 4.3조 달러를 저축하는 결과가 나왔다.

-○─○-

미래를 현재에 일치시키기

미래를 현재의 일부로 보자. 그러면 장차 내가 되고 싶은 사람과 현재 상황을 좀 더 일치시키는 선택을 내리게 된다. 미래에 초점을 맞춤으로써 멀리 떨어진 목표와 현재 서 있는 출발선 사이의 거리를 단축하면, 결국 이로운 선택을 내리기 쉬워진다. 또한 당장에는 즐거움을 주어도 먼 미래에는 고통을 가져다줄 수 있는 결정을 피하게 한다.

단기적인 소득과 장기적인 비용 사이의 긴장은 젊은이들로서는 다스리기 힘든 문제다. 특히 비행 청소년에게는 더더욱 힘들다. 십대는 위험평가에 대한 인지 능력이 아직은 미숙하며 발달하는 과정에 있다. 당장엔 재미있어 보이고 미래를 위해서는 손해되는 행동 방식을 선택하기 십상이다. 지역 문화센터에 페인트를 새로 칠하면 한두 시간 동안은 멋있다. 경찰이 학교로 찾아와, 수업 빼먹고 벽에 낙서한 학생을 체포하기 전까지만 그렇다. 적어도 아버지가 어릴 때의 무용담을 반성할 때면 그렇게 말씀하시곤 했다.

다시 심리학 실험으로 돌아가 보자.[16] 허시필드는 학생들이 좀 더 미래와 연결되었다는 느낌을 가진다면 장기-단기 소득 간의 이런 긴장 상태가 나아지는지 알고자 했다. 그래서 네덜란드의 한 고등학교에 협조를 구해 동료들과 함께 실험에 들어갔다. 이 실험에서 학생들은 사회관계망 사이트에서 새로 친구를 사귀었는데, 상대는 바로 그들 자신이었다. 학생들 절반 정도는 상대 아바타가 기분 나쁠 정도로 자신과 닮은 모습이라고 보았다. 머리 모양이 현재 그들 모습과 같았다. 똑같은 셔츠를 입고 주근깨까지도 똑같았다. 나머지 절반의 경우 상대 아바타가 자신을 닮긴 했지만 15년 더 나이가 든 모습이었다. 눈은 조금 더 피곤한 모습이었고 혈색은 조금 더 불그스레했으며 눈썹은 연해지기 시작했다.

미묘하지만 눈에 띄게 성숙해진 듯 보였다.

일주일간 이 도플갱어는 매일 학생들에게 메시지를 보내 하루 일과를 물어보았다. 이 새로운 관계가 형성되기 일주일 전과 일주일 후를 비교하기 위해, 지난주에 얼마나 비행에 가담했는지 털어놓게 했다. 이 답변을 통해, 새로운 교류가 학생들의 행동에 영향을 주었는지 여부를 가늠할 수 있었다.

자신의 나이 든 아바타와 교류한 학생들은 미래의 자신과 더 연결된 느낌을 받았다. 그만큼 비행도 줄어들었다. 허용되지 않거나 나중에 후회할 행동을 할 가능성도 줄었다. 술을 마시는 횟수도 줄어들었다고 응답했다. 의도적으로 물건을 망가뜨리는 횟수도 줄었다. 미래의 자신을 보자 훗날 맞이할, 어른된 모습과 공유하는 감각이 늘어났다. 그 결과 외부 세계에 더 건설적인 방식으로 참여했다. 특히 다른 집단과 비교할 때, 비행 감소가 두드러졌다. 반대로 현재의 자신의 아바타와 교류한 학생들은 비행 횟수가 더 빈번해졌다.

미래의 자신과 결합되었다는 감각은 단순히 청소년다운 비행을 줄여주는 것 이상의 효과를 냈다. 졸업을 코앞에 둔 대학생의 경우, 미래의 자신과 더 일체감을 느낀 사람들은 그렇지 않은 사람들에 비해 학업 과제에 더 적극적이라고 응답했다. 또 다른 연구에서 나타난 바로는 미래의 자신과 연결된 느낌을 받는 사람들은 사업하는 데 비윤리적 협상 전술을 거부하는 비율이 더 높았다.[17] 다시 말해, 경쟁자가 해고되도록 한다든가, 상대가 성과를 내지 못하도록 일부러 양보를 안 한다든가, 경쟁자에게 부정확한 정보를 준다든가, 뇌물을 주고 내부 정보를 빼낸다든가 하는 부정 행위의 빈도가 낮았다. 또 다른 연구를 보면, 미래 지향적인 학생들의 거의 4분의 3은 사업상 약속을 더 잘 지키고 합의한 모임에 더 적극적으로 참가할 가능성이 높았다.[18] 그리고 이런 사람들은 대부분 자신에게 재정상의 비용이 들 때도 더 공정하고 정직했다. 실제로 미래와 연결된 감각을 지닌 사람은, 모임 참석으로 자신에게 돌아올 보수가 줄어들 경우에도 상대와 정보를 공유할 가능성이 두 배 반이나 더 컸다.

영감에 다가가기

1950년대 중반, 앨라배마 주 몽고메리의 공용버스에서 인종차별이 일어났다. 당시 흑인은 먼저 버스 앞문에 올라 요금을 내고 내렸다가 분리된 뒷문을 통해 다시 승차해야 했다. 언제나 앞좌석열 개는 백인을 위해 비워두었고 뒤쪽 자리 열 개는 흑인을 위해 비어 있었다. 중간 자리 열여섯 개는 따로 지정되지 않았다. 중간 좌석이 다 채워질 때까지, 백인은 앞에서부터 차례로 앉았고 흑인은 뒤에서부터 앞쪽으로 좌석을 채웠다. 뒷자리가 채워지고 나서 버스에 탄 흑인은 서 있어야 했다. 백인이 흑인과 같은 줄에 앉는 것은 불법이었다. 그래서 앞자리가 찬 뒤에 백인이 승차하면, 그 뒷줄에 앉은 흑인이 모두 일어나서 백인이 앉을 수 있도록 새 줄을 비워주는 규칙이 있었다.

1955년 12월 1일, 로자 파크스Rosa Parks는 버스에 올라 중간 구역의 첫 줄에 앉아 있었다. 법적으로 그녀가 앉도록 허용된 좌석이었다. 이때 한 백인 남자가 버스에 올랐다. 파크스의 앞줄은 다 차고 자리가 없었다. 파크스는 자리를 비우라는 버스 운전사의 말을 듣지 않아 체포되었다. 버스 운전사의 좌석 배정에 따라야 한다는 시 조례를 위반했다는 이유로, 로자 파크스는 유죄를 선고받았다. 파크스는 10달러의 벌금 외에 4달러의 소송 비용까지 더 물어야 했다. 그러나 이를 계기로 시민권 쟁취를 위한 국민적 저항의 들불이 번졌다.

1956년에는 거의 1년 내내, 4,000명에 가까운 흑인들이 몽고메리 버스 승차거부운동을 벌였다. 흑인들이 시의 버스 매출에서 차지하는 비중은 약 4분의 3이었다. 이 거부운동은 대중교통의 재무 구조에 심각한 타격을 입혔다. 승차거부운동에 참여한 이들은 또 카풀 운동을 조직했다. 차량이 있는 사람들은 다른 사람들의 출퇴근이나 시내 이동을 위해 운전자로 자원봉사했다. 시 당국은 개인 차량을 카풀로 이용토록 하는 운영 방침을 취소하라고 보험사에 압력을 넣었다. 승차거부운동 지도자들은 영국에 본사를 둔 보험사와 함께 맞섰다. 흑인 택시 운전사들은 승객에게 버스 요금에 해당하는 10센트만 받기 시작했다. 시 당국은 45센트 이하를 받는 운전사들에게는 누구나 벌금을 물렸다. 미국 전역의 교회에서는 걸어 다니느라 신발이 해진 몽고메리의 흑인들에게 지원할 새 구두를 모았다.

곧 보복이 뒤따랐다. 민권운동 지도자들의 집과 흑인 침례교회는 화염에 휩싸이기도 했고 승차거부운동에 참여한 이들은 폭행당했다. 마틴 루서 킹 주니어 박사를 비롯해 90명의 시민권 및 지역사회 권리 찾기 지도자들은 업무 방해 혐의로 기소되었다. 킹은 투옥되었다.

이해에는 또한 민권운동 활동가인 앨리스 와인Alice Wine이 시를 써서 국민에게 영감을 주었다.[19] 사우스캐롤라이나의 존스섬에 사는 와인은 최초로 유권자 학교를 졸업한 사람이었다. 유권자 학교란, 각 지역에서 시민들이 선거권을 행사하는 데 필요한 시험을 통과하도록 아프리카계 미국인을 교육하는 기관이었다. 와인은 선거인 등록 방법, 투표함이 공격받을 때 비폭력적으로 대응하는 법 등을 배웠다. 그녀는 모든 시민을 위한 투쟁에 동참해 미국 민주주의의 물결에 합류했다. 와인은 전통 가락에 맞추어 성서 구절에 기반을 둔 시를 썼다. 시련과 방해에도 불구하고, 폭압을 이기고 견디어내는 문제에 집중했다.

내 손에 쟁기가 있으나
내 가는 길에 방해는 안 된다네.
오직 승리만을 위하여, 기다려라, 기다려라.

기다려라, 기다려라.

오직 승리만을 위하여, 기다려라, 기다려라.

이 시는 사우스캐롤라이나에서 노래로 만들어져 널리 불렸다. 미시시피에서는 잭슨부터 파치먼에 이르기까지 자유의 탑승자들Freedom Riders(1960년대 미국의 흑인 인권을 옹호한 시민권 운동가를 부르는 말―옮긴이)이 노래했고 이어 알바니로 퍼져나갔다. 1958년 뉴포트 재즈 페스티벌에서 마할리아 잭슨과 듀크 엘링턴이 별도의 무대를 열고 이 노래를 불렀다. 이 시는 곧 전국적으로 주목받았다. 앨리스 와인의 시는 이후로도 정의를 위해 계속 싸우는 사람들에게 영감을 주었다.

그녀의 시는 탄생된 지 60년이 지난 지금도 우리에게 울림을 준다. 온갖 난관과 방해에 직면해서도, 우리는 목표에 집중할 수 있다. 멀리 있는 것 같으면서도 지금 바로 우리의 일부처럼 보이기도 하는 미래를 보면서, 우리는 우리가 바라는 것에 시선을 집중할 수 있다.

전체 계획
설계하기

만일 여러분이 영국 런던에 있고, 주말에 아침식사를 하러 나간다고 해보자. 혹은 요리를 좋아하는 영국인 친구의 집에서 아침식사를 한다고 쳐도 좋다. 그러면 완벽한 영국식 아침식사를 맞이할 자세를 갖춰야 한다. 보통 프라이팬을 사용해 예절을 갖춘 아침식사라면, 소시지와 으깬 감자, 달걀, 버섯, 토마토, 구운 콩, 빵, 블랙 푸딩을 먹게 된다. 이 간단한 요리를 만끽할 때의 특징이 있다. 전체 구성에서 두세 가지를 빼놓으면 알맹이를 놓친다는 것이다. 그러면 결국 고기와 감자만 먹거나 아니면 달걀과 토스트로 끝날 것이다. 당신은 완벽을 경험하지 못하게 된다. 또 진정으로 포만감을 느끼고픈 식사의 목표도 이루지 못한 셈이다.

요리든 혹은 무엇이든 큰 것을 성취하려는 여정을 시작한다면, 스스로 코스를 설계할 때 준비가 충분할수록 더 효율적이다. 한 배의 선장이라면, 목표 지점을 단순히 지도 위에서 찾아 핀을 꽂는 것으로 할 일을 다 했다고 생각하지는 않는다. 그 대신 선장은 출항하기 전에 속도나 바람, 해류, 조수, 수심, 위험물, 육상 지표 등 항해에 영향을 줄 모든 요인을 점검한다. 요리사는 단순히 조리대에 커다란 서빙 접시를 내려놓는 것으로 완전한 영국식 식단을 꾸리는 막중한 임무에 나서지는 않는다. 그들은 완전한 음식 피라미드가 망라된 미 장 플라스mise en place(바로 요리를 시작할 수 있는 완벽한 준비 상태—옮긴이)를 마침으로써 임무를 시작한다. 마찬가지로 여행 준비가 완벽할수록 목적지에 도착할 확률도 높다. 계획을 세울 때는 완벽한 영국식 아침식사를 맞이하듯 해야 한다.

-○○-

목적지 표시하기

전체 계획 설계하기 1단계: 목적지를 스스로 지정하고 확인하라.

　주방이나 바다에서 자기의 시간을 보내는 사람들처럼, 우리도 출항 전에 목적지를 표시함으로써 혜택을 얻을 수 있다. 전문적인 솜씨로 메뉴판을 만들어 레스토랑 창에 걸거나 조타장치 뒤에 해도상의 항로를 거는 대신, 일반적인 형태로 나의 여행 목적지를 만들어 또렷이 확인할 수 있다. 전 세계의 수많은 이들에게 영감을 주는 갖가지 이미지는 출발할 때 중요한 자리에 배치된다. 50여 개 언어로 번역되고 3,000만 부 이상 팔린 자기계발서에서 이미 일별한 독자도 있을 것이다.[1] 책은 비전 보드를 만들어서 버킷 리스트 항목을 하나하나 체크하며 실천하라고 조언한다(비전 보드는 영감의 원천이나 동기부여의 자료로 활용하기 위해 만드는 이미지 모음이다―옮긴이).

벌써 이런 비전 보드를 만들어본 독자도 있으리라. 혹은 본 적 있을 것이다. 비전 보드를 만들려면, 스크랩북처럼 그림을 정리하고 시각적 아이콘들의 몽타주를 모으면 된다. 자기가 보고 싶은 방식, 얻고 싶은 것 혹은 성공을 묘사한 이미지, 가장 이상적인 꿈을 표현한 형상을 선택한다. 그런 다음 매일 볼 수 있는 곳에 걸어둔다.

비전 보드가 이토록 인기를 끄는 까닭은, 효과가 있다고 생각하기 때문이다. 최근 필자는 52개국의 16~69세 연령대 1,000명에 가까운 사람들을 조사했다. 응답자들 중 약 절반은 직접 비전 보드를 만든 경험이 있었다. 응답자의 3분의 2는 친구나 동료, 가족, 혹은 지인 중에 비전 보드를 만든 사람이 있다고 답했다. 그리고 응답자 중 90퍼센트 이상은 비전 보드가 분명히, 어쩌면, 혹은 적어도 살면서 자신에게 어떤 목표가 중요한지 깨닫게끔 동기를 부여하거나 영감을 준다고 답했다. 더불어 90퍼센트가 넘는 응답자가 중요한 목표를 달성하는 데 비전 보드가 도움된다고 말했다. 솔직히 말해, 내 휴대폰에 저장된 사진 폴더를 보면 어느 정도 비전 보드처럼 보인다. 내가 드럼 키트 뒤에 앉아 있을 때, 매티가 그 옆에서 엄청 큰 귀마개처럼 보이는 물방울무늬 헤드폰을 끼고 내 옆에서 스틱을 쥐고 베이스드럼을 탕탕거리는 사진들이 그렇다.

비전 보드가 매혹적이라는 인식은 연예인들이 전파했다. 엘런 디제너러스Ellen DeGeneres가 수개월간 〈오, 오프라 매거진O, The Oprah Magazine〉의 표지에 실리고 싶다고 공공연히 말해왔던 일화는 유명하다. 디제너러스는 자신과 청취자들에게 이 목표를 환기시키기 위해 비전 보드를 만들었다. 디제너러스는 포토샵으로 자신과 오프라가 비키니 차림으로 해변과 플레이보이 맨션에 앉아 있는 사진을 만들었다. 성탄절 특별호임을 나타내려는 듯, 자신과 오프라가 우는 아이를 안고 산타의 무릎에 앉은 모습이었다. 디제너러스는 유일하게 〈오〉 매거진의 표지에 실린 바 있는 퍼스트레이디 미셸 오바마와 오프라 사이에 자신을 배치했다. 이 꿈은 현실이 되었다. 그녀가 만든 시각적 몽타주 역시 마찬가지였다.

오프라는 디제너러스의 꿈같은 바람과 비전 보드를 염두에 두고 이렇게 말했다. "엘런 디제너러스는 일을 성사시키는 사람이다. 〈오〉 매거진의 표지에 실리겠다는 결심을 한 순간, 엘런은 온갖 방해물을 걷어냈다. 효과가 있었다. 올 12월에, 〈오〉 역사상 두 번째로 나는 내가 몹시 좋아하는 여자와 함께 표지에 나온다."[2]

2016년, 토론토 도미니온TD 은행은 500명의 중소기업인을 대상으로 비전 보드를 사용하는지 설문조사했다.[3] 응답자의 4분의 3 이상이, 5년 후 사업상 도달해야 할 목표에 관해 비전 보드가 직원들에게 정확한 방향을 제공한다고 답했다. 응답자들 중에 밀레니얼 세대는 비전 보드를 이용할 가능성이 가장 컸다. 그들은 시각적 자료를 사용해 소통하는 시대에 성장했다. 또 그런 목적으로 자신의 뜻에 따라 디지털 자료나 소셜미디어 플랫폼을 이용한다. 응답자의 60퍼센트 가까이 자신은 사업을 시작할지 말지를 결정하기 위해 비전 보드를 사용한다고 답했다. 응답자 중 거의 90퍼센트가 사업 프로젝트를 개발하는 데 비전 보드를 이용한다고 답했다.

이러한 조사 결과는 실제로 무엇을 말해주는가? TD 은행은 사업 목표를 정할 때 시각적 자료를 이용하는 사람이 이용하지 않는 사람에 비해 목표를 이뤄낼 자신감이 거의 두 배나 된다는 것을 확인했다.

비전 보드를 만들면 가고자 하는 목표점을 시각화하고 거기에 도달할 수 있다는 자신감을 키우는 데 도움이 된다. 비전 보드나 영감을 주는 도해 이미지는 우리가 가진 영감에 구체적인 형태를 부여하여 마음속의 확신을 강화시켜준다. 희망과 꿈을 구체적인 이미지로 묘사하기 때문이다. 비전 보드는 구체화를 위한 도구다.

이런 구체화 과정은 특히 재정적인 의사결정에 적합하다. 무엇보다 회사가 바람직한 방향으로 성장하도록 목표를 빛나게 한다. 그저 기억에 의존하지 않고 냉장고와 식품 저장고에 있는 식료품의 목록을 작성한다. 그리고 시장에 갈 때 참고한다. 아이들이 놀러 나가기 전에 끝내야 할 일의 목록을 써서 구체화한다. 주위 사람 친절하게 대하기, 쓰레기 청소하기 등을 잊지 않도록 포스트잇에 써서 거울에 붙여 비유적이든 직접적이든 구체화한다. 휴가 계획을 세울 때나 프로젝트 팀을 조직할 때 점검표를 만들어 확인하는 것도 마찬가지다. 구체화는 이처럼, 결승선을 향해 달려갈 때 진로를 방해하는 함정들을 비켜 가도록 도와준다.

음악적 재능이 완전히 전무한 내가 단 하나의 곡이라도 마스터하고 싶다는 희망을 품고 지나온 음악적 여정을 곰곰 돌이켜 보았다. 가장 먼저 떠오른 생각은 드럼 주변 벽을 전설적인 우상들 사진으로 가득 채우면 어떨까 하는 것이었다. 여러 세대에 걸쳐 영감을 준 뮤지션들 말이다. 뮤직 밴드의 포스터나 콘서트 입장권으로 벽을 뒤덮을 정도로 열성적인 소녀 팬이었던 적은 한 번도 없다. 지금이라고 못할쏘냐. 몇 년 전 부모님이 성탄절 선물로 신랑에게 주신, 록 밴드 러시의 포스터를 액자에 넣어 벽에 걸었다. 그리고 피트와 내가 좋아하는 록 음악가 10여 명의 사진과 우리가 본 유명한 공연의 입장권 100여 장을 벽에 붙였다.

열망에서 모호성 제거하기

우리가 엘런 디제너러스나 오프라의 친구는 아니지만, 성공이라는 목표에 도달하기 위해서는 비전 보드로 구체화하는 것을 넘어 또 다른 큰 발걸음을 내디딜 필요가 있다. TD 은행에서 실시한 조사에 따르면 중소기업인들은 비전 보드를 대단히 신뢰하고 있었다. 그렇다면 남은 문제는 그 신뢰를 가시적인 성과로 이어가는 것이다. 비전 보드는 목표 달성의 진정한 경로를 발견하는 데 도움이 되는가? 나는 궁금했다. '거실 벽을 록 스타 사진으로 도배하면, 드러머가 될 수 있을까?'

안타깝게도, 단순히 미래의 성공을 상상하는 것만으로 성공한다는 보장은 없다. 이상적인 미래의 이미지를 구체화하는 것만으로 우리의 꿈을 실현시킬 수는 없다. 그 이유는 내 동료인 헤더 배리 카페스Heather Barry Kappes의 연구를 통해 밝혀졌다.[4] 카페스는 실험에 참가한 이들에게, 중요한 건강상의 목표를 이루었을 때 그 성공이 어떻게 느껴질지 상상해보라고 청했다. 그런 다음, 그들이 생각에 빠질 때 몸에서 일어나는 생리 변화를 측정했다. 참가자들이 머릿속의 공상을 시각화하는 과정에서 심장 박동 수와 혈압이 떨어졌다. 그들의 몸은 제대로 시작도 하기 전에 포기하려는 징후를 보였다. 마치 잠들기 직전 고개를 떨구는 것과 같은 반응이었다. 체중 감량이나 고대하던 승진처럼 성취하기 힘든 과제를 이뤄낼 때의 느낌이 얼마나 대단한지, 인간은 정신적으로 성공을 간접 경험하며 대리 만족하는 셈이다. 출발선을 벗어나기 전부터 느려진다.

나도 이런 현상을 체험했다. 스스로 영감을 받을 생각으로

록 드러머의 포스터를 벽에 붙인 다음, 그다음 밟은 단계는 그대로 앉아서 연주하는 것이었다. 단순하게 머릿속으로 말했다. '그냥 해보는 거야.' 하지만 제대로 불을 당겨보기도 전에 실패하고 말았다.

남편 피트에게, 날 위해 첫(사실은 유일한) 드럼 선생님이 되어달라고 청했다. 피트를 선택한 데는 몇 가지 이유가 있었다. 그 중 하나는, 내 기억이 맞는다면, 그가 "좋든 싫든"이라는 말이 들어간 맹세를 한 적 있기 때문이다. 그가 실제로 그 약속을 실현할 기회가 온 것이다.

남편은 기초적인 설명을 하면서 아주 단순하게 첫 레슨을 시작했다. 다리를 스네어 드럼 주변으로 밀어 넣으라고 했다. 여린 박에서는 그걸 치되, 두 번째와 네 번째 박자에서 크고 날카로운 소리를 내라고 했다. 또, 오른손이 몸을 가로질러 닿을 정도로 하이햇을 끌어당기라고 했다. 잠시 뒤, 나는 그 말이 마치 비행접시 두 대가 나란히 허공을 맴돌 듯 스탠드에 고정된 심벌즈 한 벌을 내 왼쪽에 두라는 뜻이겠거니 생각했다. 심벌즈는 다루기 까다로운 동물 같았다. 드럼 스틱으로 심벌즈를 치면 또렷하게 부딪치는 소리가 난다. 왼쪽 발밑에 있는 페달을 건드리면 심벌즈가 닫히면서 뜻하지 않게 울리는 금속 소음을 피할 수 있다. 그다음, 베이스 드럼이 있다. 킥 드럼이라고도 한다(직접 발로 차는 게 아니다. 나는 힘들게 배우다가 처음에는 의자에서 굴러떨어질 뻔한 적도 있다). 드럼 키트에서 가장 큰 부분이고 바닥이 넓어서 종종 광고에 애용되기도 한다. 예를 들어 1964년 비틀즈가 쇼프로그램에 출연했을 때, 순간 시청자가 어디인지 어리둥절할 만큼 링고 스타의 드럼에는 영국 국기와 '팹 포Fab Four'(비틀즈의 별명—옮긴이)의 로고가 붙어 있었다. 오른발로 베이스 드럼 페달을 가볍게 두드리면, 해당 곡의 심장 박동처럼 느껴지는 강력한 음이 나온다.

그 밖에 드럼 키트를 구성하고 개성을 살릴 액세서리를 택할 수 있다. 퍼커시브percussive 주법이든 그 무엇이든, 아직 내 개성이라곤 없는 상태에서 그저 피트가 이미 차려놓은 대로 이용했다. 오른쪽 라이드 심벌은 스틱 끝으로 건드릴 때마다 찍어내듯 쨍하는 소리를 낸다. 강한 리듬을 몰고 가는 데 사용된다. 스플래시 드럼과 크래시 드럼은 드럼 연주의 시작과 끝을 알릴 때 그 이름에 걸맞은 소리를 낸다. 탐탐(톰톰) 드럼은 스네어 드럼 위에 자리 잡고 있다. 이 드럼의 헤드와 바디의 링은 점점 더 비중이 커졌는데, 기백이 충만한 드러머라면 최고 비트까지 링을 울릴 수 있다. 맨 왼쪽에 있는 로토톰은 (추수감사절의 녹채 샐러드처럼) 여전히 정당하게 평가받지 못하고 있다. 일반적으로 라틴 사운드에 더 잘 어울리기 때문이다. 또 내가 건드리기에는 거리가 너무 멀었다.

그다음 스틱을 집어 들었을 때, 곧 선택권은 내게 있다는 것을 깨달았다. 내가 스틱 쥐는 방식은 전통적인 방식일지 모른다. 마치 연필을 쥔 상태에서 악수하려고 손을 내미는 것처럼, 스틱을 잡은 채로 팔을 내뻗는 자세였다. 쥐는 법은 손바닥을 보여주느냐 아니냐에 따라 프랑스식이 될 수도 있고 독일식이 될 수도 있다. 나는 이런 방식을 따르지 않았다. 특별히 국가적인 색채를 의식한 것은 아니지만, 그 대신 미국식을 사용하게 되었다. 양손을 45도 각도로 유지한 채, 손목을 이용해 강한 타법을 구사하고 정교한 타법에는 손가락을 조절하는 방식이었다. 힘과 우아한 기교, 이 두 가지가 동시든 따로따로든 조화를 이루든 그 무엇이든 간에 내가 보여주어야 할 재능이었다.

드럼과 내가 서로 안면을 튼 뒤에, 드럼이든 나든 둘 중 한쪽에서 먼저 행동을 취할 때가 되었다. 그것은 드럼이 아니라 나에게 달려 있다는 것이 분명했지만, 정신을 집중해서 소리를 낼수가 없었다. 숨이 막히고 몸이 얼어붙은 것 같았다. 다음 순서에 찾아올 것에 압도되었다. 끝내고 싶은 위치가 어디인지조차 자신할 수 없었다. 양손에 여전히 스틱을 잡은 상태에서 단 하나의 드럼헤드도 치지 못했다. 나는 피트를 쳐다보고 자리에서 일어나 드럼 키트에서 걸어 나갔다.

이 첫 레슨을 통해, 그저 포토샵으로 내 머리를 키스 문Keith Moon(록 밴드 더 후the who의 드러머 — 옮긴이)의 몸에 붙여 정신적으로 합성하거나 그 사진을 상상으로 내 명예의 벽에 붙여놓는 것보다, 꿈을 현실로 바꾸는 일이 훨씬 힘들다는 걸 확실히 알게 됐다. 땀투성이 캐나다 록 밴드의 사진 속에 있는 드러머에게 윙크하며 단순히 눈높이를 맞춘다고 될 일이 아니었다. 적당한 위치에 포스터를 붙여서 만든 비전 보드는 큰 도움이 되지 못했다. 왜 그럴까?

사회심리학자social psychologist라는 내 신분에는 두 가지 단점이 있다. 하나는 사람들이 내가 하는 일이 무엇인지 잘 모른다는 것. 때문에 파티 같은 데서 사람들이 무슨 일을 하는지 물어봐서 대답하면, 대개 '임상clinical' 심리학자라는 의미 정도로 알아듣는다. 그러면 상대는 즉시 입을 다물거나 심리를 읽힐까 두려운지 자리를 피한다. 어쩌면 자기 엄마를 '실제로' 얼마나 좋아하지 않는지 파악당할까 싶어 그럴지도 모른다. 나는 그럴 능력도 없고, 의도도 없다. 두 번째 단점은, 자기에게 써먹는 책략이 너무 쉽게 간파되기 때문에 효과가 없다는 것이다. 첫 드럼 레슨이 실패한 경험을 돌이켜볼 때, 짚이는 게 있었다. '한 곡을 드럼으로 연주하는 법을 배우는 것'이 무엇을 의미하는지에 대해 나는 의도적으로 애매한 태도를 취했다. 책임을 회피하려는 것임을 스스로 알고 있었다. 그 곡의 연주법을 결코 배우지 못할 때를 대비해 나 자신에게 빠져나갈 구멍을 열어준 것이다.

그런데 사회심리학자에게도 적어도 한 가지 좋은 점은 있다. 나는 나에게 최선의 조언이 무엇인지 정확하게 알았다. '성공'을 구체적으로 규정할 필요가 있었다. 뒤를 돌아보면서, 내가 해냈다고 말하는 결정적인 순간을 확인할 필요가 있었다. 내 연주를 들어줄 사람들이 필요하다는 것을 의미했다. 나는 청중이 필요했다. 내 얼굴이 들어간 셔츠를 입고 다니는 사람들의 수를 셀 필요가 있었다. 나는 파티를 열고 동네 사람들을 모두 초대하기로 결심했다. 내 의도를 공개적으로 선포하기 위해 주요 행사로서 나의 드럼 독주를 알리는 초대장을 발송했다. 이미 돌이킬 수 없었다.

초대 명단에 있는 몇몇 사람을 미리 만나보았다. 다수가 생전 처음 보는 사람이었다. 몇몇은 내가 연습하는 소리를 들었다고 했다. "소리가 아주 멋졌어요!"라고 덧붙이는 사람은 한 명도 없었다. 몇몇은 나와 일면식도 없어서 내 마음을 편하게 해줄 책임감 따위는 전혀 없었다. 그중 한 명이 베이스 주자였는데 데드헤드Deadhead(영국 록 밴드 그레이트풀 데드Grateful Dead의 팬클럽―옮긴이)의 창립회원이었다. 또 다른 이웃은 거실의 상당 부분을 상설 연주 공간으로 내놓아 친구들이 함께 재즈 연주를 할 수 있게 만든 사람이었다. 또 한 사람은 록 그룹 오디션에 참여한 일을 계기로 가수로 활동하고 있었다. 이들은 명곡 연주를 익히려고 매달리는 사람들이었다. 이들이야말로 내가 목표를 달성했는지 여부를 가려줄 진정한 시험대였다.

성공을 판가름할 기준에서 모호성을 제거하는 것, 언제가 최후의 심판 날인지 명확하게 설정하는 것은 효과적인 기술이다. 모호하게 남아 있는 부분을 구체화하기 때문이다. 세계 기록을 보유한 수영선수 게리 홀Gary Hall을 통해 가장 훌륭하게 입증된 교훈이다. 홀은 성공의 구체적인 계획을 시각화함으로써 널리 인정받은 선수다. 1969년과 1970년, 두 차례에 걸쳐 홀은 〈스위밍 월드Swimming World〉 매거진이 선정한 올해의 수영선수에 뽑히기도 했다. 홀은 1976년 몬트리올 올림픽 개회식에서는 미국 올림픽 선수단의 기수로 선발되었다. 미국의 역대 수영선수 중 처음 선발된 영예였다. 하지만 이 모든 일이 일어나기 전에 그는 킥보드를 들고 연습하는 평범한 아이였다.

"열여섯 살에 첫 올림픽 출전을 위해 훈련할 때, 코치는 내가 매일 훈련할 때 사용하던 킥보드 상단에 매번 도달해야 할 목표 기록을 써놓았지요. 매번 그 목표치에 못 미치던 내가 마침내 그 계획을 완수하자 올림픽 대표팀에 선발되었어요."

홀의 킥보드와 디제너러스의 비전 보드는 시각화의 대상에 차이가 있다. 홀과 그의 코치는 금메달 그림을 적어도 킥보드에 그리지는 않았다. 그들은 기록한 시간과 목표 시간과의 차이를 써놓았다. 홀과 그의 코치는 홀이 이르고자 하는 지점이 어디인지를 명확하게 구체화했다. 여기서 가장 중요한 대목은 성장으로 향하는 구체적인 행동 계획을 확인했다는 것이다. 매일 연습하는 수영장에서 가장 잘 보이도록 말이다.

⊙—⊙

행동 계획을 세부적으로 구체화하기

물론 홀의 탁월한 성공에는 킥보드와 방수 사인펜 이상의 요소가 더 있을 것이다. 그는 훈련에 훈련을 거듭했다. 무작정 훈련한 것이 아니라 의도적으로 양손에 킥보드를 잡고 목표한 바가 자주 시선에 잡히도록 잘 설계된 훈련을 따랐다.

전체 계획 설계하기 2단계: 행동 계획을 세부적으로 구체화하라.

조기에 박차를 가해 실질적으로 진전을 보이려면 목표를 명확히 확인하는 것 이상의 노력이 필요하다. 가고자 하는 목표가 어디인지, 어떻게 그곳에 이를지 등을 구체화해야 한다.

훈련장에서 올림픽 무대에 가기 위해 홀이 거쳤던 특별한 단계들이 준비 과정에서 차이를 만들었다. 행동 계획을 구체화하면, 비유적으로 올챙이와 상어가 구분된다는 걸, 즉 신인과 프로가 구분된다는 걸 UCLA의 심리학자인 셸리 테일러Shelley E. Taylor가 밝혔다.[5] 1990년대 후반, 테일러의 연구팀은 첫 중간고사를 준비하느라 스트레스가 쌓인 대학생들을 대상으로 치유 프로젝트를 실시했다. 연구팀은 중간고사 일주일 전에 각 학생들과 만나, 성적에 영향을 미칠 특정한 지침을 전달했다. 일부 학생들은 행동 계획을 구체화하라는 지시를 받았다. 원하는 점수를 얻기 위해 시험을 준비하는 구체적인 단계를 시각화하라는 주문이었다. 강의 자료를 복습하는 시간과 별도로 자신이 공부하는 모습을 마음에 담는 것이 중요하다는 말을 들었다. 책상에 앉아 혹은 침대에 누워 시험 범위를 공부하고 강의 노트를 복습하는 자신의 모습을 시각화하라는 지시를 받았다. 이 학생들은 이 시각화의 기술을 중간고사 당일까지 매일 연습했다.

나머지 학생들은 비전 보드를 이용한 사람들과 비슷하게 목표를 시각화하라는 지시를 받았다. 자신이 열망하는 결과를 마법을 부리듯 불러내고 높은 점수를 얻는 모습을 상상하라는 것이다. 자신의 중간고사 성적이 내걸린 유리 상자 앞에 서서 숨을 멈추고 눈으로 자신이 바라던 성적을 확인하는 모습을 상상하라는 지시를 들었다. 그 자리에서 환희로 빛나고 자신감과 자부심을 느끼는 순간을 상상하라고 했다. 이들도 중간고사 당일까지 이런 시각화를 매일 연습했다.

시험 전날 밤, 연구팀은 학생들을 소집했다. 시험 준비를 시작했을 때부터 몇 시간이나 공부했는지, 각 범위와 강의 노트는 얼마나 복습을 했는지 물었다.

테일러 연구팀은 행동 계획을 구체화한 학생들이 최대의 보상을 받았음을 확인했다. 그들은 더 일찍 공부를 시작했고 더 많은 시간을 시험 준비에 썼다. 교육적으로 열망하는 바를 최대한 충족하기 위해 필요한 노력을 할 가능성이 더 컸다. 그리고 이는 큰 성과를 가져왔다. 바람직한 결과를 시각화한 학생들은 그렇게 좋은 결과를 얻지 못했다. 실제로 그들은 학과 평균에 훨씬 '못 미치는' 성적을 올렸다. 또 한편, 계획을 구체화하는 것은 기대하는 결과에 대한 구체화에 비해 통과와 낙제를 가르는 기준이 되었다. 이 대목은 강렬한 인상을 남겼다. 학생들은 모두 공부에 대한 동기부여가 컸다고 대답했지만, 계획 없이 공부한 학생들은 실제로 동기부여를 받지 못했다. 단지 학업의 성공을 시각화하는 것만으로는, 자극을 주기는 했어도 도움이 되는 행동으로 욕구를 전환시키지 못했다. 자기가 세운 목표를 달성한 학생들은 그 목표를 시각화했지만, 지금의 내 위치와 원하는 위치를 단계적으로 세분화하여 행동이 가능한 과정 또한 시각화했다.

이런 이치는 투표율을 높이는 데도 똑같이 적용된다. 비영리 연구 단체 대응정치센터CRP는 2008년 미 대선과 의회선거에서 후보들이 총 53억 달러의 비용을 썼다고 추산했다.[6] 그때까지 가장 비싼 선거였다. 각 후보가 바라는 것은 언제나 그렇듯, 이 돈이 유용하게 쓰이면서 그로 인해 유권자들이 투표소에 나와 주었으면 하는 것이었다. 엄청나게 많이 든 비용을 보며 사회과학자 토드 로저스Todd Rogers와 데이비드 니커슨David Nickerson은 유권자들이 투표 계획을 실행할 것인지, 무엇이 그들을 투표소로 이끄는지 조사했다.[7] 2008년 민주당 경선 막바지까지 거의 30만 명에 이르는 펜실베이니아 주민의 움직임을 추적했다. 조사팀은 이들 중 3분의 1에 이르는 사람에게 전화해 전형적인 방식으로 투표 참여를 독려했다. 투표에 참여하라고 독려하고 투표할 의향이 있는지 물었다. 두 번째 집단은 똑같이 투표를 권유하는 말을 들었지만, 예비선거일의 구체적인 계획을 말해달라는 부탁도 들었다. 연구팀은 (1) 그들이 언제 투표할지, (2) 어디서 투표하러 갈 것인지, (3) 투표하기 전에 무엇을 할 것인지 물었다. 전화를 받지 않은 이들은 세 번째 집단으로 분류했다.

조사팀은 공식 투표 기록을 분석했다. 그러고 나서 전화를 받지 않은 집단 가운데 43퍼센트가량이 투표에 참여했다는 것을 알아냈다. 전형적인 투표 권유 전화를 받은 집단의 투표율은 2퍼센트포인트 높았다. 보다 더 인상적인 부분은, 행동 계획을 구체화한 경우, 전화를 받지 않은 집단에 비해 투표율이 4퍼센트포인트 이상 높았다는 것이다. 단순한 전화에 비해 간단한 질문 세 가지를 추가했을 때 두 배 이상 효과가 있었다. 4퍼센트라는 수치가 대수롭지 않게 보일지 모르지만, 힐러리 클린턴과 버락 오바마가 맞붙은 2008년 민주당 경선은 총 일반 유권자 투표의 1퍼센트포인트 미만으로 승패가 갈렸다.

실패를 예견하라

이제까지 살펴본 것처럼, 승리의 순간에 대한 시각화에 더해 '승리에 필요한 것'을 구체화할 때, 하고 싶은 일을 완수해낼 가능성이 크다. 목표를 능률적으로 구체화하려면 추가로 준비 과정을 시각화하기 위해 노력하라. 성공적인 미래를 위해 각 과정을 시각화하는 것이 유익하다 해도, 선택하는 그 단계 단계가 항상 올바른 것은 아니기 때문이다. 무엇을 어떻게 해야 할지 지금 아는 바가 완전치 않을 수도 있다. 가고자 하는 곳을 향하는 과정에서 넘어질 수도 있다. 정상에 이르는 길을 구체화하는 데는 실수 가

능성을 받아들이는 것도 포함된다.[8]

전체 계획 설계하기 3단계: 실패를 내다보아야 한다.

실패의 가능성 혹은 실패할 여지를 받아들이는 문화는 전 세계 기업에도 차츰 자리 잡아가고 있다. 인도 뭄바이에 본거지를 둔 다국적 지주회사인 타타 그룹Tata Group은, 과감하게 혁신하다 실패한 것을 격려하는 '대담한 도전 상Dare to Try Award' 제도를 시행하고 있다. 이 상이 도입되고 나서 첫 5년 동안 직원들의 혁신 시도는 7배로 늘어났다. 슈퍼셀Supeccell(대대적인 히트를 한 '클래시 오브 클랜Clash of Clans'을 개발한 게임 회사)은 게임 하나가 실패할 때마다 샴페인을 터뜨린다. 그리고 프록터&갬블Procter&Gamble은 매년 '영웅적인 실패 상Heroic Failure Award'을 시상한다. 뉴욕의 광고대행사 그레이 애드버타이징Grey Advertising 역시 마찬가지다. 2010년 이 회사는 이트레이드E*TRADE사를 위해, 아기가 린제이 로한에게 '우유중독자milkaholic'라고 부르는 광고를 제작했다. 이후 이트레이드는 로한에게 1억 달러의 소송을 당했다. 하지만 이 독창적인 광고 제작팀은 회사 트로피에 그들의 이름을 새기는 쾌거를 이루었다.

이런 것까지 꼭 보기 좋은 행동이라고 할 수는 없지만, 어쨌거나 이런 사례들은 기업의 성공을 향한 종합 전략의 일환으로서 실패를 예상하고 수용하는 방식을 보여준다. 실패의 오명을 개의치 않는 기업문화에서 더 빠른 실패뿐 아니라 더 빠른 학습의 길이 열린다. 되는 것 못지않게 되지 않는 것도 있음을 배워야 한다.

큰 실수라 해도 그 가치를 인정하는 것. 그것은 구글 X가 밖에서는 오로지 황당하다고 보일 만한 것만 만드는 이유다. 구글 X는 2010년에 설립된 비밀 연구개발 부서다. 무인 자동차나 당뇨를 진단하는 콘택트렌즈 같은 선구적인 발명품으로 유명하다. 구글 X에서는 개발팀 한 명이 자체 프로젝트에 치명적인 결함을 발견해 무산시킬 경우에도, 전체 팀 회의에서 동료와 감독자 들로부터 박수를 받는다. 이런 팀은 유인 구조incentive structure의 일환으로 상여금을 받으며 몇몇은 다음 프로젝트에 착수하는 데 필요한 한두 달의 자유 시간을 얻기도 한다. 실제로 구글 X에서는 이미 투자가 진행된 아이디어를 무산시킨 것이 단 1년 동안에 100건도 넘는다. 이중에는 직원 30명이 2년 동안 매달린 프로젝트도 있다.

구글 X와 프록터&갬블, 그레이 애드버타이징, 타타의 기업 문화를 왜 효율적이라고 하는가? 실패할 '계획을 세우기' 때문이 아니다. 실패를 지극히 정상으로 처급하기 때문이다. 이들의 기업 문화에서는 실패의 가능성을 예견하고 실수를 수치로 여기지 않는다. 이런 결과로 개발팀은 실패에 앞서 비상 계획을 세울 수가 있다. 실패를 예견하거나 다른 사람이 실수하는 것을 받아들이며 소통한다면, 시행 과정에서 경험할 수 있는 장애물을 내다보고 선제적으로 맞설 계획을 세울 수 있다. 만일 함정에 빠지거나, 살인벌로부터 도망치거나 혹은 캐나다 로키 산맥에서 회색곰과 마주치는 상황에 놓였다고 치자. 인터넷 검색으로 탈출구를 찾을 상황이 아니라는 것에는 누구나 동의할 것이다. 목표를 세울 때도 마찬가지다. 자원과 시간이 부족할 때, 일이 진척되지 않아 불안할 때, 성취하고자 하는 일이 복잡해 좌절할 때, 성급하게 해결책을 찾으려는 것은 이상적인 접근법이 아니다. 거친 바다에서 익사할 위기에 처했을 때는, 구명 장비를 찾을 절호의 기회가 아니다. 자신의 위치가 어디인지를 파악하는 것이 급선무다.

찰리 멍거Charlie Munger를 떠올려보자. 이름만 들어도 아는 사람이리라. 어쩌면 그의 배경 이야기까지도 알지 모른다. 그런데 자기가 세운 최고의 계획에서조차 결점을 발견하는 기술을 완벽하게 터득한 덕분에 버크셔 해서웨이Berkshire Hathaway라는 금융제국을 공동 창업했다는 것도 아는가. 그는 그야말로 실패를 예고하는 책을 썼다.

찰리 멍거는 대학을 중퇴했다. 물리학이 가장 적성에 맞는다고 생각하고 수학을 전공할 생각이었다. 그러나 대학을 졸업하기 전에 중퇴하고 말았다. 제2차 세계대전이 발발하자, 그는 미육군에서 기상학자로 복무했다. 군 복무 이후 그는 법학을 공부했다. 이 분야에서 아주 좋은 일자리도 얻었다. 학부 교육도 마치지 않은 그가 하버드 법학대학원에서 자신의 진로를 찾았다. 그것도 우등으로 졸업했다. 하지만 그의 업적은 과학이나 법률 연구보다 금융 분야에 있었다. 물론 그는 경영이나 경제학 혹은 회계 분야의 학업 과정을 밟은 적이 한 번도 없었다. 어쩌면 그의 친구이자 사업 파트너인 워런 버핏이 우리에게 더 낯익을 것이다. 멍거는 '세계 최고 부자'라는 권좌를 차지하지는 못했다고 해도 자주 그 후보로 거론되는 인물이다. 2018년 당시 멍거가 수십 년간 부회장으로 있던 지주회사 버크셔 해서웨이는, 〈포브스〉가 총수입과 수익, 자산, 시장가치를 기반으로 미국의 초일류 회사를 꼽을 때 애플과 동급에 오른 기업이다. 버핏과 멍거가 경영을 지휘한 최근 30년 동안, 버크셔의 주가는 4,000퍼센트 이상 오름으로써 S&P 500 평균 주가지수의 수익률을 해당 기간에 6배나 능가했다. 그것도 배당금은 계산에서 제외한 것이다.

한편 워런 버핏은 많은 저서를 남겼다. 버핏의 '기빙 플레지Giving Pledge'에 관해 많이 들어보았을 것이다. 전 세계 억만장자들에게 재산의 절반을, 그것도 죽기 전에 기부하라고 권하는 내용이다(그는 재산의 99퍼센트를 기부하겠다는 약속을 지키기 위해 일정을 착착 진행하고 있다). 버핏은 네브래스카 주의 오마하에서 수수한 목장풍의 집에 살고 있다(여담이지만 내가 자란 곳과 멀지 않다). 그는 매일 맥도날드에서 스타벅스의 라테 한 잔 값도 안 되는 아침식사를 한다. 또 동네의 망해가는 아이스크림 가게를 매입했는데, 이유는 빌 게이츠가 자기를 방문했을 때 같이 가고 싶은 곳이어서다.

그런데 찰리 멍거는 그에 비해 상대적으로 관심을 덜 받는다. 왜 그럴까? 버핏에 비해 그 스스로 그늘에 묻혀 지내기 때문이다. 연례 주주총회에서 회장단 오른쪽에 앉은 그에게 발언을 요청하면, 그는 흔히 "덧붙일 말 없어요"라고 대답하곤 했다.

하지만 다른 장소에서 나온 멍거의 말은 엄청나게 가치가 크다. 사람들은 그가 어떻게 그 많은 재산을 모았으며, 또 공식적으로 경영 수업을 받은 적도 없건만 어떻게 세계 최고 수준의 이익을 올리는 회사를 공동 창업했는지 궁금해한다. 멍거는 기본적으로 독학을 했다. 변호사로 활동하던 초기에 자신에게 투자하기로 결심했다. 그 당시 멍거는 의뢰인에게 시간당 20달러를 청구했다. 매일 자신의 시간에서 한 시간씩 활용하기로 결심한다. 그는 다방면의 책을 읽는 데 그 시간을 사용했다. 그리고 이 과정에서 그가 얻은 것은 많은 이들이 흔히 그를 두고 꼽는 비범한 재능이 아니다. 자신이 얼마나 더 배워야 하는지에 대한 이해였다고 한다. 〈월 스트리트 저널〉의 제이슨 츠바이크Jason Zweig 기자와의 인터뷰에서, 멍거는 이렇게 말했다. "자신의 무지를 아는 것이 똑똑한 것보다 낫습니다."

멍거는 평생 똑똑해지려고 한 적이 없다고 한다. 그의 설명에 따르면, 똑똑해지는 것을 목표로 삼고 노력하는 과정에서 그것이 얼마나 힘든 가치인지 알게 되었다. 대신 멍거는 자신의 생각에 들어 있는 결점을 알아내려고 노력했다. "나는 인간의 판단 착오라는 주제에 아주 관심이 많았습니다. 내가 얼마나 자주 잘못 판단하는지 아는 사람은 없을 거예요. 그렇다고 내게 남아 있던 판단착오가 다 극복된 것도 아닙니다. 그렇게 보는 이유 중 하나는, 하버드 법학대학원을 졸업할 때 나에게 남아 있던 끔찍한 무지 때문에 애를 먹었기 때문입니다."

멍거는 수십 년에 걸쳐 독서와 자신이 만난 사람들 또 시장에서 그가 본 것과 투자하는 과정에서 본 것, 그리고 다른 사람의 가르침을 통해 지식과 지혜를 축적했다. 그는 미국 건국의 아버지들이 어떻게 정부 시스템의 원칙에 동의했는지 이해하고자 미국 헌법을 제정한 조직의 원동력과 과정에 관한 역사 기록을 읽었다. 이익을 가장 많이 올린 정유소 경영자들이 활용한 소통 전략의 사례 연구에 몰두했다. 알코올 중독자 자주치료협회Alcoholics Anonymous와 비행기 조종사 훈련, 의과 대학의 임상 교육에서 활용하는 동기부여 원칙을 공부했다. 삶의 모든 면에서 성공과 실패를 겪은 사람들이 내린 판단에 어떤 합리성과 불합리성의 유형이 있었는지 주의 깊게 보았다. 그는 이런 정보를 취득한 다음, 행동경제학behavioral economics의 체계를 창안했다. 이 분야가 학술 영역에 존재하기도 전이었다.

1995년, 멍거는 하버드 대학교에서 연설했다. 강당은 초만원이었다. 이때 그는 이전의 참석자들이 그랬듯이 금융 천재에 가까웠다. 그는 연설을 하며 버크셔 해서웨이 역사상 가장 중차대한 결정을 내릴 때, 머릿속에서 맴돈 생각에 관해 처음으로, 공식적으로 발언했다. 여기서 핵심은 그가 실패를 예견할 때 도움을 받기 위해 만든 점검표가 전부다.

멍거는 어떻게 자신의 시안을 비유적인 시험대에 올려놓는지 설명했다. 하나의 계획을 세우면 이리저리 돌려보고 뒤집어도 보는 등 모든 각도에서 점검한다. 약점과 단점을 찾아보고, 어떤 경우에 그 계획이 작동하지 않는지 밝혀내려고 한다. 그는 또 있을지 모르는 결점을 찾아내는 자신의 능력마저 의심스럽다는 것까지 인정한다. 자기가 세운 계획을 객관적으로 평가하지 못하는 이런 무능력을 극복하기 위해, 멍거는 인간의 판단착오를 일으키는 24개 표준원인을 지정했다. 이 표준원인에 대입하여 스스로를 점검하고 테스트한다. 점검을 위해 쓰는 대조표라고 할 수 있겠다. 예를 들어, 그는 심리적 거부psychological denial가 정보 자료의 신뢰성을 판단하는 능력에 영향을 미친다고 설명했다. 즉, 뭔가를 하지 않는 것보다 하려는 욕구가 궁극적으로 성급한 결정으로 이어진다는 것에 주목했다. 사람들이 마음에 품고 있는 연줄과 인간관계, 고질적인 지나친 낙관주의, 보답의 필요성 등이 어떻게 선택의 효율성에 좋지 않은 영향을 주는지도 설파했다.

하버드에 모인 청중은, 멍거의 연설을 돋보이게 해준 세련된 유머에 간간이 웃을 때를 제외하고는 60분이 넘도록 넋을 잃고 앉아 있었다. 장내는 조용했다. 연설 말미에 멍거는 질문을 받았다. 첫 질문자가 맨 처음 던진 물음은 "그 24개 표준원인 점검표를 우리도 한 부 얻을 수 있습니까?"였다. 이 질문에 멍거는 이렇게 대답했다. "그럼요. 호기심을 가진 남자가 한 명 있을 거라고 짐작했죠."(그는 "또는 여자"라는 말도 분명 덧붙이려고 했을 것이다.)

하버드에서 있었던 이 독창적인 강연은 수십 년간 연구하며 축적한 그의 지식을 공식적으로 언급했다는 데 의미가 있다.

최초로 점검표를 공개한 멍거는 이후 《가난한 찰리의 연감Poor Charlie's Almanack》을 썼다.[9] 그가 선정한 인지편향cognitive biases 목록을 10점 기준의 지침으로 압축해 공동 저술한 책이다. 강연과 저서를 통해, 멍거는 자신이 활동하는 동안 머릿속에서 무르익어간, 인간 행동을 구성하는 요인들을 기반으로 현실적이고도 구체적인 결과물을 만들어냈다. 본인이 언급한 인지편향의 구조를 시각적으로 표현했다. 계획을 평가하는 것과는 대조되는 점검표로 짜여 있다.

마이클 펠프스Michael Phelps는 올림픽 사상 가장 많은 메달을 획득한 선수임에도 불구하고 (멍거도 그렇게 불릴 수 있듯이) 일종의 종말론자였다. 그는 거의 일상적으로 실패를 예견했다. 2008년 베이징으로 돌아가 보자.[10] 펠프스는 새로운 역사를 쓰기 직전이었다. 이해의 올림픽에서만 그는 이미 일곱 개의 금메달을 딴 상태였다. 이제 접영 200미터 종목에서 금메달을 따면 메달을 하나 더 획득할 뿐만 아니라 올림픽 사상 단일 경기에서 최대 메달을 획득하게 되는 순간이었다. 하지만 바로 이 경기에서, 물속으로 뛰어들자마자 수경이 새기 시작했다. 150미터 지점에 이르렀을 때, 수경은 완전히 물로 가득 차서 앞이 보이지 않았다. 하지만 그는 겁내지 않았다. 펠프스는 이런 돌발 사태에 대비가 되어 있었다. 오래전부터 마주칠 수 있는 온갖 장애에 대해 시각적 모의실험을 습관적으로 해왔기 때문이다. 자신의 계획이 어떤 식으로 틀어질 수 있는지에 관해 생생하고 분명하게, 가시적인 이미지를 마음속에 떠올리면서 모든 실패를 구체화해 대비해왔다. 그런 다음 그는 한 발 더 나가 해결책을 찾아낸다. 이 경우에 그는 침착하게 자신의 스트로크를 계산하는 데 정신을 집중했다. 이렇게 할 수 있었던 까닭은, 가능하면 빠르고 능률적으로 수영장을 헤엄쳐 가는 데 정확하게 몇 번의 스트로크가 필요한지 알고 있었기 때문이다. 성공을 시각화하는 기술과 주요 장애물에 대한 문제해결 기술을 훈련한 결과, 이러한 올림픽 경기에서 난관에 직면했을 때 무엇을 어떻게 해야 하는지 정확하게 알고 있었다. 그리고 그렇게 해냄으로써 여덟 번째 금메달을 획득했다. 이후로도 그는 총 15개의 금메달을 더 획득했다.

장애물과 해결 방안 구체화하기는 엘리트 선수들에게만 이익을 주는 것이 아니다. 과학자들은 이 전술을 일상생활에 적용하는 사람이 스스로 계획한 일에 대한 성취도가 높다는 것을 확인했다. 시카고 대학교와 쾰른 대학교의 연구팀은 110명의 성인을 대상으로 일주일간 하루에 네 번씩 그들의 스마트폰에서 신호를 보내도록 설정했다.[11] 그리고 신호가 울릴 때마다 실험 참가자들에게 그날 목표로 삼았던 일의 진행 상황을 적으라고 했다. 이 중의 3분의 1은 독서처럼 뭔가 재미있는 일이었다. 4분의 1은 학교나 공부에 관련된 목표였고 다시 4분의 1은 건강이나 운동 관련된 일이었다. 나머지는 인간관계나 재정관리, 정신건강, 사회참여 혹은 그 밖의 활동에 관련된 목표였다. 때로 참가자들은 무엇이 목표 달성을 어렵게 하는지, 그리고 그런 난관을 어떻게 극복하는지에 관해 생각해보라는 당부를 들었다. 바꿔 말해, 장애물을 예견하고 해결책을 생각해보라고 요구받은 것이다. 참가자들은 밤에 하루 종일 추구한 목표를 달성했는지, 그리고 얼마나 만족하는지 기록했다. 나머지 시간에는 그들이 추구하고 있는 목표의 목록을 적었다. 다만 목표 추구에 도움이 되는 후속 조치에 대해서는 지시받지 않았다.

목표 달성이 어려울 때, 난관을 예상하고 해결책을 계획하면 이렇게 특수한 목표에 대한 진행률을 50퍼센트 이상 높이는 결과를 냈다. 계획에 대한 자극이 주어지지 않을 때의 목표 진행률과 비교되었다. 더욱이 난관과 해결책을 내다본 참가자들은 그날 기분이 훨씬 즐거웠다고 답했다. 장애를 구체화하고 어떻게 극복할지 계획을 세우면, 생산성이 개선되고 기분이 좋아지는 효과를 낳았다.

마이클 펠프스처럼 우리 인간의 뇌는 실제로 실패를 내다볼 때, 다가오는 사건에 다르게 반응한다. 독일 콘스탄츠 대학의 연구자 잉게 갈로Inge Gallo는 왜 똑같이 원하고 노력하는데도, 어떤 사람은 공포를 극복하고 어떤 사람은 그러지 못하는지를 조사했다.[12] 이 연구에서 갈로는 거미에 대한 공포에 초점을 맞추고 거미에 겁을 내는 사람들Arachnophobes에게 일련의 사진들을 보여주었다. 맛난 요리처럼 즐거운 사진도 있었고 전화기처럼 평범한 사진도 있었다. 그리고 간혹 거미의 사진을 섞었다. 일부 참가자들은 이런 이미지에 대처하는 단순한 전략을 받아들였다. 그들은 그저 '나는 겁내지 않을 거야'라며 자신의 목표를 떠올렸을 뿐이다. 또 다른 실험집단은 한 발 더 나갔다. 이들은 겁내지 않겠다는 자신의 목표를 말하는 데 그치지 않았다. 이 목표의 어려움을 토로하고 꺼림칙한 이미지 하나와 마주쳤을 때 어떻게 할 것인지까지 계획을 세웠다. 이 계획은 '나는 무시할 거야'처럼 기본적인 수준이었다. 지극히 미세한 변화이자 아주 간단한 계획을 추가한 듯하지만, 그 효과는 컸다.

난관을 예견하고 어떻게 그에 대처할지 계획한 참가자들은, 별로 끔찍하게 경험하지 않았다. 갈로는 전극을 입힌 모자를 참가자들에게 씌워 그들의 뇌에서 진행되는 과정을 관찰했다. 그 뇌파 기록을 분석해 알려진 사실이다. 갈로는 시각 피질에서 오는 전기 신호를 측정했다. 시각 피질은 눈을 통해 전달된 정보를 처리하는 뇌의 영역이다. 조사 결과, 공포 억제에 단순한 목표를 세운 실험 참가자들은 목표를 전혀 세우지 않고 그림을 본 사람들과 뇌의 활동이 비슷했다. 반면에 구체적인 계획을 시각화하고 실패를 예견해 대비한 사람들의 뇌는 거미를 보게 되는 10분의 1초도 안 되는 짧은 순간, 시각 피질이 적게 움직였다. 즉, 어떻게 반응할지 계획을 세운 경우, 일종의 '적응된 실명adaptive blindness'으로 이어졌다. 이들의 시각 피질은 마치 거미가 실제로는 존재하지 않는 것처럼, 마치 자신이 거미를 보지 못한 것처럼 반응했다. 그 결과, 이 참가자들은 거미 사진을 봐도 별로 겁내지 않았다.

행동 계획이나 가능성과 연계하여 목표를 구체화하면, 성공을 거둔 뒤에 다시 낙오하는 것을 막는 데도 효과가 있다. 미네소타 대학교의 실험심리학자인 트레이시 만Traci Mann은 다이어트가 긴 안목에서 효과적이었는지 질문하여 메타 분석을 시도했다.[13] 20년간 축적된 자료, 30편 이상의 다이어트 연구 결과를 검토하여, 목표 체중에 도달한 다이어트 경험자들이 5년 후에 몇 명이나 감량된 체중을 유지하는지 조사했다. 세 명 중 한 명이 체중 감량 목표에 성공했다면, 다른 두 사람은 처음 감량한 것 이상으로 다시 체중이 늘어난 것으로 조사됐다. 다이어트란 것은, 특히 성공한 뒤에 역효과가 날 수 있다고 결론이 났다.

시각화와 동기부여에 관해 방금 우리가 배운 맥락에서 볼 때, 이 현상을 이해할 수 있다. 감량 목표에 도달한 것은 대단한 성취로 느껴질 수 있다. 실로 대단하기도 하다. 하지만 그 목표는 절대 완전하게 성취된 게 아니다. 이상적인 체중을 유지하는 데 지속적인 노력이 요구되기 때문이다. 마찬가지로 신용등급을 건전하게 유지하려면 주기적으로 청구서와 재정 상태를 점검해야 한다. 드럼 비트를 일관되게 유지하려면 일상적으로 드럼 연습을 해야 한다. 내 드럼 소리가 비행기 옆자리에서 방금 잠든 남자의 코고는 소리처럼 산발적이고 미친 듯이 불안정하게 들리는 것도 다 그런 까닭이다.

목적지를 스스로 지정하고 확인하기, 행동 계획을 세분화시켜 구체화하기, 실패 내다보기. 이 3단계 구체화 과정은, 첫 성공 후로도 지속적으로 발전하게끔 돕는다.[14] 취리히 대학교의 연구

관점 설계

팀은 주 단위로 체중 증가를 계속 관찰했다. 다이어트 실행자들이 일주일치 목표에 도달한 뒤 보상을 받은 것처럼 느끼며, 어떤 의미에서 그다음 주 동안 압박을 덜 받을 수도 있음을 확인했다. 그러고 난 후에 그들은 전 주에 감량한 것만큼 다시 체중이 불었다.

모든 이들이 성과가 물거품으로 사라진 건 아니다. 몇몇 다이어트 실행자들은 구체화의 3단계를 밟았다고 응답했다. 그들은 어떻게 자신의 목표를 달성했는지, 체중 감량을 위해 무엇을 극복했는지, 그리고 자신이 어떻게 그런 난관들을 다스렸는지 곰곰이 생각했다. 그런 사람들은 보통 다음 주에도 감량된 체중을 유지했다.

-○○-

쐐기 빼!

제2차 세계대전 중에 영국 조종사들은 이륙하기 전, 나침반과 고도계 설정, 보조익 올림, 폭탄 투하구 닫힘, 적정 수준의 유압, 인터컴 작동, 무전 기능, 폭탄 뇌관 차단, 유리창 청결, 그 밖에 수십 가지 확인 사항 중에 모든 장치의 기능을 점검하는 단계를 거쳤다. 어느 것 하나라도 빠뜨리면 치명적인 결과로 이어질 수 있었다. 모든 기능이 완벽하고 문제가 없을 때에야 조종사는 시동을 걸고 지상 근무원에게 "쐐기 빼Chocks away!"라는 신호를 보낼 수 있었다. 그러면 지상 근무원은 조종사가 활주로로 이동하기 전에 바퀴를 고인 굄목을 제거했다.

목표를 설정하고 나서 밟는 단계는, 출격을 앞둔 전시의 조종사가 밟듯 생사가 걸리지는 않아 보일지 모른다. 그렇다고 해도, 그 단계들은 여전히 우리의 건강이나 행복, 복지에 중요하다. 목표를 향해 모험을 떠나기 전, 확실히 성공하기 위해 스스로 점검 과정을 거치면 매우 유리하다.

실패를 예감하는 것은 나에게 아주 자연스러운 일이다. 대형 프로젝트에 매달리거나 인생에서 중요한 뭔가를 계획할 때면, 내 방식 때문에 일이 꼬이지나 않을지 걱정하는 습관이 있다. 그러면 결국 최악의 상황에 대비하기 위해 예상보다 더 많은 시간이 들었다. 내 훈련 방식 중 어떤 측면이 발전을 더디게 하는지 밝혀내기 위해 이런 재주(재주라고 표현해도 될지…)를 또 적용하기란 쉬웠다. 우선 나의 책임감은 연습 시간을 줄여줄 것이 확실했다. 매디가 낮잠 자는 시간은 (나로서는 유일하게 활용할 수 있는 '내 시간'이건만) 내 손이 그야말로 자유로워지는 시간임에도 불구하고 드럼을 연습할 수 없었다. 얇은 벽을 사이에 둔 가까운 이웃들은 내 진도에 관심이 없었다.

시간을 확보하고 방음이 된 연습 공간을 찾는 문제와 더불어, 피트와 나는 몇 가지 다른 문제 때문에 애를 먹고 있었다. 우리들의 귀는 맨해튼의 건축 소음과 사이렌에서 벗어날 필요가 있었다. 그리고 우리 부부는 매티가 뉴욕에 서식하는 쥐들과 눈을 마주치는 일 없이 꽃향기를 맡고 자랐으면 했다. 쥐들은 우리만 큼이나 바로 옆에 있는 놀이터에 수시로 출몰했다. 전에 시골에 나들이했을 때, 농부들이 밭에 무엇을 심는 중인지 매티에게 일 러준 적이 있었다. 매티는 우리가 물을 때마다 고집스럽게 "치즈" 라고 주장하기는 했지만, 이 모든 상황이 시골로 돌아갈 필요가 있다는 믿음을 재확인시켜줄 뿐이었다.

우리가 생각해낸 해결책을 속담에 비유한다면, 도시의 문 제를 새라고 보고 시골을 돌이라고 비유했을 때 돌로 새를 죽이 는 일석이조 수법이었다. 우리는 코네티컷 주의 단독주택에 머무 는 시골 체류 기간을 두 배로 늘렸다. 금요일 저녁이면 뉴욕을 벗 어나기 위해 기차에 올라탔고 일요일 밤에 도시로 돌아왔다. 부 랴부랴 시골을 찾을 때마다 우리는 부근 농장의 소들을 둘러보거 나 우유의 기원과 잠재력을 설명하고자 애를 썼다. 그리고 주말 에 두어 시간 피트가 매티를 데리고 외출한 사이, 이웃집에서 조 용히 해달라고 벽을 두드리면 어쩌나 염려할 필요 없이 한두 시 간 드럼 연습에 몰두할 수 있었다.

나는 능력껏 내가 성취하고 싶은 목표를 구체화했다. 우편 으로 발송하고 나서 냉장고 문에도 붙여둔 초대장은 내가 설정 한 목표를 상기시키며 나를 괴롭게 했다. 목표에 이르는 경로를 구체적으로 계획했다. 내 길을 가로막을 수 있는 장애물을 생각 했고(주로 연습할 시간과 공간을 확보하는 문제) 그것을 우회하기 위한 계획을 수립한 것이다. 쐐기 빼!

나 자신의
회계사가
되어보기

어느 날 밤, 피트가 깜짝 데이트를 달력에 표시했다. 이런 밤이면 그는 보통 나와 만날 시간과 장소, 신고 갈 구두 같은 것을 정해주곤 했다. 예정된 그날 밤이 왔다. 우리 아파트 부근에 있는 '블루 노트' 재즈 클럽에서 맥코이 타이너McCoy Tyner와 캄보밴드의 연주를 들었다. 처음으로 매티를 낯선 육아도우미에게 맡기고 외출했다. 몇 시간 안 되는 그 짧은 자유의 맛은 달콤했다. 클럽은 손님들로 가득 찼지만, 우리는 그랜드피아노 바로 뒤에 자리를 잡아 타이너의 두 손이 복합적이면서도 감미로운 화음으로 홀을 채우는 모습을 낱낱이 볼 수 있었다. 그날 밤, 그 소리 못지않게 우리 귀를 사로잡은 것은 드러머였다.

드럼 키트 뒤에 앉은 사람은 프란시스코 멜라Francisco Mela였다. 모자를 옆으로 삐딱하게 쓴 49살의 멜라는 밴드의 막내처럼 보였다. 하지만 드럼을 두드리는 순간, 그의 모습은 일변했다. 멜라의 박진감 넘치는 연주는 관객을 흥분의 도가니로 몰아넣었다. 그의 두 손은 너무도 빨리 움직여서 눈에 보이는 것은 날아다니는 스틱과 반짝이는 심벌즈의 빛이 전부였다. 그에게서 뿜어져 나오는 에너지는 사람들의 눈을 잡아끄는 마력이 있었다. 이 드러머는 무엇을 해야 할지 아는 이였다.

1차로 연주가 끝난 뒤, 피트와 나는 무대 뒤에서 어렵지 않게 멜라를 찾을 수 있었다. '무대 뒤'라고 말했지만 실제로는 클럽의 고객 화장실 밖에 있는 공간이었다. 처음 연주를 시작할 때 어떻게 연습에 계속 흥미를 붙였냐고 물었다. 그의 대답은 이랬다.

"아, 네, 쿠바를 벗어나자면 할 수 없었거든요. 오로지 최고가 되는 수밖에 없었으니까요. 최고가 되어야 했어요. 그 밖에 다른 도리가 없었습니다."

멜라는 바야모에서 태어났다. 간단히 역사를 훑어보면, 당시 쿠바에서 자라는 일은 고달팠을 것이다. 예를 들어 그가 태어난 1968년 쿠바에는 배급 통장이 있었다. 그 통장으로 일인당 1년에 셔츠 두 벌과 구두 두 켤레, 한 달에 쌀 1.4킬로그램, 무당연유 20통, 일주일에 고기 340그램과 커피 85그램, 그리고 아이 한 명당 하루에 신선한 우유 1리터를 살 수 있었다. 이 섬에서 치킨은 보기 힘들었다. 자동차 타이어를 새로 교체하려고 해도 1년을 기다려야 했으며 급히 필요한 부품은 암시장에서나 구할 수 있었다.

미국이 주도한 통상 금지 조치는 유난히 쿠바의 음악가들을 괴롭혔다. 보복으로 카스트로는 미국 회사가 소유한 쿠바 소재 녹음 스튜디오의 통제권을 장악했다. 그러자 미국의 전자 회사 RCA는 쿠바 음악가들에게 공연료 지급을 거부했다. 그들이 발표한 곡에 마땅히 돌아가야 할 저작권료도 지불되지 않았다. 그렇게 쿠바에서 빠져나온 음악가들. 그들은 '구사노(벌레)'라는 멸칭으로 불렸다. 이어 카스트로 정부는 쿠바를 탈출한 이들의 음악을 금지하거나 신진 음악가들이 그들의 음악을 공식적으로 연주하는 것을 금했다. 이런 쿠바 땅에서 프란시스코 멜라가 성장했다.

멜라는 최고가 되기로 결심했다. 그리고 꾸준히 연습해 그 경지에 이르렀다. 끝없는 훈련이 이어졌다. 그리고 기회가 찾아왔을 때, 쿠바를 떠났다. 그는 처음에는 멕시코에서 연주를 시작했고, 이어 보스턴으로 옮겼다. 그러고 나서 미국 최고의 음악학교 중 하나인 버클리 음악대학에서 학위를 취득했다. 버클리 음대에서는 멜라의 믿을 수 없는 끈기와 재능을 알아보았다. 교수들은 갓 졸업한 멜라를 고용해 낮 시간에 학생들을 가르치게 했고 밤에는 월리스 카페 재즈 클럽Wally's Café Jazz Club에서 연주할 기회를 주었다. 몇 년 안 되는 이 연주 생활 초기에, 멜라는 쿠바에서 자라며 익힌 전통음악에 모던 재즈를 혼합하면서 자신만의 음악을 갈고닦았다. 이후 얼마 지나지 않아 데뷔 앨범을 발표했는데 이 앨범이 〈빌리지 보이스The Village Voice〉가 선정한 올해 최고의 앨범이 되었다. 이어서 그는 세계적으로 유명한 색소포니스트 조 로바노Joe Lovano에 합류하였고, 마니아들 사이에서 오늘날까지

로바노의 연주 중에 가장 모험적이라는 평가를 받는 앨범을 녹음했다. 멜라가 합류한 밴드는 이 앨범으로 그래미상 후보에 올랐다.[1] 그러고 나서 맥코이 타이너가 그를 스카우트했다. 〈재즈 타임스Jazz-Times〉 매거진에서는 멜라를 오늘날 재즈 분야에서 최고 수준의 쿠바인 드러머로 평가했다.

그의 성공은 가문의 원조 덕이 아니다. 운이 좋아서도 아니었다. 때맞춰 좋은 환경에서 태어났기 때문도 아니다. 쿠바는 그런 곳이 아니었다. 멜라가 성공한 것은, 그것도 크게 성공한 것은 순전히 연습의 힘을 통해 얻은 결과였다. 멜라는 정치적 역경과 사회적 난관에도 불구하고 국가 밖에서 청중을 찾기를 열망했다. 자국민이 국외로 빠져나가는 것을 엄하게 통제하던 쿠바에 머물지 않았다. 최고가 되기 위해 자신의 재능을 갈고닦는 데 전념했다. 멜라는 솔로 연주를 하고 밴드 멤버들과 연습하고 라이브 연주를 하는 데 엄청난 시간을 들였다. 매일 그랬다.

멜라의 이야기에 나를 사로잡는 대목이 있었다. 몇 달에 한 번씩 드럼에 손을 대는 것으로는 록 음악가가 되지 못할 것이다 (밍밍한 커피와는 다른 맛의 차이를 내는 커피를 만드는 홈 바리스타 혹은 제과사도 될 수 없을 것이다. 가슴에서 열망하는 그 어떤 재능도 정복하지 못할 것이다). 그날 밤, 멜라의 연주를 보며 전율이 일어날 정도의 그런 솜씨에는 끊임없는 노력이 필요함을 깨달았다.

드럼 키트를(소음 공해로부터 나 자신을 보호하기 위해) 코네티컷으로 옮기는 것으로는 드럼 연습을 진정한 습관으로 만들지 못하리라는 사실을 충분히 자각했다. 나는 자주 드럼 키트 앞에 앉아 있지 못했다. 특단의 대책이 필요했다.

이런 깨달음과 동시에 옛 친구를 만나게 되었다. 조르조 피콜리Giorgio Piccoli는 성공한 사업가인데 습관을 다스릴 줄 알았다. 피콜리는 27세 나이에 아메리칸플랫Americanflat을 설립했다. 작가 200여 명의 작품들을 소장한, 전 세계를 대표하는 미술관 수준의 엄선된 작품을 보유한 갤러리였다. 소장품은 '투자자'가 아닌, 막 자신의 벽면을 예술로 장식하기 시작한 진짜 '예술 애호가들'에게 팔렸다. 아메리칸플랫은 전 세계 국가에서 영업을 하며 세계적인 주문형 인쇄 시설을 차렸다. 아메리칸플랫은 설립 7년 만에 남극을 제외한 전 대륙에서 2,000만 달러의 매출을 기록했다. 그리고 모든 판매 수익은 곧장 예술가 본인에게 돌아가 창작활동을 지원한다.

피콜리가 대화를 나누던 중 휴대폰을 꺼냈다. 그의 휴대폰 화면에서 뭔가 색다른 것을 보았다. 여러 가지 목록이었다. 그는 거의 5년간 매일 열 가지 목록을 작성해오고 있었다. 무엇이든 가리지 않았다. 가령, 피콜리는 휠체어 탄 사람들의 비행기 이용을 개선할 목록을 열 가지 작성했다. 또 사람들이 좋아하지 않는 그림 액자 열 가지, 바질을 재배하는 열 가지 방법도 있다. 나에게 보여주었던 어떤 목록에는 열 가지 사업 협력 제안이 있었는데, 마치 인기스타 연결 게임과 비슷했다. 예를 들어 "구글과 아마존이 자식을 탄생시키면 어떨까?"라든가 "로제타 스톤과 론리 플래닛이 결합하면 어떤 일이 벌어질까?" 또는 "인스타그램과 고프로는 온라인 생중계에 혁명적인 변화를 몰고 올 것인가?" 같은 식이다.

피콜리는 메모를 넘겨가며 영감을 얻는 방법에 관해 빠르게 예를 들어주었다. "에밀리, 우리가 레스토랑에 있다고 쳐보자. 네가 로즈메리가 들어간 칵테일을 마시고 싶은데 한 번도 본 적이 없는 거야. 그때 내가 목록을 작성해뒀다면, 로즈메리를 섞는 열 가지 방식을 알려줄 수 있는 거지." 나는 피콜리에게 그런 목록이 돈벌이가 되는지 물었다. 사업상 모험을 받쳐주는 토대가 되는지 물어본 것이다. "자주는 아니지만 가끔은 도움이 돼"라고 그는 답했다. 그의 말에 따르면, 이런 습관이 재정적인 성장으로 곧장 연결되지 않더라도 두뇌 훈련에 좋다고 했다. 창의적인 문제해결 방식을 훈련하면서 그때마다 새로운 정신 영역을 찾아낸다. 그가 설명하는 중간에 내가 끼어들며 입을 열었다. "이런 목록을 매일 작성하는 거야? 목록이 대략 1,800개는 넘을 것 같은데! 그럼 결국 1만 8,000개도 넘는 거라고." 그가 그렇게 오랫동안 그 일에 매달렸다는 것에 깜짝 놀랐다. 나라면, 빈속에 한 잔 걸쳤을 때라면 모를까. 엄두도 못 낼 것이다. "아니, 그 리스트에 있는 항목들이 무슨 차세대 대박 상품이 될 것도 아닌데 꼭 그렇게 작성해야 하는 거야?" 내가 물었다. "아, 그럼!" 믿을 수 없는 그의 단호한 대답. "적어놔야 해."

그는 작성이라는 형식이 반드시 필요하다고 보는 듯했다. 그 순간의 나에게는 별로 중요치 않아 보였다. 나는 해야 할 일 목록을 작성하는 성격이 아니었다. 어떤 일을 마무리하려고 밑줄 그으며 강조한 적은 몇 차례 있지만, 그렇다고 머리에 더 뚜렷하게 각인되지는 않았다. 나는 내 '할 일 목록'에 '할 일 목록 작성하기'를 추가하고는 다시 지워버리곤 했다. 나를 위해서도 하지 않았다. 황당해하는 내 반응에 비해, 많은 사람은 이런 방법으로 자신의 책임을 기록할 때 자신감을 느낀다. 어쩌면 나는 이 조직적인 훈련에서 뭔가 가치 있는 것을 놓친 건지도 모른다.

사실, 그랬다.

피콜리의 일상적인 목록은 무슨 일화처럼 내가 살면서 하려고 했던 유일한 것을(샤워나 이 닦기나 치실질 같은 것은 제외하고) 생각나게 만들었다. 색소폰 연습이었다. 돌이켜보면, 초등학교 시절에 나는 습관적으로 거의 매일 빠짐없이 색소폰을 연습했었다. 나는 어떻게 그런 습관을 들였던 걸까?

기억을 더듬는 대신, 나는 고등학교 때 밴드부 부감독님께 전화를 드렸다. 그사이 20여 년이 흘렀다. 그렇게 세월이 많이 흘렀음을 동창회 기획위원회의 공지를 통해 알았다. 나도 그만큼 나이를 먹은 것이다. 밥 패터슨 선생님이 나를 기억하실까?

패터슨 선생님은 나를 기억하고 계셨다. 우리는 기억의 창고로 성큼 들어가 대화를 나눴다. 행진악대 주 경연대회며 우리가 결코 제압할 수 없었던 영원한 맞수 팀, 장거리 여행을 다닐 때 버스 냄새가 얼마나 싫었는지 등 옛 기억을 주고받았다. 잠시 후, 어떻게 아이들을 매일 혹은 가능하면 최대한 연습에 매달리게 했는지 여쭤보았다. 선생님께선, 당시 미래의 거장을 꿈꾸는 우리가 매주 음악 레슨 때마다 작성하고 제출했던 훈련 시간표를 이야기하셨다. 우리는 그때 쪽지에 몇 분이나 연습했는지 적었다. 학생으로서 매주 적어 내는 활동일지는 숙제를 다 했다는 걸 교사에게 증명해 보이는 용도라고 생각했다. 그런데 그게 아니었다. 알고 보니 실은 학부모들에게 보여주기 위해서였다.

이 경우에 구체화의 힘은, 이제는 낡은 방식으로 보이는, 손으로 쓴 그 훈련 시간표 작성에서 왔다. 교사에게 내기 전에 부모들은 매주 이 리뷰를 받아 자녀들의 연습 시간을 확인하고 승인한다. 이 시각적 보조 자료는, 부모가 가족의 계획표를 짤 때 자녀의 연습 스케줄을 참고할지, 참고한다면 어느 시간에 배치할지, 아이들이 어느 정도나 훈련 목표를 달성하는지 알게 했다. 부모는 이를 작성함으로써 밴드부 감독에 대해서뿐 아니라 자녀와 그들 자신에게 책임을 진다. 그러면서 매주 진행 상황이나 목표 달성 여부를 꼼꼼히 살필 수 있었다.

나는 이제 고등학교 시절의 십대와는 거리가 멀다. 얼굴에 팬 주름이 그 사실을 말해준다. 아무튼 그 시절에 나는 꽤나 색소폰 연주를 잘했다. 훈련 시간을 늘리려는 담당 교사들의 계획은 마치 음악적 성공으로 향하는 레시피의 일부 같기도 했다. 나는 그런 전략을 다시 적용해보기로 결심했다. 그 밖에도, 내가 어릴 때 일을 마무리하게끔 유도하기 위해 어머니가 사용하신 접근방식을 적용했다. 연습 시간을 배정할 때마다 나는 자신에게 금빛 별을 주었다. 어느 비영리 단체에서 연말 기부를 요청할 때쯤 우편으로 보내오는 공짜 달력 한 부를 꺼내 거기에다 별을 붙였다. 그리고 계획표상의 나의 승리를 기념하기 위하여 매일 스티커를 붙였다. "드럼 연습할 시간 좀 있었니? 나, 에밀리, 잘했네! 스티커 하나 붙여주자."

음악 교사들이 초보 악기 주자들의 동기부여에 쓴 기법과 나의 금빛 별 스티커는 훈련 시간표나 일기, 활동일지, 목록, 성적표 등 다른 훈련들과 공통점이 있다. 확연하게 구체화시키는 것을 가시적으로 보여준다. 평소라면 되는대로 할 것을 시각적으로 표현한다. 개인적인 자료를 기록하면, 우리 자신과 열망에 대하여 책임지게 된다. 진행 과정을 구체화함으로써 우리 자신의 회계사가 되는 것이다.

-○○-

구체적으로 가시화하기

경제학자들조차 종종 회계 문제 아니면 적어도 이런 형식들과 관련해 도움을 필요로 한다. 마이크 리Mike Lee는 예일 대학교에서 경제학 학위를 딴 뒤 10년쯤 지났을 때 결혼 계획을 세웠다. 그와 약혼녀는 바닷가에서 멋진 결혼식을 올리려는 목표를 세웠다. 둘은 몸매를 좀 더 멋있게 가다듬으면 결혼식의 그림이 더 완벽하게 될 것이라고 생각했다. 리가 트레이너를 만난 날, 트레이너는 식품 약 3,000종의 영양가 성분 목록이 담긴 책자와 매일 리가 섭취한 것들을 적을 노트를 주었다. 아마 이 트레이너는 카이저 퍼머넌트 보건연구센터 팀이 만든 과학적 성공 비결을 따랐을지도 모른다.[2] 당뇨, 고혈압 위험이 있거나 그런 질환을 앓고 있는 개인 1,700명을 대상으로 의사들은 과일과 채소가 풍부한 식단과 저지방 유제품을 추천했다. 처방을 받은 사람들은 운동했고 하루에 적어도 30분씩은 알맞은 노력을 기울였다. 그러자 6개월 후, 이들은 체중이 평균 6킬로그램 정도 빠졌다. 매우 두드러진 성과였다. 그런데, 자신이 먹은 음식을 매일 기록한 사람은 기록하지 않은 사람에 비해 '두 배나' 체중이 줄었다. 리가 볼 때, 음식의 영양가를 확인하고 자신이 먹은 식품의 열량을 일일이 계산하는 것은 지루하고 비현실적인 방법이었다. 그래서 리는 더 나은 방식을 찾고자 했다. 리는 온라인으로 자신이 섭취한 칼로리를 자동 추적할 수 있는 앱을 개발했다. 이것이 오늘날 큰 인기를 누리는 마이피트니스팰MyFitnessPal이라는 어플의 시작이다.

마이피트니스팰은 현존하는 영양 데이터베이스를 최대한 구축했다. 어플 사용자들이 온라인 음식 일기를 작성하게끔 해준다.[3] 출범 9주년이 되었을 때, 마이피트니스팰의 등록 회원은 800만여 명을 넘어섰다. 이들이 줄인 체중은 총 4,500만 킬로그램에 이르렀다. 2015년에 언더아머Under Armour가 마이피트니스팰을 4억 7,500만 달러에 인수했다. 이로부터 3년이 지나 회원

수가 1억 5,000만 명으로 늘어나자, 언더아머는 '세계 최대 디지털 건강피트니스 커뮤니티'라는 구호를 내걸었다.

여러 가지 정보를 종합해볼 때, 리와 그의 아내는 꽤 멋진 결혼을 한 것이 틀림없다.

어린 시절 내 침대에 놓여 있던 장난감의 기능이 그러했듯, 금빛 별 스티커를 사용한 전략은 원하는 만큼 성과를 내지 못했다. 어떻게든 기술적으로 좀 더 정교한 별 시스템을 개발하는 것이 (마치 마이피트니스펠처럼) 답이라는 생각은 들지 않았다. 한 달 한 달 페이지를 넘기면서 별 스티커를 붙이는 날이 늘어갔지만, 별표를 붙이는 방식은 지속적인 동기부여가 되지 못했다. 솔직히 말해 드럼 연주 실력에 진전이 있는 것인지도 알 수가 없었다. 단순하게 그날 기울인 노력을 구체화하는 것이, 효율적인 훈련의 열쇠가 못 된다는 것을 깨달았다. 그보다 더욱 효과적인 비결은 따로 있을 터였다. 거기에 들어갈 그 특별한 요소는 도대체 뭐란 말인가?

이쯤에서 특별히 네이선 디월Nathan DeWall이 성공을 위해 구체화한 방법을 소개하고 싶다. 그는 네 살 때 첫 마라톤에 대비해 훈련을 시작했다. 아버지는 그해 말에 사우스다코타의 수 폴즈에서 열리는 마라톤에 출전할 계획이었다. 네이선은 있는 그대로든 상징적이든 아버지의 발자취를 따르고 싶었다. 네이선의 아버지는 아들에게 처음으로 운동화와 자크jock(운동선수)라는 글자가 새

　　　　　　　　　　　　　　　관점 설계

겨진 녹색 티셔츠를 사주었다. 둘은 대화를 나누며 3~5킬로미터 구간을 함께 달렸다. 어쩌면 TV 인형극 〈세서미 스트리트〉에 대해 얘기를 나눴을지도 모르겠다. 물론 네이선은 너무 어려 실제 마라톤에 출전하지는 않았지만 마라톤에 대한 욕망은 그때 싹텄다.

네이선이 중학생이었을 무렵, 운동화를 미끄럼방지가 된 것으로 교체했다. 네브래스카에서 자라는 많은 소년이 그러하듯, 그는 풋볼 선수가 되기로 결심했다. 대학 팀에서 전 미국 대표선수로 뛰었던 삼촌처럼 되고 싶었다. 몇 년 뒤, 계획대로 고등학교 풋볼 팀에서 뛰었지만, 이내 악몽이 시작됐다. 경기 중에 경추가 골절되는 부상을 입은 것이다. 사고 즉시 몸에는 극심한 마비 증상이 찾아왔다. 네이선은 45분간 아무런 감각도 느끼지 못했고 목 아래쪽으로는 전혀 몸을 움직일 수 없었다. 평생 휠체어 신세가 될지도 모른다고 생각했다.

다행히도 두 다리로 걸을 수 있을 만큼은 회복되었다. 하지만 운동에 대한 열망은 뒷전으로 밀렸다. 그 빈자리에는 좀 더 창의적이고 정신적이며 예술적인 욕구가 들어섰다. 그는 미네소타주의 세인트 올라프 칼리지에서 미국 최고의 아카펠라 앙상블이라 칭송받는 합창단에 입단했다. 이후 박사 과정을 밟는 동안에는 과학적인 글쓰기에 몰두했다. 그의 첫 직업은 대학교 심리학 교수였다. 현장 경험을 살려 남들보다 논문을 두 배나 많이 발표했다. 소문에 따르면, 디월이 교수 생활을 순탄하게 하는 와중에 다른 직업을 구상했다고도 한다. 어느 모로 보나 잘 풀리는 인생처럼 보였다. 자신이 세운 목표도 모두 달성했다.

어느 날, 디월은 오로지 응원 차원에서 아내 앨리스가 체중 감량 클리닉에 가는 데 합류했다. 아내와 간호사가 함께한 클리닉 상담실에서, 디월은 체중계와 건강기록표를 앞에 놓고 자기 건강에 관해 생각했다. 간호사가 "네이선, 온 김에 체중 좀 재보실래요?"라고 말했다. 그는 "그러죠"라고 대답하고 체중계에 올라섰다. 간호사가 눈금과 건강기록표를 들여다보더니 "음, 비만이네요"라고 했다. "키가 있는데요. 비만 아니에요." 네이선이 대답했다. "키가 몇인데요?" 간호사가 물었다. "188센티미터요." 간호사는 디월의 건강기록표에서 키 수치를 찾아 손으로 짚은 다음 다시 체중 수치로 손가락을 옮기고는 대답했다. "키가 크시군요. 그리고 비만이고요."

그날까지 디월은 과체중이라는 생각은 해본 적이 없고 더구나 몸매가 망가졌다고는 전혀 생각하지 않았었다. 하지만 건강기록표에 적힌 기록을 보고는 충격을 받고 체중을 줄이겠다고 단단히 결심했다. 새로운 목표가 잡혔다.

그는 걷기 운동을 시작했다. 먹는 것도 조심하면서 "먹으면 적으라"라는 지침을 따랐다. 식단 일기를 쓰기 시작했다. 몇 달 뒤, 아내가 조깅하러 나간다며 함께 뛰자고 청했다. 그는 무릎이 안 좋아서 못한다고 했다. 아내는 계속 괜찮던 무릎이 왜 하필 오늘 아프냐며 함께 뛰자고 권했다. 그는 마지못해 신발 끈을 묶고 아내와 함께 3킬로미터쯤 달렸다. 예정 구간의 4분의 3쯤 달렸을 때, 아내가 네이선을 보며 말했다. "당신 왜 그래? 안색이나 목소리가 곧 죽을 사람처럼 힘이 없으니." "고마워." 디월은 빈정대듯 대꾸했다.

이러던 그가 1년도 채 지나지 않아 집에서 주유소까지 힘들이지 않고 달리게 되었다.[4] 디월은 다시 12개월도 안 되어 미주리에서 열리는 80킬로미터 울트라마라톤에 출전했다. 계속 출전하다 보니 마라톤은 그의 새로운 생활양식으로 자리 잡았다. 네이선은 힘들었다고 고백한다. 대회에 출전하려고 원치 않게 5킬로그램 감량 훈련을 받아야 했다. 결승선을 통과하고 나서 아래를 내려다보니 발이 퉁퉁 부어 어디가 발목인지도 알아볼 수 없었다. 임신한 것처럼 허리는 불룩했고 아래쪽으로는 가늘었다. 하지만 자기 몸의 화학적 성분을 알게 될수록 먹는 칼로리와 연소하는 칼로리에 균형을 맞추며 계속 달렸다.

4개월 후, 디월은 처음으로 160킬로미터 경기에 출전했다. 그 직후에 그는 또 달렸다. 그리고 한 번 더 달렸다. 그는 렉싱턴에서 루이빌까지 120킬로미터를 달렸다. 그런 다음 노스캐롤라이나 북단에서 최남단까지 608킬로미터를 달렸다. 디월은 계속해서 6일 동안 505킬로미터를 걸으며 테네시 주를 도보로 횡단했다. '논스톱'이었다. 그에게 물었다. "네이선, '논스톱'이 무슨 의미죠?" 그는 다음과 같이 설명했다. 처음 24시간 동안 124킬로미터를 달렸다. 그다음 길가에 누워 두 시간 잠을 잔 뒤에 일어나 다시 97킬로미터를 달렸다. 그리고 호텔을 찾아가 침대에서 세 시간을 잤다. 그리고 다시 출발하여 80킬로미터를 달렸다는 것이다. "상황 파악이 되나요?" 그가 물었다. '아니요, 아니요. 안 되는데요.' 나는 속으로 말했다.

"먹는 건 어떻게 해결하죠?" 나는 놀라서 입이 딱 벌어졌다. 염분을 조절하는 것이 관건이라고 했다. 특히 습도가 열대 우림에 버금가는 테네시에서는 달릴 때 염분을 땀으로 배출하기 마련인데, 근육이 원활히 기능하려면 염분이 있어야 한다는 것이다. 그리고 첫 30킬로미터대를 주파하고 나면 주자의 신체는 그 전에 저장한 칼로리를 다 소비하게 된다고 한다. "팝타르트가 최고예요. 난 팝타르트가 좋더라구요." 디월이 말했다. 이어 게토레이와 으깬 감자, 땅콩 버터, 꿀 샌드위치, 쇠고기 육포, 그리고 레드불 19통 등등의 단어가 쉼 없이 그의 입에서 나왔다. 기본적으로 건강 식단 수업을 들어야 할 십대의 식단이나 다름없었다.

물론 그것은 네이선 디월이 가장 자랑하는 식단은 아니었다. 2017년 봄에 그가 목표를 달성할 때 버티게 해준 먹거리였다. 3개월 동안, 그는 세계에서 가장 혹독한 울트라마라톤 중에 두 대회를 완주했다.

4월, 디월은 사하라 사막 마라톤 대회에서 모래언덕을 넘어다니며 237킬로미터(정규 마라톤 코스 5배 반에 해당하는 거리)를 6일만에 주파했다. 한낮 최고기온이 섭씨 54도까지 치솟는 극한 상황이었다. 주자들은 발이 너무 붓기 때문에 몇 치수 큰 신발을 신고 걷는 훈련을 받아야 했다. 뜨거운 열기 속에서 모래와 마찰을 일으키며 장거리를 달리다 보니, 운동화 밑창의 고무가 떨어져나갔다. 디윌은 동행하는 의료진에게 매일 어깨 통증을 호소하면 의료용 테이프를 넉넉히 주는 걸 눈치챘다. 신발을 감싼 망사에 테이프를 붙여 신발에 모래가 차는 것을 막을 수 있었다. 그는 칼로리를 공급해줄 온갖 먹거리를 침낭에 넣어 등에 지고 달렸다. 똥은 비닐봉지에 쌌다. 뱀도 나온다. 그리고 주자들은 전갈을 쫓으려고 독 펌프를 지니고 다녔다. 사막에서 달릴 때, 좋은 점도 있었다. 무엇일까? 벌레가 살기에는 너무 더워서 모기에 물릴 염려는 없었다.

그후 겨우 3개월 지난 7월, 디윌은 데스밸리 사막을 관통해 달리는 대회인 '배드워터 135'에 출전하기 위해 캘리포니아로 날아갔다. 데스밸리에서 밤 9시 30분에 출발 신호탄을 들었다. 북아메리카에서 고도가 가장 낮고 기온이 가장 높은 곳이다. 그는 섭씨 47도를 "선선하다. 괜찮은 날씨였다"고 표현했다. 그는 첫 번째 구간을 단 한 번도 쉬지 않고 48시간에 주파했다. 허리에는 빛이 반사되는 네온 허리띠를 차고 있었다. 그의 곁을 지나는 자동차 운전자들은 한밤중 도로에서 혼자 달리는 그를 보았다. 이 대회는 산이 세 개 있는 산맥을 횡단하는 경기였다. 이름에 걸맞게(배드워터 135는 데스밸리의 배드워터에서 출발하는 135마일 경기라는 뜻 ―옮긴이) 217킬로미터를 달린 다음 해발 2,500미터인 휘트니 산의 트레일 시작점에서 끝난다. 주자들은 전체적으로 거의 4,600미터 고도까지 올라갔다가 1,800미터 가까운 지점까지 내려간다. 196

명이 참가했다. 사전에 초청을 받은 사람에게만 출전 자격이 주어진다.

어떻게 네이선은 자신을 변화시켰을까? 물론 그 방법은 단 한 가지만은 아니다. 그토록 믿기 어려운 위업을 반복해서 쌓은 사람이니 말이다. 짐작하다시피, 그는 철저하게 계획을 세웠다. 예를 들어, 나와 얘기를 할 때 그가 신고 있던 운동화 양옆에는 유성 매직으로 '10'이라는 숫자가 쓰여 있었다. "내가 쓰던 것을 계속 쓸 필요가 있어요. 나는 똑같은 신발을 수없이 샀습니다. 내가 좋아하는 것을 고수하지요."

과학자로서 그가 숫자에 끌리는 것은 당연했다. 데이터에 관한 그의 관심을 그 정도 수준의 선수들 사이에서 특별하다고 볼 수는 없다. 디월은 디지털 방식으로 자신의 삶을 추적한다. 그는 얼마나 달리는지를 보여주는 온라인 어플을 하나 사용한다. 훈련 주기에 있을 때에는 매일 가벼운 달리기를 70분씩 소화한다. 그리고 어떤 대회를 막 마쳤든 또 어떤 대회를 앞두고 있든 상관없이, 일주일에 6일은 포장도로에서 달린다. 그는 나에게 "1년에 적어도 3,200킬로미터 정도 달리지 않으면 슬퍼질 겁니다"라고 했다. 3,200킬로미터는 이 앱으로 추적한 기록의 4분의 3에 해당하는 거리였다. 그리고 그는 이미 3,307킬로미터를 주파했다. "내 발전 과정을 보여주는 이 아름다운 도표 없이 사는 법도 있을까요. 이것 없이는 못 살 거 같습니다. 하기야, 나처럼 살고 싶은 사람이 어디 있겠어요?" 그는 목소리를 높였다. "큰 대회를 앞두고, 종종 시각적으로 정리된 훈련기록을 훑어봐요. 목표를 이루는 데 필요한 일을 했다는 확신을 주지요. 배드워터 135에 출전하기 전에, 내 스트라바 앱 기록을 보면서 내 훈련에 5일간 마라톤을 다섯 번 달린 기록이 포함되었다는 사실을 곱씹었습니다. 그런 시각 자료는 자신감을 주어요. 세계에서 가장 혹독한 달리기 시합의 결승선을 통과하게 도와주었지요."

디월은 뛰어난 이야기꾼이다. 세부적인 경쟁에 대한 기억이 다 지워진 건 결코 아니지만 자신의 기억에만 의존하는 것도 아니다. 기억보다 자신이 어떻게 준비했는지를 시각화함으로써 디월은 정신에 활력을 불어넣는다. 자기 확신을 위해 볼 필요가 있는 것이다.

바로 이것이, 나의 금빛 별 스티커 시스템과 리가 피트니스 제국을 건설한 과정, 디월이 두 발로 사막을 두 개나 횡단한 과정의 차이점이다. 누구나 자신에 대한 데이터를 모은다. 중요한 것은 자신의 시각적 기록을 보며 계속 성찰하느냐는 것이다. 그들은 자신이 출발한 곳을 돌이켜보고, 또 현재 자신이 서 있는 곳도 확인했다. 그렇게 동기부여에 불을 붙였다. 그들은 자신의 발전 과정을 더 잘 파악하기 위해 자신의 행동을 구체화했다.

먹은 것을 기록하면 무분별한 간식과 과식을 억제하게 해준다. 돈을 어디에 썼는지 구체화하면 먹어 없애는 데 과소비하는 것을 막을 수 있다. 발전 과정을 구체화하면, 어느 부분에서 부족했는지 인식하게 된다. 무얼 했는지 기록으로 구체화하고 정기적으로 검토하는 것이 이토록 중요하다.

파산법 7장에 따라 파산 신고를 하는 미국인의 비율이 해마다 증가하는 사실을 생각해보라. 2007년의 경우, 부채를 청산하기 위해 법원에 자산 매각 신청을 한 사람은 50만 명 미만이었다.[5] 그러다가 2010년에는 그 수가 두 배 이상으로 늘어났다. 2018년 9월, 미국의 총 가계부채는 13조 5,100억 달러나 되었다.[6] 큰 이유 중 하나는 신용카드 발급 증가였다. 그 무렵 미국인이 보유한 신용카드 회사의 계좌는 5억 개에 달했다.[7] 그만큼의 카드를 사용하고 있다는 말이다. 미 연준에서 발표한 자료를 보면, 카드 소지자들이 다달이 연체하는 미결제 부채(상환하지 못한 채무)는 평균 9,333달러나 된다.[8]

무절제한 신용카드 사용은 작은 회사의 회계사였던 35세의 캐리 스미스 니컬슨Carrie Smith Nicholson도 예상치 못한 재정난에 빠뜨렸다. 감동적인 이야기를 들려주게 될 니컬슨은 얼마 전에 이혼하고 재정적으로 궁핍한 생활을 하고 있었다. 신용카드 부채와 자동차 할부금으로 봉급의 3분의 1을 지출할 때였다. "내가 25살 적에 예상했던 삶은 아니었죠."

일단 재정적인 자유를 목표로 삼고, 니컬슨은 14개월 만에 1만 4,000달러에 이르는 부채를 전부 갚았다. 어떻게 그럴 수 있었을까? 그녀도 지출을 구체화하는 도구로 눈을 돌렸다. 레디포제로ReadyForZero라고 불리는 온라인 결제 방식 계산기를 활용했다. 이 온라인 앱은 일정표를 만들어 과거 진행 상황에 대한 도표

　　　　　　　　　　　　　　　　　　관점 설계

를 보여주는 방식으로 대차대조표의 균형을 이루게 만든다. 그래서 그 차이를 갈수록 제로에 가깝게 줄여준다. 레디포제로 앱은 니컬슨의 신용등급이 갈수록 적색에서 녹색 영역으로 이동하는 것을 보여주었다. 균형을 잡기 위한 계획을 수립하고 진행 상황을 시각화하는 데 도움을 주는 도구를 사용하자, 그녀는 달성하기 힘든 목표를 이루게 됐다. 이어 그녀는 재정 건전성을 목표로 정보를 관리하는 온라인 커뮤니티를 만들었다. 이 커뮤니티에서 자신의 경험과 지식을 나누어주고 활용하는 데 기업가 정신을 발휘했다. 또 세계적으로 알려진 미디어에 글을 쓰고 주요 은행과 연결된 고객들에게 조언을 해주었다. 자신의 성공담을 나누어 다른 개인들의 재정 효율성에 영감과 도움을 주었다.

돈의 흐름을 보여주는 시각적 기록이 니컬슨에게 매월 어디에서 돈이 새나가는지, 그리고 어떤 비용을 자제할 수 있는지 자각하게 만들었다. 시간에도 똑같은 이치가 적용된다. 일을 지연시키거나 생산성이 부족해서 시달리는 것은 아닐까? 자신이 낮 시간에 '실제로' 어떻게 시간을 소비하는지를 기록하면 어디서 어떻게 시간이 가는지에 대한 통찰력이 생긴다.

댄 애리얼리Dan Ariely는 사람의 판단착오를 전문적으로 연구하는 행동경제학자다. 2014년 그는 기술 사업가 한 명, 데이터 분석가 한 명과 제휴해서 타임풀Timeful이라는 앱을 개발했다. 사용자가 언제 가장 생산적인지를 발견하고 임무를 완성하는 시간대를 찾아내서 일을 마무리할 수 있는 일정을 제안하는 인공지능 시스템이다. 사용하는 빈도가 올라갈수록 이 앱은 더 매끄럽게 잃어버린 시간을 찾아준다. 개발된 지 1년이 지나자 구글이 이 앱을 인수하고 자사의 기능을 더해 골스Goals라는 이름으로 통합했다.

골스는 사용자들이 목표를 적절히 설정하도록 유도한다. 예를 들면, 물을 더 마시고, 책을 더 읽도록 말이다. 그 목표에 얼마나 시간을 소비하고 싶은지, 하루 중에 그 일을 마무리하는 데 최적의 시점은 언제라고 생각하는지를 묻는다. 그런 다음 앱은 그것을 할 가능성이 가장 큰 시간을 예측하는 알고리즘에 기초해 자동적으로 일정을 잡아 사용자의 온라인 달력에 기록한다. 거부 반응이 나타나면, 앱이 일정을 재조정할 수도 있다. 이어서 이 앱은 목표 추구에 할당된 시간에 어떻게 했는지 물어본다. 그러면 그 대답에 따라서 앱은 계획된 일정으로 볼 때 그 선택이 옳았는지 여부를 알게 된다. 만일 앱에 대고 즐거움을 맛보지도 못했고 신체 리듬 조절도 충분치 않다고 응답해주면, 아니면 예를 들어 언제 일정을 잡아야 행복할 것인지 입력하면, 앱이 그다음 주의 자유로운 시간대로 다시 일정을 잡는다. 이 앱은 또한 사용자가 목표를 향해 다가간 진행 과정을 구체화해준다. 개요를 알려주는 창 하단의 원형 추적기가 매주 진척 과정을 보여준다.

골스가 잃어버린 시간을 찾는 데 도움을 주고 우리가 직접 하는 것보다 더 나은 일정을 잡는 데는 몇 가지 이유가 있다. 우선 이 앱은 평소에 우리가 추상적인 상태로 방치할 수 있는 것을 구체화해준다. 애리얼리의 설명대로, 사람들은 일정이 잡힌 일이

나 "달력에 기입해놓고 하려고 예정했던 모든 단기적인 일들에" 우선권을 부여한다.[9] 단번에 마무리할 수 없는 장기적인 프로젝트의 경우에는, 가령 5킬로그램 정도 체중 감량, 담보대출 다시 받기, 나만을 위한 시간 추가 확보 등의 프로젝트는 구체적이고 특수하고 일정이 잡힌 일상에 자리를 내준다. 우리는 알람을 맞춰놓고 첫 회의 시작 전까지 비어 있는 시간에 이 일을 해치우리라 생각한다. 가령 저녁식사 모임이 끝난 뒤 잠자리에 들기 전에 은행 입출금 기록을 확인하리라 마음먹는 식이다. 하지만 그런 일은 일어나지 않는다. 대신 애리얼리가 말하듯, "우리가 무엇을 하리라고 생각하는 빈 시간은 달력에 적힌 구체적이고 특수한 일에 우선권을 내준다." 우선권을 구체화하면, 즉 하루 중에 그 계획을 자세하게 설계하면, 그 일을 마무리할 가능성이 커진다.

자신의 일정을 다른 누군가가 짜도록 맡기는 아웃소싱 아이디어가 별로 설득력이 없을지도 모르겠다. 사람은 스스로 통제권을 갖는 걸 좋아하며, 자기 자신에 관해서 다른 사람이나 앱보다 본인이 더 잘 안다고 믿는다. 이런 생각은, 자신의 일정을 설계하는 법은 자신이 가장 잘 안다는 믿음으로 이어진다. 하지만 애리얼리가 조사한 바에 따르면, 사람은 이런 책무를 다른 누군가에게 위임할 때 이익이 더 크다는 게 확인됐다.[10]

매사추세츠 공과대학에서 그의 강의를 수강하는 학생들은 수업활동 보고서의 제출 마감 시한을 그들 자신에게 맡기기보다 교수가 정해줄 때 더 잘 해냈다. 세 가지 주제에 대한 보고서를 각각 언제까지 제출해야 하는지 고지하며, 그는 일부 학생의 달력에 마감 시한을 적어주었다. 이 마감 시한은 학기 전체에 골고루 배치되었다. 한편 나머지 학생들에게는 스스로 시한을 정할 기회를 주었다. 이 학생들은 수업 마지막 날을 넘기지 않는 한, 각자가 제출하고 싶은 날짜에 맞춰 자유롭게 마감 시한을 정했다.

인간의 직관에 비춰볼 때 자신의 일정을 본인이 가장 잘 알 것 같은데도 불구하고, 교수가 일정을 정해준 학생들의 보고서가 더 우수했다. 평균 3퍼센트포인트 정도 점수가 높았다. 비교해보면 B와 B+ 정도의 차이였다. 최종 보고서 성적은 훨씬 더 크게 영향을 받았다. 스스로 마감 시한을 정한 학생들은 평균 C를 받았다. 애리얼리가 일정을 정해준 학생들은 9퍼센트포인트나 높은 평균 B를 받았다. 스스로 마감 시한을 정한 학생들이 세 가지 보고서 다 강의 마지막 날 제출했기 때문에 성적 차이가 난 게 아니다. 사실 이들의 4분의 3은 학기 전체 동안 제출한 날이 다 달랐다.

차이는 배정한 시간에 있었다. 보고서 제출 시점이 골고루 배치되지 않았고 아주 이르지도 않았다. 애리얼리는 제출일이 빠를수록 더 성적이 좋으리라 예상했었다. 하지만 그렇지 않았다. 스스로 시간을 다스리는 것을 선호하고 자발적으로 행동할 때 일정을 더 잘 짜리라는 직관에도 불구하고, 우리 인간은 일을 잘 마무리할 시간을 찾지 못하는 것으로 보인다.

애리얼리의 연구와 조사는, 사람들이 귀중한 시간 자원을 잘못된 방식으로 소비하고 있다는 것을 보여주었다. 구글이 욕심을 내고 달려든 이 앱을 개발하기 전에, 애리얼리는 먼저 사람들이 그런 도움을 필요로 하는지 측정하는 실험을 했다. 사람은 스스로 일정을 짜는 것이 허용될 때, 자신의 시간을 아주 비효율적으로 사용한다는 것을 확인했다. 조사한 결과 사람들의 80퍼센트 가까이가 이메일 답장을 쓴다든지 소셜미디어 내용을 추적하는 일로 자신의 하루를 시작했다. 우리의 에너지와 능력이 절정에 오르는, 하루 중 가장 생산적인 시간이라고 할 아침 첫 두 시간을 그렇게 보내는 것이다.

이 역시 전체적으로 볼 때, 우리 인간이 시간 예측 변수에 매우 취약하다는 것을 보여준다. 우리는 실제 이상으로 일을 잘 해낼 수 있다고 생각하는 경향이 있다. 한 실험의 결과, 아마추어 요리사들은 얇게 썬 과일과 채소를 담은 전채 요리 한 쟁반, 핑거 샌드위치, 꼬치구이와 치즈, 작은 새우 등을 준비하는 데 24분쯤 걸릴 것이라고 예측했지만 실제로는 10분이 더 걸렸다.[11] 더 힘든 일일 때는 사람의 예측이 더 크게 빗나간다. 사전 항목을 조판하는 임무를 맡은 식자공들은 단어에 대한 정의를 굵은 글씨나 이탤릭체로 표시하는 데 걸리는 시간을 올바로 예측했다. 하지만 서식 설정의 수를 두 배로 늘리는 임무가 주어졌을 때, 그 변화가 네 배 정도만큼 힘들 때에는 생각보다 두 배 이상의 시간이 걸렸다. 그리고 우리가 특별한 결과를 도출해내는 프로젝트를 원할 때, 우리의 정확한 시간 예측 능력은 훨씬 더 떨어졌다. 국세청으로부터 받을 돈이 있다고 믿는 사람들은 환급을 예상하지 못한 사람들보다 1주 반 정도 일찍부터 세금신고서를 준비했다.[12] 하지만 결과적으로 환급 희망을 품은 이 시민들은 서류 제출에 걸리는 시간이 2주나 더 길었다. 반면에 환급을 예상하지 못한 사람들은 예상에 비해 1~2일 정도만 늦었다.

역설적으로 시한을 맞추려는 의도는, 일정을 짤 때의 정확도만이 아니라 최선의 임무 완수에 무엇이 도움이 될지 결정하는 데도 영향을 미친다. 워털루 대학교의 과학자들은 왜 대학생들이 저축하는 데 애를 먹는지를 실험했다.[13] 이 연구에 참여한 학생들은 바라는 만큼 저축하면 연구진으로부터 물질적으로 보상받는다는 이야기를 들었다. 4개월 시한으로 재정적 목표를 세웠다. 학생들의 목표 달성을 돕기 위해 (그래서 보상을 받도록) 연구팀은 일주일마다 제공되는 저가의 뉴스 레터를 구독시켰다. 뉴스 레터에는 개인별 재정 진척 상황에 대한 보고서가 들어 있었고, 더 많이 저축하는 방법을 조언도 해주었다. 이 서비스는 효과가 있었다. 학생들은 뉴스 레터 서비스를 받을 때 저축 목표를 이룰 가능성이 더 컸다. 이 뉴스 레터가 큰 도움이 된다는 것도 알고 있었다. 그 서비스를 받을 때, 동료 학생들이 더 잘 저축한다고 정확하게 예측하기도 했다. 그런데 이 연구에서 흥미로운 사실이 드러났다. 뉴스 레터를 받기 위해 몇 푼 안 되는 돈을 지불하려는 사람이 아주 적었던 것이다. 물론 나는 대학생들의 절약정신을 이해한다. 나도 9년 동안 그랬으니까. 그 구독료는 실험에 참가할 때 받은 보상에서 공제되는 것이었다. 또 그들이 목표를 달성할 때 받게 될 보너스에 비하면 극히 미미한 액수였다. 뉴스 레터의 구독료를 지불하면 결국 이득을 보는 셈이었다. 하지만 인간의 강력한 의식은 자신이 최선의 계획을 짤 수 있다는 잘못된 믿음으로 이어지고, 이 믿음은 계획을 더 잘 짜도록 도움을 주는 기술의 활용을 (작동하는 것을 아는 기술마저도) 못하게 막을 수 있었다.

어떻게 하면 우리는 전략적이고 효과적인 계획을 저해하는 이런 실수를 바로잡을 수 있을까? 구글이나 그 무슨 앱의 도움이 있든 없든, 하나의 해결책이 있다. 행동과학자들이 '짐 풀기'(큰 작업을 구성 요소로 세분화하기)라고 부르는 방법으로 진행 과정을 구체화하는 것이다.

한 가지 비유를 해보자면, 시력을 교정하려고 안경이나 콘택트렌즈를 끼는 사람의 약 절반은 원시다. 일부 아이들은 취학 연령에 이르기 전부터 원시로 치닫는다. 교사들은 때로 그런 학생들이 수업에 집중하지 못 하는 걸 과잉행동이나 행동장애와 혼동하기도 한다. 그러나 이 어린 학생들은 단순히 안경을 맞춰 시력을 교정하기만 해도, 갑자기 자리에 똑바로 앉아 수업에 집중하며 더 뛰어난 학업 성과를 보여준다. 안경은 앞에 놓인 학습 자료의 세세한 부분까지 명료하고 구체적으로 만들어주고 아이들은 더 뛰어난 능력을 갖추게 되는 것이다.

안경을 낀 아이들처럼, 누구나 자신의 목표뿐 아니라 그곳에 이르는 경로까지 설명할 수 있을 때, 성공 가능성 또한 높아진다. 우리 자신과 더 멀리 있는 것 사이에 있는 세부적인 것들을 봐야 한다. 또 한편, 단순히 미래에 다가올 것에만 초점을 맞출 때에는 성공 가능성이 떨어진다. 예컨대 대학을 졸업하고 싶다든가 전국을 횡단하고 싶다, 직업을 바꾸고 싶다고 말하는 것만으로는 충분치 않다. 그런 크고 장기적인 관심을 관리할 수 있는 작은 목표로 작게 나누어야 한다. 우리 밑에 깔린 그리고 앞에 놓인 길의 세부적인 측면을 봐야 한다. 사각모를 쓰고 학위를 받는 날까지, 매 학기 강의 시간에 대한 계획을 세워야 한다. 온 가족을 이끌고 먼 지방으로 이사해 그곳에 뿌리 내리려면 학교와 일자리, 주거 여건을 상세히 조사해야 한다. 장기적인 열망을 작은 단위로 쪼갤 때, 평가도 계획도 보다 나아진다. 그래야만 현재 서 있는 곳에서 목적지까지 가는 길에 만나는 난관을 더 잘 이겨낼 수 있다. 발전 과정을 세세한 단위까지 추적하고 진척한 상황을 점검한다면, 자신의 열망에 책임을 지게 될 것이다.

눈에 보이면
마음에 담긴다

상한 열대과일에 달려드는 파리 떼처럼 카메라
맨들이 몰려들었다. 뉴욕 현대미술관의 개막전 〈아이템들: 패션
은 현대적인가?Items: Is Fashion Modern?〉에 온 참석자들의 아름답
고 창조적인 옷차림을 카메라에 담기 바빴다. 갸름한 얼굴을 가
리는 두툼한 네온 안경, 북슬북슬한 스웨터에 받쳐 입은 시퀸 스
커트, 생화로 장식한 화관, 화려한 의상은 카메라를 유혹했다. 군
중은 정장을 차려입고 한껏 멋을 부리고는 현대사회 비평을 위해
큐레이터들이 선정한 111편이 어떤 작품인지 보려고 몰려들었다.
언뜻 보면, 엄선해서 짝 지어놓은 전시물들은 첫 아이를 임신했
을 때 이 책을 시작한 내 선택만큼이나 생소해 보였다. 부르키니
를 입은 여인이 원더브라 차림의 여자와 같은 공간에 앉아 있고,
모피 코트 차림과 패니 팩을 걸친 사람이 나란히 있었다. 가죽 바

지와는 대조적으로 로퍼를 신은 차림도 보였다. 그러나 이런 차림들을 연결해주는 것은, 그것들 모두가 문화와 정치, 정체성, 경제, 기술, 그리고 당연히 패션에도 혁신적 변화를 불러온 요소란 점이다. 물론 그 모두는 여전히 오늘날까지 통용되기도 하고 말이다.

나는 운 좋게 파티 입장권을 하나 챙길 수 있었다. 그렇잖아도 눈앞에 닥친 음악 레슨을 회피하고 싶은 마음이 간절하던 차에 내 친구 칼리가 초대해주었다. 칼리는 늘 (그리고 이날 밤은 확실히) 나보다 액세서리를 훨씬 과하게 했다. 우리가 특히 보고 싶은 주제가 하나 있었다. 나는 조지아 루피Giorgia Lupi에 관심이 있었다. 이날 전시회에 그녀의 작품이 나온다는 소식을 들었다. 루피의 작품이 어떻게 생겼는지, 어떤 예술 매체로 모습을 드러낼지 알 수 없었다. 맹목적으로 달려든 그날 밤의 나는 성배를 찾아 나선 인디애나 존스나 다름없었다. 우리는 찰랑거리는 프로세코 와인을 들고 전시장을 샅샅이 훑고 다녔다. 자유로운 두 여자처럼 날렵하게 걸으며 작가의 이름이 적힌 카드를 훑었다. 전시장 앞에서 뒤로, 뒤에서 앞으로, 그리고 다시 앞에서 뒤로 샅샅이 뒤졌다. 몇몇 사람들에게 물어보기도 했다. 음료가 무료로 제공되고 사람들로 북적이기만 할 뿐, 실제로 그날 밤 전시 안내를 하는 사람은 찾아볼 수 없었다.

떠들썩하게 즐기던 사람들이 줄어들고 파티가 끝나갈 무렵, 칼리가 더는 수색작업을 못하겠다고 선언했다. 우리는 전시 공간을 빠져나와 미술관 출구 쪽으로 모퉁이를 돌았다. 그때였다! 드디어 우리는 대표작과 만났다. 루피의 벽화가 아닌가! 의상도 아니고 핸드백도 아니었다. 패션 하우스에서 디자인한 것도 아니었다. 단 하나의 2차원 미술작품이 전시장의 그 어떤 작품보다 100배가 넘는 공간을 차지하고 있었다. 물 흐르듯 등장한 오선지 위로 음표가 예술적인 형상으로 새겨진 3층 높이의 벽을 상상해보라. 그렇다고 소리나 하모니를 주제로 한 쇼가 아니었다.

오선지의 음표는 특별한 음가나 지속 시간을 표상하지 않았다. 대신 111개의 각 음표는 쇼에 등장한 의상이나 액세서리를 하나씩 나타냈다. 역사나 현대 사회와 복식 간의 관계가 루피의 구성작품 안에서 한 가지 요소로 상징화되었다. 음표의 머리 색깔, 음표의 꼬리 크기는 어떤 해당 품목의 기원이나 사회에 끼친 결과를 의미했다. 그러한 문구 중에는 빨간 4분 음표도 있었다. 악절의 멜로디에 어떤 변화를 암시하는 것은 아니었다. 칼리와 내가 조금 전에 마네킹의 발에서 보았던 '컨버스 올스타' 운동화를 나타내는 빨간 음표였다. 빨간색은 신발이 반란에서 맡은 역할을 의미했다. 악절 중간에 있는 음표의 위치는 패션사의 시간적 위치와 같다. 악보가 왼쪽에서 오른쪽으로 전개될 때, 헤드폰을 대신하는 16분 음표보다 훨씬 앞에 히잡을 나타내는 음표가 있다는 데 주목했다. 몇몇 음표는 바람에 휘날리는 민들레 수술의 손처럼 모여 있었다. 하나는 빨간 립스틱을 대신하고 또 하나는 샤넬 5 향수를, 마지막 것은 남자들의 넥타이를 나타냈다. 벽화의 전설은 이 세 가지 주제를 하나로 묶어서 보여주었다. 그 주제는 바로, 힘이었다. 의상 각각에 담긴 요소와 그 방식은 사회에 대한 이야기를 들려주었다. 루피는 그 이야기를 발췌해 모으고 재가공해서 이렇게 현대예술 자체를 닮은 도식적인 형태로 재생산해냈다. 이렇게 화려하고 거대한 벽화는 기본적으로 인포그래픽infographic이었다. 데이터를 시각화한 것이다.

루피와 그의 파트너인 스테파니 포사베크Stefanie Posavec는 다른 프로젝트에서 만났다. 그 일도 놀랍기는 마찬가지다. 나는 이 둘을 그들의 창작노트, 구체적으로 그들이 창작한 '디어 데이터Dear Data'라는 프로젝트에서 보았다.[1] 루피는 이탈리아 출신으로 현재 뉴욕에서 살며 포사베크는 미국인으로 런던에 산다. 그들은 그래픽 디자이너와 엔지니어, 기자, 과학자가 뒤섞여 모인 행사에서 만났다. 서로 낯설었던 두 사람은 아무 의심 없이 사이버상에서 접속을 시작했다. 두 사람은 공동으로 일일 점검, 지속적인 모니터링, 주간 보고 등이 필요한 계획을 하나 세웠다. 매주 월요일, 한 주의 날수인 7일로 기간을 한정하고 주제를 선정했다. 낯선 사람에게 미소 짓는 횟수, 그들이 지나치는 출입문의 특징, 언제 누구와 얼마나 자주 무엇을 마셨는가, 그들이 품은 질투심의 빈도와 원천, 그들이 해주거나 받는 모든 칭찬, 그들이 깨어 있는 시간에 주변에서 듣게 되는 모든 소리, 하루 중 웃는 모든 시간, 도시에서 보이는 동물들 등등이 주제였다.

매주 주제는 달라졌다. 하루 중 매 순간 긴장을 늦추지 않고 주제와 관계가 있는 사례들을 기록했다. 두 사람은 자신의 결과를 기록하고 서로 공유했다. 하지만 스프레드시트나 그 밖의 수많은 형식에 담지 않고 엽서에 그렸다. 제각기 자신의 경험을, 아무튼 당시로서는 칸딘스키풍의 가치가 담긴 세밀화로 엽서에 표현했다. 우표를 사서 그 엽서에 붙이고 서로 상대에게 우편으로 보냈다.

자신들이 데이터상으로 경험한 한 주간의 일을 상상으로 해석하다 보니, 그것은 뉴욕 현대미술관의 벽화처럼 복잡하게 뒤얽혀 있었다. 각 그림에는 읽기 어려운 글자나 색상, 낙서, 형상의 의미를 해독해야 하는 굉장한 이야기가 깔려 있었다. 포사베크의 신랑이 아내의 마음에 불쾌감 못지않게 사랑의 감정 또한 세 번 이상 불러일으켰음을 루피는 알게 되었다. 포사베크는 루피가 돌아다니면서 쥐보다는 개를 더 많이 본다는 것을 알게 되었다. 뉴욕에서 수없이 지하철을 기다려본 경험으로 보건대 이례적이었다. 이런 세부적인 일상보다 중요한 점은, 어떻게 더 큰 사회적 영역과 연결되는지, 그들의 감정과 어떻게 연관되어 있는지, 어떻게 이 세계를 인식하여 창조하는지 그 행동양식을 알게 되었다는 점이다. 그림문자로 변형된 세부 데이터들이 그들을 서로 친밀하게 만들었다. 매주 예술적 표현이 완성되고 나면 펜팔 친구로 편지에 우표를 붙여 바다 건너 상대편의 주소로 보냈다.

서로 만난 적도 없는 이 두 사람은 공식적으로 약속도 하지 않은 상태에서 만 1년 동안 매일 관리해야만 이룰 수 있는 목표를 달성했다. 피트를 만나기 전 나는 뉴욕에서 독신생활을 했다. 사실 바에서 몇몇 사람을 만나기도 했다. 루피가 포사베크를 만날 때처럼 낯선 사람들이었다. 이들 절대 다수와는 52분의 시간 약속조차 할 수 없었다. 서로 낯선 두 사람이 무려 52주 동안이나 힘든 프로젝트를 이어갔다는 사실이 놀랍기만 하다. 나보다 훨씬 강한 집념의 소유자들이 써내려간 위업이다. 루피와 포사베크는 그들의 작업을 《디어 데이터》에 실었다. 《디어 데이터》는 내부자의 경험이 실린 기록이면서 동시에 두 사람의 엽서가 재탄생된 놀라운 책이다. 뉴욕 현대미술관이 106장의 엽서 원본을 영구 소장품으로 입수하였고 2016년에 이 저서를 출간했다.

좀 더 알고 싶었다. 화상으로 루피를 만나 궁금한 것들을 물어봤다. 그녀는 브루클린의 집에, 나는 맨해튼의 사무실에 있었다. 궁금했던 온갖 것들을 물어보았고, 그녀는 아주 흥미로운 답변을 해주었다. 우연히 자기와 포사베크가 공유한 공통점에 대해서도 얘기해주었다. 두 사람 다 외동딸이었고, 동갑이었으며, 예술적인 꿈을 추구하기 위해 대서양을 건넜다는 공통점이 있었다. 루피는 그러면서 두 사람의 화풍이 시간이 가면서 서로 닮기 시작했다고 전했다. '디어 데이터' 프로젝트를 통해 아이들을 가르치는 방식 혹은 중학생들의 생활에서 추출된 데이터를 조명하는 것이 얼마나 흥미로웠는지, 이런 데이터로 만든 수학 수업을 아이들이 얼마나 기대하는지 등등 이야기했다. 학생들의 열정은 사실상 유니콘 기업의 지위unicorn status를 얻어도 될 정도로 보기 드

           관점 설계

문 수준이라는 것이었다. 어떤 이의 남편에게서 받았던 항의 사태, 만취 상태까지 간 세 번의 성탄절 파티, 어떤 연유로 드러났던 '데이터의 공허' 등에 대해 그녀는 웃음 지으며 이야기했다. 그녀에게 몹시 궁금했던 점을 물어보았다.

"조지아, 당신과 스테파니는 정말 대단한 일을 해냈어요. 많은 이들이 엄두도 못 낼 거예요. 하나의 목표를 세우고 1년 내내 지켜가다가 끝내 완수했습니다. 어떻게 해낸 거죠? 무슨 비결이라도 있었습니까?"

침묵이 이어졌다. 그 찰나에 나는 그녀가 사는 방에 뭐가 있는지 살펴보았다. 왠지 그 순간에 루피가 하려는 대답이 완전히 만족스럽지는 못할 것 같다는 느낌을 받았다.

내 눈에 들어온 풍경은 이랬다. 루피 뒤에는 유리벽이 있었다. 거기에는 포스트잇 메모가 12장도 넘게 붙어 있었다. 나는 은밀하게 배후를 캘 생각이었다. 가능한 한 수상한 사람 취급을 받지 않고 은근히 염탐하려는 기대로 곁눈질했다. 위에서 아래로, 왼쪽에서 오른쪽으로 점진적으로 나아가는 사각형들이 그려진 스케치가 보였다. 루피 작품의 진화를 기록한 스토리보드였다. 다음 순간, 루피의 눈에는 내 배경이 어떻게 보일까 하는 데 생각이 미쳤다. 내 사무실 의자 뒤로는 캐비닛 위에 서류 뭉치가 너무 어지러이 흩어져 있어 뭐가 뭔지 구분조차 불가능했다. 그 밑 카운터에 아무렇게나 쌓인 잡동사니들도 마찬가지였다.

내 예감은 맞아떨어졌다. 내가 조언을 구했을 때 그가 보인 반응으로 추측건대, 루피는 큰 목표를 달성하는 데 그다지 힘을 들이지 않는 것 같았다. 프로젝트를 지속하고 끝까지 해내는 능력을 의심해본 적도 없는 듯했다. 비록 깨어 있는 매 순간 생각했겠지만, 꿈을 실현하기 위해서 생활을 바꿀 필요도 없었으리라. 일상 경험에서 늘 뭔가를 지속적으로 세거나 그림으로 표현하고 있었기 때문이다.

다시 루피와 연락했을 때는 스토리보드에 관해 물었다.

"프로젝트를 진행하면서 떠오른 첫 아이디어를 되새겨보는 걸 좋아해요. 그리고 그런 아이디어가 곁에 있으면, 프로젝트 기간에 일이 어떻게 진행되는지 잘 알 수 있죠."

루피의 말에, 난 그것이 천재적인 작업이라고 생각한다고 했다. 프로젝트 상황을 파일함에 넣어 보관하기보다 유리벽에 붙여놓고 매일 바라보는 것이 구체화를 통찰한 시스템일지도 모른다고 했다. 이 말을 듣고 루피가 웃었다. "그저 내 스케치를 좋아할 뿐이에요." 그녀가 미학적인 선택을 했음을 나는 의심치 않는다. 그녀는 개인적인 취향으로 여기고 있으나 실제 성공에서 핵심적인 요소라고 확신한다. 스토리보드에 붙여놓은 것들은 해야 할 일을 피부에 와닿게 하는 도구다. 그로 인해 진행 중인 프로젝트를 시각적으로 추적할 수 있고 전개 과정을 눈으로 볼 수 있다. 루피는 습관적으로 자신의 주변을 시각적인 영감과 진행 과정의 증거들로 채워놓았다.

그다음, 나는 포사베크를 재촉해 조언을 구하기로 결심했다.

그러면 조금 더 가까이 그녀에게 다가갈 수 있으리라. 그녀의 엽서에 담긴 기록에는 얼룩이 남아 있었다. 선을 그어 실수를 지운 것으로, 일상이 엽서 작성을 방해한 흔적이었다. 그녀는 철자가 틀린 것을 벌충하려고 그림 아래에 보충 설명을 달았다. 그 비켜난 수직선은 내 일상의 모습을 반영하는 비유인 듯도 했다. '그럴듯해.' 나는 생각했다.

나는 포사베크에게 이메일로 '디어 데이터'에 관해 얘기해 달라고 부탁했다. 내가 겪은 구조적인 실패들을 시시콜콜 늘어놓으며 하소연하고는, 루피의 포스트잇 기록이 부러웠다고 고백했다. 포사베크는 내가 사는 곳에서 6시간이나 시차가 나는 곳에서 갓난아기를 키우며 가정과 직업, 양쪽 생활을 병행하는 중이었다. 아마 나의 자기비하가 호소력이 있었나 보다. 포사베크는 답신을 보내왔고, 대화를 나눌 기회가 마련됐다. 먼저, 목표를 하나 세우고 추진한다고 가정할 때, '조지아 루피와 에밀리 발세티스의 스펙트럼' 사이 어디쯤 그녀 자신이 위치한다고 생각하는지 물었다. 그리고 (만일 그녀가 이 문제에서 에밀리 발세티스 쪽에 더 가깝다면) '디어 데이터' 활동을 시각화하는 데 무엇이 도움이 되었는지 물었다. 포사베크는 정말 친절해서, 그녀의 대답은 무엇보다 나의 자아를 달래주고 위로해주려는 듯 느껴졌다. 그녀는 "나는 분명 에밀리 쪽에 더 가까워요. 물론 조지아와 오랫동안 작업하면서 (조금 더) 조지아 쪽으로 이동하긴 했지만요"라고 답했다. 우리 인간은 살면서 조금은 조지아 쪽이 필요한지도 모른다.

그런데 포사베크가 던진 또 다른 문제가 뇌리를 떠나지 않았다. 그녀는 매주 자신에게 동기를 부여해주고 지속적으로 영감을 주었던 것을 하나 언급했다. 그것은 전 주에 루피가 보낸 엽서를 보는 일이었다. 우표를 붙인 다음, 뉴욕에서 항공우편으로 보낸 엽서가 바다를 건너 영국우정공사 편에 집으로 배달된다. 그 엽서는 문 앞 도어매트 위에 도착해 있다. "매주 주말이 지나면 어김없이 매트 위에 놓인 그 엽서를 보게 되었죠……."

도어매트는 생각 이상으로 믿을 만하다. 하나의 틀이 어떻게 내용을 부각시키고 중요한 일에 직접 초점 맞추게 하는지 말해주었다. 도어매트는 스테파니의 동기부여에 상당히 중요한 포인트였다. 그의 문간에는 신발도 있고, 우산, 열쇠꾸러미, 핸드백들도 있다. 이런 상황에 작은 엽서 한 장이, 쉽게 지나칠 수 있는 모든 것들의 한가운데 떨어졌다. 도어매트가 매주 당도하는 엽서를 부각시키는 역할을 한 것이다. 그리고 본래의 목표에 초점을 맞추도록 해주었다. 그 도어매트는 이 두 사람이 힘을 내도록 영감을 주는 무언가에 형체를 부여했다. 구체화의 도구 외에도, 우리에게는 틀짜기에 활용할 수 있는 시각적 전략이 있다. 말과 마차, 혹은 공이와 절구의 조합처럼, 사람은 혼자서 할 일도 함께하면 훨씬 많은 것을 성취하는 법이다.

시각적 틀의 힘

로렌 오그레이디Lorraine O'Grady는 우편집배원도 아니고 데이터를 전파하는 사람도 아니다. 내가 볼 때, 펜팔 소질이 다분하지만 그 쪽으로 재능이 알려진 건 아니다. 그녀는 시각 예술가다. 그 방면으로 성공을 거두었다. 뉴욕 현대미술관이나 시카고 미술관, 로스앤젤레스 카운티 미술관의 영구 소장품 전시관에서 그녀의 작품을 볼 수 있다. 그녀는 미국에서 가장 비중이 큰 아트페어라고 할 아트 바젤 마이애미비치에서 단독 전시회를 열기도 했다. 또 파리 트리엔날레에 선정되기도 했으며 2010 휘트니 비엔날레에 초청된 단 55명의 미술가 중 한 명이기도 했다.

오그레이디가 경력상 이런 영예를 안은 것은 북부 맨해튼을 예술작품처럼 꾸미고 난 뒤부터였다. 1983년 9월, 아프리카계 미국인의 날 행진 기간이었다. 오그레이디는 거대한 금빛 프레임(틀)을 만들어 고풍스러운 장식 수레 위에 얹었다. 이 프레임을 지탱하는 기단에는 "ART IS…(예술은…)"라고 쓰여 있었다. 재즈 시대의 녹슨 간판, 누비안 델리 스낵바, 파란 페인트가 칠해진 목제 바리케이드가 늘어서 있고, 반짝이는 간판이 호텔방 임대를 알리던 할렘 거리는, 수레가 덜컹거리며 지날 때마다 금빛 프레임 안에 들어왔다. 흑인 아이들, 그 아이들의 부모들, 동네 사람들이 잠시 동안 거대한 틀 안으로 들어갔다. 축하와 포용의 정신 속에서,

5장 • 눈에 보이면 마음에 담긴다

금박을 입힌 이 장식은 그곳을 통과한 모든 것에 프레임을 씌워주고 '예술'이라는 딱지를 붙였다.

당시 오그레이디는 이것까진 미처 몰랐을 수 있다. 그의 금빛 프레임은 누가 뮤즈 역할을 할 수 있는지에 대해 예술계의 생각을 뒤바꿔놓았다. 〈ART IS…〉라는 작품은 현대미술계에 퍼져 있는 인종 불평등이라는 문제를 부각시켰다. 할렘처럼 상대적으로 빈곤한 지역은 예술에 어울리는 곳이 아니었다. 주말에 평상복 차림으로 길가에 앉아 동네를 지나가는 행렬이나 구경하던 보통 사람들이 미술관에 나타난 셈이었다. 백인 동네가 아니었다. 오그레이디는 훗날 자신의 작품을 되돌아보며 이렇게 말했다. "하나의 틀과 카메라에서 나오는 힘이 어떤 건지 처음에는 다 이해하지 못했던 것 같아요."

틀은 강력하다. 긴장하는 미 의회의원들에게 1월 첫 근무일에 도움을 요청하면 그 힘을 알 수 있다. 혹시 여러분은 새해와 더불어 시작되는 입법 행위 때문에 의원들이 불안해한다고 짐작할지 모르겠다. 달력이 새해로 넘어가면서 혹은 공식적으로 납세일의 카운트다운이 시작되며 들어가는 입법 말이다. 그런데 그게 아니다. 불안은 좌석 배치도에 있다.

의회 회기가 시작될 때마다 미 상원의원들은 의사당에서 가장 좋은 자리를 차지하려고 경쟁한다. 논쟁을 벌이는 동안에도 어디에 자리 잡을지 심사숙고한 다음 정확하게 그들이 원하는 자리를 찾는다. 의회의 책상은 제각기 고유번호가 매겨져 있고 고유한 역사 기록을 담고 있다. 1900년대 초반까지 거슬러 올라가 거기 앉았던 역대 상원의원들의 이름을 각 책상 서랍에서 볼 수 있다. 매직펜으로 쓰거나 그냥 펜으로 쓴 것도 있다. 그리고 공화당 상원의원 라마 알렉산더Lamar Alexander처럼, 클립으로 나무에 새긴 이름도 있다.

어떤 상원의원들은 역사를 기준 삼아 자신의 자리를 선택한다. 메인 주의 공화당 상원의원인 수전 콜린스Susan Collins는 상원에서 여성의원으로 가장 오래 재임한 마거릿 체이스 스미스Margaret Chase Smith가 앉았던 자리를 원했다.

어떤 의원들은 간식을 우선적으로 고려해 자리를 선택하기도 한다.[2] 상원의원들은 의사당에서 식사를 할 수 없다. 그렇기는 해도 24번 책상의 경우, 50년 전에 캘리포니아에서 단임을 기록한 공화당 상원의원 조지 머피George Murphy가 전통을 세운 뒤로 의원들이 외출한 길에 들고 온 초콜릿과 캔디가 쌓여 있곤 했다.

일반적으로는 전망 위주로 자리를 택한다.[3] 그들이 바라보는 전망이 아니다. 자신이 다른 사람의 눈에 보이는 전망을 말한다. 오린 해치Orrin Hatch는 공화당 역사상 어느 의원보다 더 오래 상원에 있었다는 이유로 원하는 자리에 앉을 자격을 부여받았다. 그는 다수당 원내대표의 바로 뒷자리를 골랐는데, 양당이 충돌할 때 바로 행동에 돌입할 수 있는 통로 쪽 자리였다.

유타 주의 공화당 의원인 그는 "내가 늘 통로에 가까운 자리를 고집한 것은 여러분의 의견을 표출하기 위해서였습니다. 상황이 아주 심각할 때는, 눈에 띄는지 여부가 승패를 가르는 분수령이니 말이죠"라고 했다.

이사회의 간부들이나 수업에 열중하는 학생들 혹은 예술가 로렌 오그레이디처럼, 오린 해치는 틀을 갖춘 모습으로 비치는 게 중요하다는 것을 안다. 의사당에서 가장 인기 없는 자리는 마치 오래된 브로드웨이 극장처럼 가장 뒤쪽의 구석 두 자리다. 기자석에서 보통 그 자리에 앉는 최연소 의원들을 보려면 자리에서 일어나 난간 너머로 보아야 한다. 가장 좋은 위치는 앞쪽의 중앙 통로 옆 자리다. 이곳의 좌석들은 의원들의 발언권을 결정하는 의장이 볼 때 오른쪽에 있다. 정치적 부동산의 경우, 도심의 아파트나 교외의 주택이 그러하듯, 중요한 것은 첫째도 위치, 둘째도 위치, 셋째도 위치다. 의원들이 어디에 앉는가에 따라 그가 의회에서 가장 막강한 권한을 가진 자의 시야에 들어오느냐, 거기에서 멀어지느냐가 결정된다. 그 틀의 안이냐, 밖이냐가 좌우된다는 말이다.

마찬가지로 오그레이디의 미술품에 들어간 금빛 프레임 안이나 아파트 내부의 도어매트의 경계선으로 둘러싸인 곳에서도, 시각적인 틀 안이 결정적인 기준이다. 우리 인간은 하나의 틀을 통해 세상을 바라보기 마련이다. 우리는 그 틀 안에서 보이는 것을 중요하다고 간주한다. 틀 밖에 있는 것은 전혀 그렇지 않다. 다수당 원내대표가 틀 안에 있다고 인지하는 사람은 누구나 눈에 띄어 발언권을 얻는다. 예술가가 작품을 떡갈나무 테두리를 씌운 캔버스에 배치하면, 금전상의 평가를 받고 사회적인 가치가 매겨진다. 틀을 통해 어떤 정보는 부각되고 나머지는 배제된다. 틀은 중요한 것에 대한 사람의 인식을 형성한다. 그야말로 사람의 마음을 움직인다.

맹점의 생물학

사람은 누구나 자신을 둘러싼 것 중 일부를 안 보이게 만드는 자연스러운 틀짜기를 경험한다. 우리의 내면에 틀이 박혀 있기에 이 현상을 고치기는 어렵다. 잠시 해부학 교실로 가보자. 사람의 눈 내부는 초박막의 세포판이라고 할 망막과 연결돼 있다. 망막은 외부 세계에서 눈으로 들어오는 빛에 민감하다. 사람의 망막에는 시신경으로 연결되는 작은 반점이 있다. 눈에서 뇌로 메시지를 보낼 때 통로 역할을 한다. 그 접촉 지점에는 빛을 감지하는 세포가 충분하지 않다. 만약 이 세포가 없으면, 망막에 들어오는 정보는 무엇이든 그곳에서 사라진다. 바로 이것이 누구의 눈에나 있는 망막의 맹점이다.

망막의 기능을 확인하기 위해 다음과 같은 연습을 해보자.

다음 페이지에 ×자와 작은 원이 하나씩 있다. 이 부분을 눈 높이에 맞추거나 그 사이에 눈을 맞춰보라. 이어 왼쪽 눈을 감는다. 왼쪽 눈을 감은 상태에서 오른쪽 눈은 ×에 초점을 맞추되 오른쪽의 점도 엿본다(점을 안 보기는 어렵겠지만, 오른쪽 눈의 초점은 ×에 맞춘다). 그런 다음, 페이지를 가깝게 당겼다가 멀리 떼었다가 해보라. 어느 시점에 당신이 오른쪽으로 곁눈질하던 점이 사라질 것이다. 그 점이 오른쪽 맹점과 완벽하게 일직선상에 있기 때문이다.

일상생활에서 망막의 맹점은 거의 문제가 되지는 않는다. 사람의 마음이 그것을 감추려고 애쓰기 때문이다. 설사 그렇지 않다 해도 그리고 이에 대해 미처 모르는 상태에서도, 사람의 눈은 주변의 다양한 부분에 틀을 씌우면서 1초에도 몇 번씩 안절부절못한다. 그러면 뇌가 눈이 틀을 씌운 것 속에서 일어나는 모든 미세한 변화들을 결합시킨다.

우리의 몸이 우리의 틀을 직관적으로 그리고 자동적으로 변화시키도록 진화했다면, 우리는 시각적 틀을 통제할 수도 있다. 우리 인간은 자신의 행동을 바꾸기 위해 틀짜기 도구를 활용하도록 스스로 교육할 수도 있다. 우리가 보는 것이 우리가 하는 것에 영향을 주기 때문이다. 어린 아기에게 인사할 때, 우리 목소리는 절로 커진다. 전기요금 고지서를 볼 때, 또 이웃들이 나와 비교해 얼마나 에너지를 아끼는지 알 때, 우리는 불을 끄고 에어컨도 끈다.[4] 강타자 에런 저지Aaron Judge가 신인이었던 시절, 홈런을 추가할 때마다 우리의 환호성은 점점 열광적으로 변했다. 양키스를 응원한다면, 레드 삭스의 외야수 무키 베츠Mookie Betts의 화려한 플레이에 우리 함성은 기가 죽는다. 우리 주변의 누군가를 혹은 뭔가를 볼 때, 우리의 지각 경험은 우리의 행동에 직접 영향을 준다.

사실 사람의 눈과 뇌는 우리가 보는 것과 행하는 것이 짝 짓도록 특별히 설계가 되었다. 사람의 뇌 속에는 과학자들이 배측 경로dorsal pathway라고 부르는 신경 연결망이 있다. 배측 경로는 시각적 경험을 신체의 다른 기관으로 빠르게 옮겨 동작하도록 설계되었다. 우리가 눈으로 느끼는 감각은 일차 시각 피질로 이동한다. 여기서 뇌는 테이블의 날카로운 모서리나 의자의 둥근 팔걸이처럼 눈앞에 있는 모든 기본 조각들을 기록하고 상세한 지도를 만든다. 중요한 것은, 뇌가 이 각각의 조각들이 서로 그리고 우리 자신과 관계하는 위치 정보도 기록한다는 것이다. "날카로운 부분이 가까이 있다" 또는 "저 둥근 모서리는 오른쪽으로 멀리 떨어져 있다"고 뇌는 기록한다. 뇌는 이 정보를 100분의 1초 안에 두정엽과 운동 피질로 보낸다. 뇌 피질의 주요 4분면 중 하나인 두정엽은 사람의 모든 감각에서 오는 정보를 통합한다. 두정엽은 또한 우리가 접촉하는 것을 이해하게 하는 활동을 한다. 운동 피질은 실제로 우리가 사지를 움직이게 도와준다. 우리가 눈을 통해 받아들이는 것이 거의 순간적으로 뇌의 일부와 연동이 된다는 의미다. 이 영역은 팔이나 손, 다리의 운동을 담당하며 날카로운 모서리를 피하거나 의자에서 좀 더 푹신한 쪽으로 움직이게 눈과 조화를 이룬다.

1909년 헝가리의 의사 레죄 발린트Rezsö Bálint는 운동실조 ataxia라 불리는 신경장애를 앓는 남자의 흥미로운 사례를 소개했다.[5] 배측 경로가 교란되는 증상이었다. 기차 궤도를 상상하면 이해하기 쉽다. 이 환자가 경험한 증상은 기차 궤도를 이리저리 흩트려놓는 지진과도 같다. 환자는 발린트를 찾아와 오른손이 잘 듣지 않는다고 했다. 담뱃불을 붙일 때, 담배 끝이 아니라 중간에 붙이게 된다는 것이었다. 이 일이 왜 아주 이상하냐면, 왼손으로 하면 정확한 위치에 불을 붙였기 때문이다. 고기 조각을 자르는 것도 해보았다. 그는 왼손에 포크를 잡아 고기를 고정시켰지만, 나이프를 쥔 오른손은 접시 위까지 오지 않았다. 그가 쥔 나이프는 접시의 경계를 벗어나 엉뚱한 곳에서 움직이고 있었다. 더 이상한 일은, 오른손에 문제가 없는 듯 보였다는 데 있다. 그는 두 눈을 감은 상태에서는 의사의 지시에 따라 오른손으로 신체의 다른 부분을 짚을 수 있었다. 이 발견은 무엇을 의미하는가? 발린트의 환자는 근육이나 신체 운동에 문제가 없었다. 단지 눈으로 대상을 보고 상호작용할 때, 뇌의 내부와 신체가 연동하는 방식이 문제였다.

신체 각 기관이 충분히 건강하고 신경이 알맞게 연결 기능을 수행하면, 우리가 눈으로 보는 대로 우리의 행동 또한 결정하는 역할을 잘해낸다. 이를 자동성automaticity이라고 한다.[6] 이 자동성이 최선의 의도를 거스를 수 있지만, 동기부여를 위한 싸움에서 해결책이 될 수도 있다. 어떤 행동은 우리의 범위 안에 들어오는 자극 요인이나 단서에 의해 저절로 촉발되기도 하며, 우리는 때로 이를 인식하기도 하고 못 하기도 한다. 이러한 행동이 우리가 원했던 선택과 상반되거나 추구하려는 목표와 상충될 때, 계획은 실패한다.

예를 들어 어머니와 함께 저녁식사를 하러 외출했다고 가정해보자. 예전부터 음식을 남기지 말라고 잔소리 해왔던 사람이 테이블 건너편에 앉아 있으면, 이튿날 점심을 위해 남겨두려고 했던 앙트레까지 먹어치우게 된다. 구석진 곳에서 담뱃불을 붙이는 사람 곁을 지나칠 때, 금연을 시도하는 사람이 유혹당할 수도 있다. 베개에 머리를 파묻고 있다가 문자가 왔다는 알람 신호를 보면, 인터넷 중독 습관을 줄이려고 결심했으나 마지막으로 메시지를 확인하고 싶은 유혹을 느낄 수도 있다. 유소년 야구 게임을 보러 갔다 치자. 다른 학부모들과 똑같이 하다 보면, 소리를 크게 지르거나 경기장 안으로 힘껏 아이를 밀어 넣고 있는 자신을 발견할지도 모른다. 퇴근 후에 동료들이 곧장 술집으로 한잔하러 가는 것을 보기만 해도, 참을성이 없어져서 따라 나설 수 있다. 다시 말하지만, 우리가 시각적 틀을 배치시키는 방법은 우리가 보는 것에 영향을 주고 우리가 취하는 행동과 연결될 수 있다.

여기서 월마트의 수수께끼를 한번 보자. 2008년 미국은 경제 붕괴로 인한 직접적인 여파에 시달렸다. 100만 명에 가까운 사람이 새해를 앞두고 집을 압류당했다. 일자리를 잃은 사람은 250만 명이 넘었다. 대다수 미국인의 지갑은 불황으로 인해 이전에는 느껴보지 못했을 정도로 얇아졌다. 다우존스 산업평균지수는 1년 반 만에 50퍼센트 이상 하락했다. 불황으로 인한 타격은 노동계급이 가장 혹독하게 받았지만, 전국 최대의 소매업체인 월마트의 주가는 기록적인 가치 상승을 보였다. 사실 월마트 주식은 2008년 한 해에 가치가 상승한 다우존스 두 종목 가운데 하나였다. 미국인의 지갑은 평균 3분의 1 정도 가벼워졌음에도 불구하고 그들이 차 뒤에 싣고 다니는 파란색 비닐 쇼핑백의 수는 늘어나고 있었다. 왜 그랬을까?

혼란 전략이다.

월마트는 언제나 의도적으로 통로 한가운데 세제나 할인하는 레깅스 같은 제품의 대형 상자들을 옮기는 화물 운반대를 놓아두어 마치 쇼핑의 과속방지턱 같은 느낌을 주었다. 꼭 고의로 그러는 것처럼 월마트의 선반은 물건으로 그득하다. 주스 통로는 주스 상자로, 옥수수 캔디 통로는 옥수수 캔디로 가득하다. 가정용품 매대는 심지어 베이컨 향이 나는 베개로 가득하다. 고객이 눈으로 보기 전에는 생각지도 못하던 품목으로 선반을 그득 채우는 전략이다(그리고 내 경험으로 말하자면, 이런 것들을 구매하고 나서는 정말로 원했던 것인지 의아할 때가 많다). 이런 진열 방식은 일종의 시각적인 불협화음으로 염가 제품만을 고집하는 까다로운 고객들까지 유혹할 만큼 위력적이다.

월마트의 판촉 역사를 돌이켜보면, 회사가 군살을 뺀 시각적 경험을 적용했던 짧은 시기가 있었다.[7] 이때는 물건도 줄이고 운반대도 줄이고 선택의 폭도 줄였다. 고객들이 더 즐거운 쇼핑을 했다고 반응한 것은 놀랍지 않다. 눈이 더 편했기 때문이다. 그러나 초대형 선반을 치우고 재고를 줄이자 고객의 구매량이 줄었다. 그래서 화물 운반대가 다시 등장한 것이다. 양쪽 통로 끝에도 다시 진열대를 설치했다. 소매 마케팅 컨설팅 업체 선임 부회장인 벤 디산티Ben DiSanti는 "거기서 유혹을 느낀다면 추가 매출로 이어지는 겁니다"라고 설명했다.

이 유혹은 우리 지갑에만 영향을 주는 게 아니다. 이런 시각적 진열의 효과는 허리 높이에도 있다. 연구진은 피츠버그의 쇼핑객 1,000명을 상대로 방문조사를 실시했다.[8] 신선한 과일이나 채소, 건강을 지향하는 대안적 식품을 접하기 어려운 이른바 전형적인 '식품사막food deserts'에 사는 주민들이었다. 설문에 참여한 사람들은, 자신의 키와 몸무게를 적고 그들이 쇼핑하는 곳의 특징을 말해달라고 요청받았다. 이어 연구진은 참가자들이 사는 동네의 점포 전체를 조사했다. 연구진은 특히 통로 끝 진열대와 대형 판매대, 계산대 부근 진열대에 있는 식품의 특징을 집중적으로 살펴보았다. 설탕이 들어간 음료와 캔디가 보였다. 고형유 함량이 높은 간식, 지방, 첨가당 등이 들어간 식품인지 아닌지도 검사했다. 또 진열대에 통밀 제품이나 신선한 물품이 있는지도 살폈다. 연구진은 이 지역의 주민들이 식품점에서 매월 설탕이 든 음료 약 14~15종에 노출되어 있고, 그중 4종 이상 할인 판매 중이라는 것을 확인했다. 또 고지방 및 첨가당 식품은 28종이나 시야에 들어왔다. 이렇게 눈에 잘 띄는 곳에 진열된 식품이 이 동네의 평균 쇼핑객의 전반적인 건강에 영향을 준다는 사실은 놀랍지 않다. 통계 분석 결과, 설탕이 들어간 음료가 있는 통로 끝 진열대에 많이 노출될수록 쇼핑객들의 체질량 지수가 올라갔다. 주민들이 일주일에 평균 3회 이상 쇼핑했기에, 건강에 안 좋으면서 눈에 잘 띄는 곳에 진열된 식품에 노출된 효과는 매월 체중이 1.1킬로그램씩 불어나는 것과 같았다.

물론 기업들은 벤 디산티가 설명하는 것이 무슨 의미(고객은 보는 것을 산다는 것)인지 안다. 그런 제품이 고객들의 건강을 해친다는 것을 알면서도, 영리를 추구하는 기업들은 매출의 틀을 짜기 위해 선반 구조를 이용한다. 2011년 미국에서 담배 회사들이 광고 예산의 80퍼센트가 넘는 70억 달러를 소매점에 지불한 것도 그들의 제품을 매장에서 가장 붐비는 계산대 부근 고객의 눈높이에 맞춰 진열하기 위해서였다.[9] 이런 제품 배치 전략은 탄산음료 회사에도 통했다. 영국 북부의 주요 슈퍼마켓의 연간배출을 분석한 연구팀은 탄산수를 통로 끝 진열대에 배치하자 연간 매출이 50퍼센트 이상 증가한 것을 발견했다.[10] "세 개 사면 한 개 무료" 같은 판촉 작전을 쓸 때 이런 형태의 매출 증가가 생겼다.

물론 규제를 담당하는 당국은 이 모든 것을 알고 있다. 어떤 정부는 대응 조치를 취하기도 했다. 예를 들어 2009년, 오스트레일리아의 대부분의 주에서는 계산대 부근 담배 진열을 금지했다. 이런 법적인 변화는 청소년 흡연율의 감소 추세를 선도했다. 정부가 매장 계산대 부근의 담배 광고를 금지한 이후, 흡연 경험이 전혀 없던 12~24세의 오스트레일리아 청소년 중 한 명이 흡연자가 될 확률은 27퍼센트가 떨어졌다.[11]

눈높이를 맞추면 건강이 보인다

틀, 그리고 틀이 선택에 미치는 영향이 모두 나쁜 것은 아니다. 우리 인간의 시각적 환경은 틀 안에 있든 밖에 있든, 건강과 복지를 증진하는 방향으로 우리를 밀고 가기도 한다.

2010년에 앤 손다이크Anne Thorndike 연구팀은 매사추세츠 종합병원에 있는 카페를 실험장으로 꾸몄다. 그리고 시각적 틀이 식사 메뉴 선택에 어떻게 영향을 미치는지 조사했다.[12] 첫 단계는 은밀하게 시작되었다. 연구진은 실험 3개월 전에 카페의 주문 기계를 통해 카페를 찾는 사람들이 구매하는 식품의 유형을 확인하고 기록하기 시작했다. 그런 다음 연구진은 다른 색깔의 꼬리표를 붙이기 시작했다. 과일이나 채소, 저지방 단백질 같은 식품에는 녹색 꼬리표를 붙였다. 가장 건강한 품목을 의미했다. 그보다 영양이 떨어지는 품목에는 노란 꼬리표를 붙였고, 영양가가 적거나 아예 없는 것에는 빨간 꼬리표를 붙였다. 한두 달 뒤에 연구진은 카페의 선반 내용물을 재배치했다. 녹색 꼬리표가 붙은 식품은 눈높이에 배치했고 노란색과 빨간색 꼬리표가 붙은 식품은 눈높이에서 더 높거나 더 낮은 곳으로 시야에서 멀리 배치했다.

이렇게 변화를 주고 나서 24개월 후에 연구진이 고객의 구매 특징을 다시 분석했다. 결과는 놀라웠다. 전체적으로 녹색 꼬리표의 식품(가장 건강한 식품)은 최초의 관찰 기간에 비해 구매량이 12퍼센트 증가했다. 그뿐만 아니라 건강에 안 좋은 빨간 꼬리표 품목의 구매량은 20퍼센트 줄었다. 사람들이 가장 빈번하게 기피한 품목은 설탕이 들어간 음료였다. 이런 비영양 음료의 구매량은 39퍼센트나 떨어졌다. 노란색과 빨간색 꼬리표 품목을 선반에서 잘 안 보이는 곳에 진열하니, 소비자들에게 시각적 경고의 의미를 주었으며 그런 식품을 외면하는 데 일조했다.

구글도 가벼운 변화를 주어 이와 똑같은 현상을 경험한 적이 있다. 얼마 전, 구글은 커다란 문제에 직면했다. 직원 수가 증가하는 것에 비례해 그들의 허리둘레도 굵어졌다. 구글에 입사한 직원은 다양한 시설을 누렸다. 가장 인기를 끄는 분야는 무료 음식일 것이다. 이 회사는 자체적으로 다양한 푸드 트럭을 운영한다. 핵과가 들어간 부라타 샐러드나 훈제 연어와 딜 크림을 곁들인 난 빵 같은, 아주 맛난 요리가 풍성히 만들어진다.[13] 사무 공간 안에 있는 카페테리아에서는 구운 가리비나 파르메산 치즈, 오징어 먹물 라이스, 잎새 버섯과 바나나 치즈케이크 같은 요리를 제공한다. 그리고 일상적인 세 끼 식사 사이에 나오는 간식마저 네 번째 식사라고 해도 좋을 만큼 풍요롭다. 예를 들어 구글의 뉴욕 사무실은 각 층마다 음료 휴게실이 있으며 이곳은 M&M 제품이나 각종 초콜릿, 견과류, 쿠키, 그래놀라 바, 각종 칩, 프레첼, 맥주 같은 것으로 가득 차 있다. 이 연구 기간에는 물 한 병을 집어드는 것도 칼로리 섭취로 이어졌다. 직원들은 물 한 모금 마시려고 들른다 해도, 단 것이나 짠 것을 한 움큼 집어가기 때문이었다.

지나치게 유혹적인 이런 서비스가 항상 눈에 보인다는 것이 문제였다. 그래서 구글은 직원들의 시각적 틀에 들어온 것을 바꾸기로 했다. 건강에 좋지 않은 영향을 끼치는 '매력'에 변화를 주려고 한 것이다. 뉴욕 사무실의 간식 휴게실 담당자는 눈높이에 들어오는 선반을 물병으로 채우고 설탕이 들어간 탄산수는 냉장고 바닥이나 반투명 유리 뒤에 배치했다.[14] 간식 담당자들은 채워 넣던 것과 지금 채워 넣은 것을 비교해보고, 직원들이 전에 비해 물병을 집을 가능성이 50퍼센트 정도 늘어났다고 보고했다. 설탕이 들어간 음료를 선택할 비율은 조금 줄었다.

간식 담당자들은 또한 건강에 안 좋은 간식을 잘 안 보이게 배치해 직원들의 시선을 방해했다. 초콜릿은 불투명 용기에 보관하고, 말린 무화과나 피스타치오같이 건강에 좋은 품목은 투명 유리 단지에 보관했다. 그러자 구글 뉴욕 사무실에서만, 이후 7주가 지나는 동안 M&M 초콜릿 소비가 310만 칼로리나 줄었다. 구글은 유혹의 요인을 시각적 틀 밖으로 내보냄으로써, 사실상 주의와 행동 사이의 연결고리를 분리해낸 것이다.

시각적 틀이 건강한 선택에 영향을 준다는 사실을 당연히 구글만 아는 건 아니다. 식품이 미치는 영향이 기술기업 사회에만 있는 고유한 문제도 아니다. 이를테면, 필라델피아와 윌밍턴, 델라웨어에서는 비영리 건강운동단체, 슈퍼마켓 경영자들이 공동으로 연구팀을 조직해, 저소득 주민들이 건강한 식품을 선택하도록 장려한 적이 있다.[15] 대상은 음식이 무료로 제공되지 않는 회사에서 일하는 주민들이었다. 이들은 협력 체제를 구축한 뒤 브레인스토밍 하는 등 건강한 시각적 환경을 조성했다. 특히 생수 매출에 영향을 주려고 했다. 정교한 시각적 풍경을 위해 이들은 상호촉진cross-promotion과 주요 배치prime placement라는 두 가지 마케팅 기술을 사용했다. 이전에 매장 직원들은 생수병을 탄산수 통로의 사각지대에 쌓아놓았다. 계산대 줄 끝에 있는 냉장고에는 물이 이제 잘 보이고 꺼내기 쉬운 맨 위에 배치되었다. 탄산수는 대부분의 성인들의 시야를 벗어난, 높거나 낮은 곳으로 밀려났다.

생수 배치 변화가 어떤 차이를 만드는지 알기 위해 연구팀은 서로 비교할 매장 집단이 필요했다. 같은 동네에서 같은 고객층을 유치하는 매장을 선정해 비교했다. 이 매장들의 관리자는 생수병을 어떻게 진열하는지에 관해서는 어떤 지침도 받지 않았다. 그저 늘 해오던, 그래서 익숙한 방식을 사용했다.

이어 관리자들은 생수를 얼마나 많이 팔았는지 기록했다.

이 흐름을 추적하는 동안, 그들이 원하는 대로 통로와 냉장고를 채운 매장에서는 생수 매출이 17퍼센트 감소했다. 그러나 쇼핑객의 시각적 틀에 맞춰 진열한 매장에서는 매출이 10퍼센트 증가했다. 슈퍼마켓 판매 촉진에 관한 또 다른 연구에서도 비슷한 결과가 나타났다.[16] 관리자들이 과일을 계산대에 더 가까운 곳에 배치하자, 과일 구매량은 70퍼센트 정도 증가했다. 과일이 시각적 틀 안에 들어오자 소비자들은 그쪽으로 달려들었다. 그러나 시각적 틀 밖에 있을 때는 그렇지 못했다.

마이클 블룸버그Michael Bloomberg는 세계에서 열한 번째 가는 부자다. 순자산이 500억 달러가 넘는다. 그중 절반을 앞에서 말한 워런 버핏의 '기빙 플레지'의 일환으로 기부하기로 약속했다. 블룸버그는 자신의 이름을 딴 글로벌 금융서비스 및 매스미디어 소프트웨어 회사를 설립했다. 그가 사업에서 보여준 면모는 전설적이었다. 정치에서도 마찬가지였다. 그는 세 번이나 연속해서 뉴욕 시장을 역임했다. 시장으로 재직하는 동안, 그는 시민들의 기대수명을 높이고자 법을 개정하고 공중위생 캠페인을 벌였다. 뉴욕 혹은 전국적으로 15개 이상의 지점을 운영하는 시내의 모든 식당에 적용될 법을 새로이 제정했다. 메뉴의 가격처럼 칼로리 수치도 눈으로 분명히 볼 수 있게 표시하도록 한 법이었다. 온갖 규모의 체인점을 생각해보라. 맥도날드나 스타벅스 같은 곳에서는 이미 웹사이트나 식당가의 포스터, 차림표 등에 칼로리에 대한 정보를 제공했다. 하지만 이제는 각 식품의 칼로리 비용을 금전적 비용만큼 쉽게 볼 수 있어야 했다. 칼로리를 볼 수 있다면, 선택이 달라진다는 것이 블룸버그의 설명이었다.

소비자가 건강에 좋지 않은 음식을 선택하지 않게끔 정보를 밝힌 정책처럼, 블룸버그는 또 다른 위험 요인의 비중을 줄이고자 애썼다. 시내 식당, 술집, 공원, 광장, 해변에서 금연 조치를 단행했다. 이런 조치가 성공을 거두자 블룸버그는 시의회를 움직여 상점에서 담배를 진열하지 못하도록 조치했다. 상점마다 담배를 안 보이는 곳에 두는 게 목표였다. 단, 성인의 구매나 재고 보충 기간은 예외로 두었다. 담배는 이제 캐비닛이나 서랍, 계산대 밑, 커튼 뒤에 보관되어야만 했다. 물론 시에서 담배 진열 제한 정책을 강력하게 밀어붙인 것은 아니다. 다만 시장은 상점주들이 담배의 시각적인 매력을 없애서 고객의 구매욕을 줄이기를 바랐다. 블룸버그는 "담배가 정상적인 제품인 것처럼 보이지 않게 하십시오"라고 말했다. "담배는 정상적인 제품이 아니니까요."

블룸버그가 주도적으로 집행한 이 모든 조치는, 설사 우리 마음과 반대이더라도 우리 눈에 들어오는 것이 선택을 충동한다는 수많은 연구에 이론적 근거를 두고 있다. 3,000명에 가까운 흡연자와 예전에 흡연했던 사람, 금연 노력 중인 사람을 상대로 조사했더니 이들 중 25퍼센트가량이 담배를 살 생각이 없었음에도 계산대에 진열된 담배를 보고 충동적으로 구매했다고 답했다.[17] 금연하려고 노력하는 사람 중 다섯 명에 한 명꼴로 늘 담배를 사던 점포에 가지 않는다고 답했다. 거기 들어가면 자기가 담배를 구매할 것임을 알기 때문이었다.

매장 관리자가 계산대 옆에 배치하는 제품을 소비자가 바꿀 수는 없다. 탄산수나 담배를 냉장고에 보관하든 눈높이에 맞춘 계산대 부근이나 그보다 높은 곳에 보관하든, 우리에게는 앞으로도 결정권이 없을 것이다. 그러나 실상을 통찰할 수 있다면, 시각적 틀이 우리 행동에 미치는 자동적인 영향을 차단할 수 있을 것이다. 시각적 틀이 영향력이 있고, 그것이 우리의 건강이나 지갑 상태를 결정한다는 것을 알아야 한다. 그러면 보게 되는 것에 자동 반응하는 결과를 달리할 수 있다.

동시에 우리가 틀을 씌우는 방식 역시 직접적으로 선택에 영향을 준다. 집이나 사무실 혹은 시간을 보내는 그 어떤 장소라도 보다 나은 구조로 만들어야 한다. 그러면 선택을 의도에 맞게 할 수 있다. 우리의 시각적 틀에 들어온 것이 행동을 만든다. 때문에, 우리가 사는 공간에서 보는 것에 세심하게 공을 들이는 것이 좋다. 물론 계획에는 의도가 들어 있다. 그럼에도 우린 목표 달성에 좀 더 가까이 이끌어주는 쪽으로 행동을 촉진할 필요가 있다.

심리학자 웬디 우드Wendy Wood는 틀을 구성하는 내용물이 얼마나 힘이 강한지 발견했다.[18] 우드는 이렇게 틀이 씌워진 자동적인 행동의 선동 요인을 '시각적 스파크visual sparks'라고 부른다. 그는 집을 떠나 대학에서 첫 해를 보내야 하는, 새로운 환경에 적응하는 법을 아직 잘 모르는 신입생들을 조사했다. 건강한 생활

방식을 중요하게 여기는 이들은 궁금한 것이 많았다. "아침에 조깅하기에 안전한 구간은 어디일까?" "어느 헬스클럽이 가장 청결할까?" "구내식당 식단은 건강식인가?" 등등. 새로운 장소에 따라 새로운 문제가 제기됨에도 불구하고, 예전에 살던 곳과 어느 정도 똑같은 시각적 스파크(똑같은 신호)가 새로운 동네에도 있다는 것을 학생들은 발견했다. 과거 습관을 불러내는 낯익은 시각적 신호를 찾지 못한 학생들보다 찾은 학생들이 더 수월하게 운동 습관을 유지했다.

시각적 스파크의 위력은 뇌를 보면 분명하게 알 수 있다. 도파민은 우리가 진정 즐기는 일을 하고 있을 때, 즉 맛난 요리를 먹는다든가, 섹스를 하든가, 비디오 게임이나 마약을 한다든지 하는 경우에 뇌 속 뉴런에서 분비되는 신경 전달 물질이다. 도파민을 연구하는 학자들은 종종 원숭이를 실험 대상으로 삼는다. 원숭이로서도 마다할 이유가 없다. 주스 마시기 같은 기분 좋은 경험을 하기 때문이다. 법인카드를 쓰며 행복한 시간을 보내는 것과 비슷하달까. 연구진은 원숭이가 주스를 마실 때, 원숭이의 뇌에 도파민이 쇄도하는 걸 알게 되었다.[19] 원숭이는 레버를 누르면 주스를 마실 수 있다는 것을 학습한다. 그리고 비록 처음에는 필수적인 정보로 느껴지지 않을지라도, 원숭이가 주스를 마시러 올 때면 빨간불이 켜진다. 그렇다고 사정이 달라지는 것은 아니다. 원숭이는 여전히 레버를 누르고 주스 한 잔을 얻어 마시기 때문이다. 시간이 흐를수록, 원숭이는 정신적으로 매개 장치를 배제하고 빨간불과 주스를 연결한다. 연구진은 궁극적으로 빨간불이 켜진 방에만 있으면 주스를 마시지 않더라도 원숭이의 뇌에 도파민이 쇄도하는 걸 발견했다. 원숭이에게 빨간불은 시각적 스파크라고 할 수 있고, 이 스파크가 가장 기본적인 뇌의 회로에서 반응을 일으키는 것이다. 동네 헬스클럽을 보기만 해도 운동을 좋아하는 사람들 마음에 러닝머신을 타고 싶은 충동이 이는 것도 같은 이치다.

동기부여를 하는 스파크가 전파될 때는 단지 한두 마리 원숭이나 일단의 대학생뿐만 아니라 전체 조직에까지 영향을 줄 수 있다. 네덜란드의 한 통신 기업은 심리학자 로프 홀란트Rob Holland 연구팀과 공동으로 시각적 스파크가 미치는 영향을 대규모로 실험한 적이 있다.[20] 회사의 목표는 시각적 스파크가 환경에 미치는 영향을 줄이는 것이었다. 회사의 경영진은 처음 한두 달 동안 직원들이 종이와 플라스틱 컵을 재활용하는 데에 초점을 맞추기로 결정했다.

회사에서는 특별 연구팀을 구성했다. 공동 구역에 종이와 플라스틱 컵을 모을 재활용 상자를 비치했다. 연구팀은 직원들을 상대로 이 재활용 상자를 이용하라고 반복해 안내했다. 재활용의 중요성뿐만 아니라 편의성까지 강조했다. 목표를 설정했는데도 불구하고 개인 휴지통에 쌓이는 종이와 플라스틱 컵 쓰레기가 줄지 않았다.

그러자 연구팀은 직원들에게 재활용 행위를 자세히 기술해

달라고 주문했다(재활용 목표가 달성되기를 기대하며). 직원들은 "커피를 다 마시면, 컵을 '냉온수기 옆에 비치된' 재활용 통"에 넣겠다는 식으로 답했다. 이처럼 시각적 스파크와 짝을 이룬 단순한 진술이 큰 변화를 이끌어냈다. 연구팀이 개입하기 전, 직원들은 매주 1,200여 개의 플라스틱 컵을 아무렇지도 않게 개인 휴지통에 버렸다. 하지만 시각적 스파크가 일어날 수 있는 방향으로 휴지통을 재배치하자 버려지는 컵의 수는 200개도 안 되었다. 이 전략은 직원들의 나쁜 습관을 85퍼센트나 줄여주었고 회사 전체의 목표 달성에도 도움이 되었다.

─O─O─
시야 안에서

코네티컷의 집에는 현실적으로 드럼 키트를 건사할 수 있는, 또 건사해야 하는 방이 하나 있다. 우리가 직접 꾸민 건 아니지만 어쩌다 보니 창문도 나지 않은 지하실의 그 방을 쓰게 되었다. 30센티미터 두께의 콘크리트 벽은 철근으로 보강되었고 천장은 피트가 처음으로 매티와 함께 보낼 크리스마스를 위해 디스코 볼(우리 부부가 사랑하고 선물을 하는 방식은 좀 유별나다)을 설치할 만큼 견고했다. 디스코 볼 바로 밑에 드럼 키트가 있었다. 베이스 드럼을 아주 세게 치면 볼의 거울 장식은 전원이 안 들어온 상태에서도 회전한다. 이전 주인들은 이 공간을 헬스장이나 무도장으로 사용하지 않았을까 싶었다. 들어왔다 나갈 때 자신의 멋진 모습을 보는 데 활용했을지도. 한쪽 벽면이 거울로 되어 있어서 디스코 볼의 스파클 효과를 배가시키는 기능을 했기 때문이다. 현기증이 있다면 리허설 때는 들어가지 않는 게 좋다.

이 방은 벙커 같은 특성 외에도 드럼 키트를 들여놓기에 완벽한 또 다른 특징이 있었다. 차고로 가려면 이 공간을 지나쳐야만 했다. 걸어서 외출할 때가 아니면 나는 드럼 키트를 지나갈 수밖에 없었다. '신발을 벗어 던져? 킥 드럼이 날 빤히 쳐다보고 있네.' '차에 올라타고 서둘러 쇼핑하러 가?' 지난번 연습 때 좌절해서 드럼 스틱을 내던졌는데 스틱이 발에 걸릴 수도 있었다.

집 안의 주요 통로 기능을 하는 방에 드럼 키트를 보관하니, 나의 시각적 틀에 연습이라는 목표가 빈번하게 상기됐다. 자발적인 연습 시간에 불을 붙이는 스파크가 나의 틀에 포함되었다. 쇼핑하고 오던 길이라 우유나 아이스크림을 빨리 냉장고에 넣어야 하는 일도 일단은 뒤로 미루고 드럼 키트 곁으로 갔다.

누구나 한번쯤은 "눈에서 멀어지면 마음도 멀어진다"는 말을 들어보았을 것이다. 이 관용구는 시각적 틀 밖에 스파크가 있을 때 선택과 행동에 어떤 효과를 주는지 한마디로 대변해준다. 자제하고 싶은 행동을 부추기는 것을 의도적으로 안 보이게 하는 식으로 환경을 설계할 수 있다. 역으로, 보다 나은 결정을 이끌어내는 시각적 스파크를 눈에 들어오게 포함시킬 수도 있다. 내 인식의 불길로 드럼을 밀어 넣으면, 스파크가 없을 때보다 연습 시간에 더 많이 불이 붙었다. 정확하게 몇 시간인지 말할 수 없지만, 평소보다 오래 집에 머물렀던 휴일 전후로 일주일간 고삐를 늦추지 않았다. 그 공간을 단순히 지나가기만 했는데도 자극을 받아 예정에 없던 연습에 매달렸던 시간을 점검해보았다. 아이의 자석 그림판에다 그것을 기록했다. 미식 축구 경기장을 클로즈업한 듯 수많은 해시 마크(卌)로 그림판을 채웠다고 여러분께 말씀드리는 이 순간, 스스로가 대견하다.

우리가 보는 것이 행동에 영향을 준다. 때문에, 눈앞에 무엇을 놓느냐에 따라 우리의 선택이 변화할 수 있다. 어떻게 틀을 짤 것인가. 무엇의 틀을 짤 것인가. 이에 대해 배우면 우리의 입에, 쓰레기통에, 이력서에, 버킷리스트에 어떤 걸 넣고 실천할 것인지 결정된다.

제대로
파악한다는 것

크리스마스이브, 매티는 빨간색과 흰색 옷을 입고 아장아장 걷고 있었다. 아기 턱시도처럼 생긴 젖먹이용 원피스지만 로데오 선수들처럼 커다란 검은 벨트와 버클이 달렸다. 아이는 가끔 머리에 (우리가 다시 씌웠다는 것을 아이는 모른 채) 플러시 천에 흰색 테두리를 씌운 자주색 모자를 쓰고 있었다. 모자에는 솜털 방울이 달려 있고 반짝이는 눈송이도 보였다. 아이의 옷은 키와 잘 어울렸고 (매티의 키는 여전히 내 무릎 근처 정도였다) 아이가 개구쟁이 같은 미소를 지으면 꼭 요정처럼 보였다. 물론 그 옷을 입혀준 육아도우미는 미니 산타처럼 보이는 것을 더 좋아하기는 했지만. 조금 더 시간이 흘러 매티가 거울에 비친 자신의 모습을 본다면, 이 우스꽝스러운 차림에서 해방되려고 가출이라도 할지 몰랐다.

그날 밤, 온 가족이 매티를 둘러싸고 드럼 연주를 들으려고 모여서 그런지 옷차림에는 신경 쓰지 않는 것 같았다. 피트는 매티를 스네어 드럼 앞에 세워놓고 두 손에 묵직한 드럼 스틱을 쥐여주었다. 우리는 모두 헤드폰을 끼고 연주를 기다렸다. 매티는 평소 손에 잘 닿지 않는 로토탐에 스틱을 대고 소리를 내기 시작했다. 얼룩무늬도 조화롭게 어울렸다. 하지만 피트가 뒤에서 베이스 드럼과 하이햇으로 박자를 맞추자 아이는 귀에 거슬리는 소음을 멈추었다. 매티는 마치 (어린이) 1인 밴드에 끼어들 권리가 있는지 묻는 듯 어깨 너머로 돌아보았다. 아이는 제 귀에 들리는 소리에 흥이 난 것이 분명했다. 피트의 속도에 맞춰 몇 번인가 정통 재즈 뮤지션처럼 머리를 숙이고 스티비 원더 스타일로 흔들기 시작했기 때문이다.

동작 정지.

일주일 뒤로 다시 카메라를 돌려보자. 눈보라가 몰아치는 데다 기온마저 뚝 떨어져 어린이보호국Child Protective Services의 도움 없이는 외출조차 엄두가 나지 않았다. 매티와 나 모두, 너무 오래 실내에만 처박혀 있어서 정신적으로 한계에 다다랐다. 아이가 제 장난감과 그림책에 싫증을 내고부터 틀에 박힌 것이 아닌 새로운 활동이 필요해졌다. 그래서 나는 아들과 함께 그 연휴 기간의 연주를 되풀이하며 나 자신도 간단히 연습할 수 있을 거라고 생각했다. 우리 두 사람은 드럼 키트로 향했다. 나는 세트 뒤에 앉아 매티를 안아 올린 다음 플로어 탐 위에 올려놓았다. 그리고 아이와 스틱을 하나씩 나누어 쥐었다. 내가 사운드 시스템을 준비하고 〈유어 러브〉 연주를 시작하는 사이 매티는 크래시 심벌을 치기 시작했다.

나는 베이스 드럼을 두드리는 데 집중하면서 즉흥으로 연주하기로 결심했다. 막 취미가 싹트는 단계에서 한쪽 팔과 두 다리의 조화를 맞추는 건 확실히 대담한 시도였다. 또 실제로 틀림없이 그랬다. 내가 제 옆에서 연주를 시작하자, 매티가 제 아빠와 할 때처럼 다시 동작을 멈추었기 때문이다. 하지만 스티비 원더의 〈슈퍼스티션Superstition〉의 분위기와는 달리 춤이나 머리를 흔드는 동작은 없었다. 아이는 그 느낌을 몰랐다. 그에 따른 박자도 없었다. 매티가 나를 바라보는 시선에 혐오감이 비치는 걸 처음 보았다고나 할까? 아무튼 매티가 기저귀에 똥을 싸놓고도 계속 논다는 걸 퍼뜩 알아차렸다. 냄새가 났다.

사실 누구를 탓할 일도 아니었다. 이 책을 쓰기 시작한 때와 눈보라가 치던 날 사이의 어느 시점부터, 나는 다시 연습을 못했기 때문이다. 진도는 지지부진했다. 진도라는 말조차 꺼내는 게 과장인 듯 느껴진다. 내 결심이 느슨해졌다. 난 드럼을 연습하기보다 아이가 좋아하거나 이해할 수 있는 〈잇치 빗치 스파이더Itsy-Bitsy Spider〉 같은 노래를 흥얼거리며 마라카스를 흔드는 일이 더 많았다.

드러머의 옥좌에서 내려올 이유는 얼마든지 있었다. 나의 주요 프로젝트 몇 가지가 드럼 연습을 어렵게 만들었다. 여러분도 아마 그런 적이 있을 것이다. 가는 도중에 길을 잃은 것이다. 결승선은 눈에 들어오지 않는데, 출발선에서는 이미 너무 멀리 와버렸다. 바로 이 지점에서 흥미가 줄고 열기도 식게 마련이다. 나로서는 시간이 부족했다고 말하면 좋겠다. 타악기가 금지된 외국 땅으로 출장 갔다든가, 누군가 우리 드럼 키트를 훔쳐갔다든가, 아니면 손가락이 부러져 스틱을 못 잡았다든가 하는 핑곗거리라도 있으면 좋을 것을. 하지만 이런 모든 일은 일어나지 않았다(충격이라는 것을 나도 안다).

다만, 나로서는 남편의 얼굴 탓을 하고 싶다.

내가 처음 드럼 키트에 앉았을 때, 남편의 얼굴에는 환한 미소가 떠올랐다. 돌이켜보면 열렬한 응원의 표정을, 초보자의 행운에 놀라는 모습과 내가 혼동했던 것일까. 그러나 내가 드럼 키트에 앉는 회수가 두 번, 세 번, 네 번으로 늘어나면서, 그 미소는 혹시나 했던 나의 록스타 자질처럼 사라지고 말았다. 남편뿐 아니라 내 부모와 친구들도 마찬가지였다. 그들은 모두 매티가 드럼 치는 모습을 볼 수 있냐고 물을 뿐, 내 연주에 대해서는 일절 말이 없었다. 물론 그들을 비난할 수는 없다. 어느 오후, 나는 홀로 앉아서 스네어와 베이스 드럼으로 즉흥 연주를 녹음한 적이 있는데, 그 녹음을 다시 들어보니 내가 듣기에도 끔찍했다.

솔직히 말해, 나는 피트의 감정 팔레트emotional palette를 비난할 수 없다. 그의 미소가 사라진 것은 문제가 아니었다. 그가 얼굴을 찡그린 것 때문도 아니었다. 문제는, 내가 첫 레슨을 할 때부터 이 시점까지 피트의 평가를 오로지 긍정적인 것으로만 제한하고 싶었다는 데 있다. 아주 잘하고 있으니, 그만 쉬라고 말해줘.

-○○-

무가치하게 보는 풍조에서 탈피하기

'Floccinaucinihilipilification(무가치하게 보기)'은 영어사전에서 가장 긴 단어다. 그리고 미국인들이 가장 꺼리는 단어다. 발음이나 철자가 까다로워서가 아니다. 스스로 성공을 일구는 방법에 관련된 근본 신념에 위배되기 때문이다. 우리는 긍정에 초점을 맞추고 부정적인 것은 피하고 싶지만, 그게 잘 되지 않는다. 퍼커시브 주법을 해보려던 나의 시도가 그랬듯이. '무가치하게 보기'라는 의미의 이 단어는 18세기 중반, 이튼 학교의 유식한(어쩌면 지루해하는) 학생들이 라틴어 어원의 조각들을 조합해 "평범한 양털이나 머리카락, 하찮은 것, 아무것도 아닌 것"의 의미로 직역해서 만들었다고 한다.

전체적으로 이 말은 뭔가를 무가치하게 여기거나 묘사하는 행위 혹은 그런 습관을 의미한다.

고풍스러운 농담이라는 것 외에, '플럭시너시니힐리필리피케이션'이라 발음되는 이 말은 문화적으로 거의 금기시되기도 한다. 우리는 자신을 대수롭지 않게 보는 생각을 피하기 위해 최선을 다한다. 그 대신 건강한 자아관self-view을 유지하기 위해 애쓴다. 도전해야 하는 상황이 생겨나면, 실패 때문에 자신을 지탱하고 있는 좋은 시각이 위협받지 않도록 노력한다.

우리가 긍정적인 자기애self-regard를 열망하는 이유는, 동기부여 상태를 유지하는 최선의 방법이라고 여기기 때문이다. 나와 내 연구팀은, 미국 전역에서 400여 명 이상을 조사한 뒤 응답자 중 95퍼센트 이상이 '긍정적인 자아관을 지닌 사람이 부정적인 자아관보다 더 많은 것을 성취한다'고 생각하는 걸 확인했다. 사실 우리가 이러한 피드백을 구한다고도 해석할 수 있다. 우리는 고용주들이 실적을 올리려면 직원들에게 비난보다 칭찬을 더 해야 한다고 생각한다. 동기유발을 더 많이 하고 싶다면, 비판적인 분석보다 인정하는 태도를 보여주어야 한다. 아이들의 발달을 촉진하려면 교사들이 부정적인 피드백보다는 긍정적인 피드백을 주어야 한다고 학부모들은 생각한다.

하지만 과학은 다른 부분을 말한다. 노력만으로 긍정적인 피드백을 얻을 것이라 보장하지 못할 때, 최근 볼품없는 내 퍼커시브 연주가 그랬듯, 역효과를 낼 수 있다. 플로리다 주립대학교의 심리학자인 로이 바우마이스터Roy Baumeister는 수천 명의 개인을 대상으로 200여 건의 연구 결과를 분석했다. 그리고 자긍심을 높이도록 설계된 피드백과 실적평가, 칭찬은 사람들의 목표 달성을 순조롭게 하는 데 효과가 없다는 것을 확인했다.[1] 예를 들어 긍정적인 자기애는 업무 실적의 질을 개선하지 못한다. 아이들의 자긍심을 높여주는 것이 학교에서 성적 향상으로 이어지지 않는다. 자긍심이 높은 사람들이 지도자가 될 가능성이 큰 것은 아니다. 그런 사람이 더 호감을 받는 것도 아니다. 자긍심이 높은 사람들은 자신이 더 인기가 있고 사회성이 뛰어나다고 생각하겠지만, 그들은 다른 사람 못지않게 공격적으로 행동하며 관대하지도 않다.

바우마이스터 스스로도 결과를 보고 놀랐다. 바우마이스터는 실제로 그의 연구 경력에서 가장 실망스러운 결과였다고 한다. 긍정적인 피드백과 호의적인 자아관이 더 많은 성취로 이어지지 않는다니, 이러한 결과는 삶에서 가장 많이 성취하는 사람은 어떤 성향인지, 그리고 더 많이 성취하기 위해 어떻게 자신에게 동기부여해야 하는지에 대한 기본 신념을 해치는 듯 보였다.

오로지 우리를 기분 좋게 해주는 긍정적인 피드백만으로 영감을 얻지 못한다면, 이제 어떻게 해야 하는가? 어디서 영감을 찾아야 하나? 그럴 때에는, 꼭 긍정적이지 않더라도 다른 피드백을 올바로 읽음으로써 영감을 발견할 수 있다. 격려는 분명 기분이 좋다. 칭찬은 우리 얼굴에 미소를 띠게 할 수 있다. 하지만 칭찬이 언제나 우리에게 영감을 떠올리게 하는 것은 아니다. 때로 우리는 어느 부분에서 기대에 못 미치게 되었는지 알고 행동하라는 요구를 받는다. 자선기금 모금자들도 이것을 안다. 적어도 한 가지 예를 들자면, 그들은 학술 연구진과 함께 실수를 강조하는 것이 성공을 강조하는 것보다 더 강력한 동기부여를 한다는 것을 보여주었다. 한국 컴패션 지부는 사회심리학자인 에일렛 피시바

흐Ayelet Fishbach와 협력해 아프리카의 에이즈 고아를 위해 기금을 모금했다.[2] 새로운 캠페인을 벌일 예정이었다. 한국 팀은 정기 기부자들에게 기금을 요청하면서 현재 진행 상황을 알렸다. 몇몇 정기 기부자들에게는 요청서를 보내며 긍정적인 피드백을 했다. 그들은 이 1만 달러의 기금 목표에서 50퍼센트를 "이미 걷었다"는 내용을 읽었다. 다른 기부자들도 같은 정보를 접했지만, 이 기구가 50퍼센트밖에 못 걷어 "목표에 미달하는" 성과를 냈다는 부정적인 피드백이었다. 둘 중 어떤 쪽이 기금을 내도록 동기부여 받았을까? 부정적인 피드백을 받은 쪽이었다. 자신이 속한 조직의 기부금이 부족하다는 사실을 알게 되자, 긍정적인 피드백을 받은 쪽에 비해 무려 여덟 배나 많은 사람들이 기금을 내도록 자극받았다. 이 사례에서 알 수 있듯이, 설사 그것이 가끔씩 '무가치하게 보이는floccinaucinihilipilificated' 일일지라도, 우리는 때로 실제로 당면한 현실을 볼 필요가 있다.

-○○-
분위기 파악 연습

자신이 원하는 상대의 모습보다는, 설사 부정적이라 해도 상대의 감정 표현을 있는 그대로 읽을 수 있느냐에 따라 계약 성사 여부가 갈릴 수 있다. 어떤 사람은 승진하고 어떤 사람은 계속 제자리다. 어떤 사람은 자신이 하는 일에 만족하고 어떤 사람은 그렇지 못하다. 모든 직업 분야에서, 그리고 일생을 통해 상대의 감정을 더 잘 읽는 사람은 더 행복하고 더 생산적인 삶을 경험한다. 상대의 감정을 가장 잘 읽는 일곱 살 또래 아이들은, 설사 그들이 보는 것이 격려의 신호가 아니라고 해도 최고의 학업 성적을 올린다.[3] 감정을 읽을 줄 아는 경영자는 심리적으로 더 건강한 환경을 만들어내며, 이런 환경은 직원들이 고객을 접촉하는 방식에 변화를 일으켜 월간 매출실적을 올려놓는다.[4] 환자의 감정 상태를 판단할 줄 아는 의사는 의료과실로 고소를 당할 가능성이 줄어든다.[5] 싱가포르의 경영학 전공생들을 대상으로 한 실험에서, 감정을 읽는 능력이 더 뛰어난 학생들은 모의 거래에서 자신과 구매자 역할을 한 학생들 모두에게 더 많은 가치를 창출하는 결과를 보여주었다.[6] 상대를 올바로 읽는 것은 만족스러운 결과와 이익을 가져다줄 수 있지만, 쉬운 것만은 아니다. 바로 그에 대한 이야기를 하고자 한다.

어느 봄날 밤, 나는 뉴욕 미술아카데미의 트라이베카 볼Tribeca Ball 파티에 동행 자격으로 참석할 기회를 얻었다. 트라이베카 볼은 미술가들이 작업하는 100여 개의 스튜디오 공간에서 개최하는 연례 자선 행사다. 이날 밤만큼은 인쇄기 등 작업 도구를 한쪽에 치운다. 뉴욕 미술아카데미 학생들이 조각상을 만들 때 사용하는 가마는 온도를 낮추고, 그림 그릴 때 쓰는 붓은 빨아서 말린다. 그렇게 준비를 해도 행사 며칠 전 바닥에 묻은 페인트에 파티 손님들의 멋진 뾰족구두는 맥을 못 춘다. 곳곳에 감상하고 구입할 수 있는 예술작품으로 가득하다. 차려놓은 음식도 예술작품 같아 보인다. 바닥을 주의해서 보지 않으면 발로 찰지도 모르는 위치에 놓인 작품도 있다.

그날 밤, 나는 이 행사를 주최한 사람의 초대로 참석할 수 있었다. 주최자는 앤디 워홀 같은 백금발의 남자인데 이때는 손님을 상대하느라 정신이 없었다. 나는 지하실로 향하다가 인파에 떠밀려 계단을 내려가게 되었다. 지하실은 핀 라이트가 여러 개 비추고 있는 가운데 빈틈없이 하얀색으로 칠해져 있었다. 나처럼 혼자 관람하는 사람 곁을 지나치다가 서로 눈이 마주쳤다. 나는, 왠지 모르지만 그와 나 둘 다 이 초현실적인 장면에 잠시 난감해하고 있다고 추측하며 미소를 지었다.

"안녕하세요." 그가 말했다. "저는 데니스예요. 실례지만 제가 좀 도와드릴까요?" 그가 내 치아 사이에 끼어 있을지 모를 시금치를 발견할까 조마조마했다. 지하로 내려가는 길에 쟁반에 있던 시금치 파이를 먹었기 때문이다. 내 불안은 겉으로 번져 나왔다.

하지만 큰 소리로 대답하기도 전에 그가 내 뒤쪽에서 라임 하나를 내밀었다. 나음 순간 그의 양손에는 카드 한 벌이 보이고 라임은 사라졌다.

"저는 마술사예요." 그가 설명했는데, 굳이 말하지 않아도 그래 보였다.

그날 밤 데니스 키리아코스Dennis Kyriakos는 갤러리 사이를 돌아다니며 눈속임과 마술로 손님들의 감탄을 자아내는 역할로 초대받았다. 카드 뭉치 속으로 내 이름을 적은 스페이드 8을 찔러 넣었다. 잠시도 눈길을 떼지 않았는데 잠시 후 그의 지갑 안에 그 카드가 들어 있었다. 이번에는 그가 내 손바닥 위에 빨간 공 하나를 올려놓았다. 나는 주먹을 꼭 쥐었다. 잠시 후 다시 주먹을 펴 보니 거기에는 질척질척한 두 개의 빨간 물질이 있었다. 그 사이에 손 안에서는 아무런 느낌도 없었는데 말이다. 나는 너무도 넋이 나간 나머지 그토록 몸에 익히려 애썼던 상류사회 예절 따위는 저 멀리 던져버리고 말았다.

그날 이후, 키리아코스는 내 부탁으로 내가 가르치는 대학생들에게 여러 차례 마술공연을 해주었다. 나는 학생들에게 시각적인 주목과 관심의 과학을 가르치고, 키리아코스는 학생들 스스로 그것을 몸소 경험하게 해준 것이다. 그의 현란한 손재주는 매번 우리의 허를 찔렀다. 방금 본 것이 어떻게 가능한지 어리둥절했다. 학생들은 그를 좋아한다. 그저 강의 시간에 색다른 휴식을 취하는 것 이상으로 더 큰 의미가 있음을 알고 있다.

어떻게 관중을 황홀하게 하는 건지 설명해달라고 요청했다. "사람들의 생각을 꿰뚫어볼 줄 알아야 합니다." 키리아코스는 답했다. 어릴 때 그는 수줍음이 많고 재바르지 못해 주변에서 놀림과 괴롭힘을 받았다고 한다. 그는 다른 면모를 가져야겠다고 생각했다. 그것을 마술에서 발견한 것이다.

"여러 책들이 알려주더군요. 내가 파티의 활력소가 될 수도 있다고요. '주목 받고 싶으면 마술을 배워라.' 그래서 마술을 배웠습니다. 그리하여 깨닫게 된 것은, 사람은 누구나 어느 정도는 똑같다는 겁니다. 놀림받고 싶은 사람은 아무도 없지요. 바보가 되고 싶은 사람도 아무도 없어요. 그때 나도 그런 기분이었거든요. 그 누구도 그런 기분이 들어서는 안 되죠. 정말 나에게 중요한 것은, 공연할 때 사람들이 어떤 기분인지 아는 겁니다. 나와 함께 이 경험을 같이 할 바른 마음의 사람들을 찾아내는 것도 중요하죠."

나는 궁금했다. '이 사람은 어떻게 원하는 관객을 찾아낼까?'

"어떤 부분들은 똑똑히 보이거든요. 나를 보며 고개를 끄떡이는 사람들을 찾는 겁니다. 팔짱 낀 채 '그래 봤자 나는 안 속아'라는 표정을 짓는 사람들 말고요. 긍정적인 반응을 보이는 사람들의 얼굴에는 순수한 미소가 떠오르죠. 그들의 입이 아니라 눈에서 볼 수 있습니다. 이때 자리에서 벌떡 일어나며 '마술이 좋아요!'라고 외치는 사람들을 잘 살펴볼 필요가 있어요. 그건 좀 과해요. 적절한 호응이어야 합니다."

사람들의 감정을 올바로 읽는 것은 키리아코스처럼 그야말로 놀라운 묘기를 가진 사람에게도 몹시 어려운 일이다. 시각과학자 시추안 두Shichuan Du와 알레익스 마르티네스Aleix Martinez의 실험 결과에서 명백하게 입증된다.[7] 두와 마르티네스는 일단의 대학생과 직원에게 100여 장의 사진을 보여주었다. 그다음, 사진에 나온 얼굴 표정이 여섯 가지 표현 중 어떤 것인지 골라내라고 했다. 각 사진은 0.5초 동안 보여주었다. 충분히 볼 수 있는 시간

관점 설계

이지만 깊이 있게 살피기에는 부족한 시간이다. 연구진은 첫인상과 최초의 인지 상태를 측정하고자 했다. 대체로 실험 참가자들은 행복이 어떤 표정인지 알았다. 99퍼센트 정확했다. 그러나 공포를 읽어내는 것이 가장 어려웠다. 순수한 공포를 알아본 참가자들은 절반밖에 안 되었다. 그런 실수가 나온 이유는 흔히 겁에 질린 얼굴을 실제로 놀란 얼굴로 생각했기 때문이었다.

이 두 가지를 혼동한 것 외에도, 실험 참가자들은 다른 감정의 표현을 구분하는 것도 힘들어했다. 참가자들 가운데 40퍼센트가 분노를 잘 알아내지 못했다. 얼굴에 분노가 번질 때, 참가자의 약 4분의 1은 자신이 본 것이 비애나 혐오가 분명하다고 답했다. 혐오의 경우에도 마찬가지였다. 이 감정을 구분하는 것 역시 힘든 과제였다. 참가자의 약 절반은 혐오의 표정을 분노로 잘못 읽었다.

다른 사람의 감정을 아주 잘 읽어낼 것이라고 여겨지는 사람들조차 우리 못지않게 힘들어한다. 30년 전쯤, 사회심리학자 폴 에크먼Paul Ekman은 상대의 표정만 보고 거짓말한다고 생각하는 것과 사실을 말한다고 생각하는 것에 어떤 차이가 있는지 실험했다.[8] 대학생들과 특히 속임수를 구분하는 데 유능하리라 생각되는 사람들, 즉, 정신과 의사, 수사관, 판사, FBI 훈련소에서 거짓말탐지기를 사용해본 연방요원들, 심지어 미 정보기관 요원들까지 대상으로 삼아 실험했다.

거짓말을 탐지해낼 수 있다고 여겨지는 이 다양한 집단을 상대로, 영화 한 편을 관람한 뒤 여성들이 반응하는 모습을 인터뷰해 그 동영상을 보여주었다. 모든 반응이 긍정적이기는 했지만, 전부 진실한 것은 아니었다. 일부 여성은 자연 풍경이 자주 나오는 영화를 막 보고 난 직후라 실제로 행복하고 만족스러운 느낌을 받았다. 나머지 여성들에겐 희생자의 신체를 절단하고 태우는 잔인한 영화를 보게 했다. 이 여성들이 기분이 좋다고 말하면 거짓말하는 것이었다. 응답자들은 이 두 가지 경우에 대한 정보는 있지만, 각 여성들이 어떤 영화를 보았는지는 몰랐다. 응답자가 할 일은 어떤 여성이 인터뷰하는 사람을 속이고 어떤 여성이 진실을 말하는지 맞히는 것이었다.

대학생들이 그 차이를 구분하기 어려워했던 것은 놀랍지 않다. 평균적으로, 그들은 실제적인 통찰력이나 감정을 읽는 능력 없이 무작위로 추측하는 사람들 사이에서 통계학자가 예상하는 것과 거의 같은 비율로 맞혔다.

하지만 참여자 일부는 관련된 학교에 다녔거나 훈련을 받은 사람들이었다. 아니면 선천적으로 남들보다 상대를 읽는 능력이 뛰어난 것처럼 보인 것일지도 모른다.

정신과 의사는 인간의 정신을 다루는 의사다. 거짓말탐지기를 다루는 이는 능숙하게 기계를 작동하며 거짓의 신호를 가려내는 전문직에 종사한다. 에크먼의 실험에서, 이들 집단이 보여준 정확도는 대학생과 구분이 되지 않거나 우연히 예측한 것뿐이었다. 바꿔 말해, 본질적으로 이들 집단은 모두 추측했다. 그것도 빈약한 추측을.

한 집단만 제외하고.

거짓말을 탐지해내는 에크먼의 실험에서 단 한 집단만이 우연보다 높은 확률로 거짓말과 진실을 구분했다. 비밀정보부 요원들이었다. 비밀정보부 요원들은 평균 64퍼센트를 맞혔다. 이들 가운데 일부는 '아주' 뛰어났다. 열 명의 요원이 열 번 중 여덟 번 이상 진실을 맞혔다.

에크먼은 이런 실험 결과를 보고 진실과 거짓을 구분하는 요인이 어디서 기인하는지 궁금해졌다. 정신과 의사나 판사, 거짓말탐지기 기술자들이 해내지 못한 것을 비밀정보부 요원들이 해냈던 이유는 무엇일까? 이 요원들은 거짓말을 가려내기 위해 얼굴의 특정한 움직임에 집중하는 훈련을 받았다. 동영상을 재평가하고 나서야 에크먼은 요원들이 발견했던 것을 파악했다. 즐거운 감정 경험에 대해 진실을 말할 때와 거짓말을 할 때, 여성들의 미소에 미묘한 차이가 드러났다.

사람의 양 눈 안쪽 언저리에는 눈썹주름근corrugator muscles 이 있는데, 실제로 고통을 경험할 때 움직인다.[9] 햇살이 눈부실 때, 또 곁눈질할 때 코 주변의 눈에 무슨 일이 일어나는지 떠올려보라. 그것이 바로 눈꺼풀을 잡아당겨 눈부심을 막아주는 눈썹주름근이다. 혹은 이마 아래쪽에 있는 안면주름frown lines을 생각해보라. 코 위에 있는 눈썹 바로 안쪽 근육에 의해 만들어지는 주름으로, 흔히 보톡스로 노화 주름을 없애기도 한다. 기분이 좋다고 거짓말한 여성들의 이 근육이 본색을 드러낸다. 또 입술에서도 속마음이 드러났다. 거짓말하는 사람들 가운데 몇몇은 혐오감으로 인해 윗입술이 살짝 말려 올라갔다. 입꼬리는 살짝 밑으로 처졌다. 이 여성들이 사용한 단어들도 똑같이 설득력이 있었고, 똑같이 미소 지었으며, 그 전에 느꼈던 혐오감은 긍정적인 인식 표현 속에 녹아들었다.

○━○

장면의 틀짜기

우리가 폴 에크먼 앞에 앉는다거나 비밀정보부 요원에 둘러싸이는 일은 아마 절대 일어나지 않으리라. 언젠가 우리가 좋아하는 사람이 정말 화가 났는지 궁금해지는 일은? 있을 수 있다. 혹은 우리 아이가 정말 즐거운지, 상사가 실제로 기뻐하는지를 알고 싶을 수도 있다. 어떻게 알 수 있을까? 상대의 감정이 '하는 말'을 읽는 열쇠는, 장면의 틀을 짜는 것이다. 우리가 어디를 봐야 할지 안다면, 감정을 더 잘 읽는 법을 학습할 수 있다.

어떤 미소든 입 주변 근육을 굴곡시게 한다. 그런데 실제 미소와 연출된 미소의 차이를 알려면 눈을 보아야 한다. 눈둘레근orbiculares oculi이라고 불리는 눈 바깥 모서리 근육을 보면 순수한 표현과 과장된 표현이 구분된다. 실제로 미소를 지을 때는 그 근육이 수축되고 눈 옆의 피부를 당기며, 훗날 지우려면 돈깨나

들지 모를 잔주름이 지어진다. 마음이 동하지도 않는데 억지로 미소를 지을 때는, 턱의 볼근육^{risorii muscles}을 사용하며 입술을 제대로 당기기는 하지만 잔주름이 보이지는 않는다.

즐거운 놀람과 반갑지 않은 두려움의 차이를 어떻게 하면 알 수 있을까? 이런 표정은 눈썹이 치켜 올라가고 눈이 확대되는 공통적인 특징이 있다. 산후우울증만 주목해도 이와 비슷해 보일지 모른다. 감정의 차이는 입술을 보고 읽을 수 있다. 가장자리에서 당겨진 상태에서 내뻗은 입술은 두려움과 놀람을 확실하게 구분해주는 유일한 근육운동이다. 놀란 입은 두려움을 느낀 입보다 아래로 처진다.

분노와 비애는 실제로 비슷한 특징이 있다. 상대의 눈을 슬쩍 쳐다보고 이런 표현을 구분하려고 할 때는 혼동할 수도 있다. 화가 나거나 슬픈 사람은 눈썹이 내려오고 눈이 감긴다. 같은 맥락에서 분노와 역겨움을 느낀 입도 아주 비슷하게 보일 수 있다.[10] 억눌린 분노를 연상케 하는 팽팽한 입술도 혐오의 표현일 수 있다. 분노를 올바로 읽어내려면, 입과 코의 틀을 알아야 한다. 아랫입술을 잡아당기는 입술억제근은 분노를 느낄 때 팽팽하고 평평한 상태를 유지하지만 정말로 슬픔을 느낄 때는 입술 가장자리가 아래로 향한다. 그리고 분노와 혐오의 감정이 강할 때, 코를 보면 혐오의 표현과 분노의 표현이 구분된다. 화가 날 때는 코를 살짝 찡그리지만, 혐오감을 느낄 때는 훨씬 주름이 많이 잡힌다.

상대가 무슨 감정을 느끼는지 읽고 싶을 때, 얼굴 각 부분마다의 틀을 알기란 물론 어렵다. 표정은 짧은 순간만 스치듯 나타날 수 있다. 또 본다고 해도 원하는 만큼 자세하게 보이지 않을 수도 있다. 다른 사람의 감정을 평가할 때, 잘못 판단할 수도 있다. 아니면 적어도 다른 사람이 느끼지 않는 것을 볼 수도 있다. 사람마다 시각적 특징이 있는 이유는 얼굴에 나타나는 표정이 유난히 많기 때문이다. 우리 인간은 동시에 복합적인 감정을 느낄 때가 흔하다. 그런 감정들이 한꺼번에 얼굴에 나타날 수 있다. 이 때문에 다른 사람의 얼굴에 복합적인 메시지가 나타날 때, 어떤 감정인지 직관적으로 이해하기 힘든 것이다.

예를 들어 다음의 사진을 보자. 내 얼굴인데 특별히 아첨하는 표정은 아니다. 나도 안다. 그리고 주름도 실제로 자연스럽게

관점 설계

생긴 것이다. 이 사진을 몇몇 소셜미디어에 올리는 데는 약간의 망설임과 커다란 용기가 필요했다. 결국 이 사진을 올리면서, 나는 다른 이들에게 첫눈에 내 얼굴에 나타난 감정의 표현을 말해달라고 부탁했다. 당신도 같이 해볼 수 있을 것이다. 어떻게 보이는가?

약 100명이 각각 한마디로 답변했다. 모두가 똑같은 사진을 봤는데도, 그들은 이 한 장의 스냅사진에서 30가지의 다양한 감정을 읽어냈다. 그 답변들을 다음 워드 클라우드에 담았다. 글자가 크고 진할수록 가장 많이 접한 반응이고, 반대로 드문 반응일수록 글자가 작아진다. 간단히 훑어봐도 대개 부정적인 형태의 감정임을 알 수 있다. 가장 많이 나온 답변 세 가지는, 불편discomfort, 걱정apprehension, 어색함awkwardness이었다. 그런데 답변한 사람들 중 15퍼센트가량은 전혀 다른 감정을 보았다. 행복happiness, 기쁨joy, 장난playfulness 등이었다.

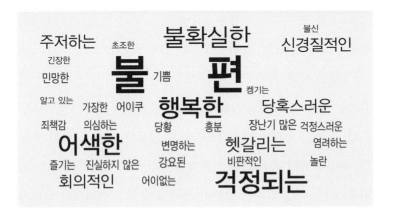

각 개인이 지닌 고유한 시각적 해석은 인간관계에 중요한 영향을 미친다. 사회심리학자 윌리엄 브래디William Brady와 나는 사람들이 얼굴을 읽는 방식에 관해 더 엄밀한 테스트를 실시했다.[11] 우리는 미소를 짓거나 얼굴을 찌푸린 남녀 36명의 사진을 수집했다. 사실 각 사진에는 메시지가 혼합돼 있었다. 사진에 등장하는 사람은 각기 긍정적인 표정과 부정적인 표정, 두 가지 다 암시하는 모습이었다. 예컨대 한 사진에 보이는 남자의 눈은 눈꼬리 쪽에 주름이 잡혔는데, 이는 그가 행복감을 느낀다는 단서였다. 하지만 그 사진에서 남자의 입술은 경멸이나 혐오를 암시할 때처럼 동그랗게 말렸다. 우리는 자발적으로 참여한 300여 명의 성인들에게 각 사진에 나타난 감정이 긍정적인지 부정적인지 판별해달라 요청했다. 답변을 분석하면서, 사람들이 얼굴의 어떤 부분을 어떻게 틀짜기했는지 알 수 있었다. 사진들 중 다수가 긍정적인 감정을 표현한다고 대답한다면, 설문 참가자들이 행복이나 즐거움을 보여주는 영역의 틀을 짰다는 걸 알 수 있었다. 반대로 대부분 부정적인 감정을 표현한다고 답하면, 분노나 비애의 틀을 갖고 있음을 알 수 있었다.

이런 성향 때문에 인간 사이의 갈등을 경험하는 방식이 달라지는 것 아닐까. 응답자들에게 대인관계에서 생겼던 걱정스럽거나 귀찮은 문제를 떠올려보라고 요청했다. 가사 분담의 불균형, 재정적 압박 혹은 자녀를 훈계하는 방식 차이 등등에 대한 말이 나왔다. 이런 일들은 불만이 생기고 끙끙 고민하거나 화나게 하는 문제다. 그런데, 어떤 사람들은 의견의 불일치를 마음 상하는 싸움으로 경험하는 반면 어떤 사람들은 그것을 사소한 일탈로 치부한다. 파트너의 얼굴에 나타난 표정이 좌절과 불만을 의미할 때도, 긍정적인 감정과 부정적인 감정을 똑같이 읽으며 표정을 더 정확하게 판단한 사람들이 갈등 이후 관계가 원만해지는 것은 좀 놀라웠다. 부정적인 감정을 올바로 읽는 게 반드시 절망으로 이어지진 않는다. 오히려 진정으로 상황을 역동적으로 개선시킬 수 있다.

상황에 따라 단 한 사람의 반응을 인지하는 것으로는 모자라는 경우도 있다. 때로 군중의 심리를 읽어야 하는 상황에 직면하기도 한다.

혼잡한 시간에 타임스 스퀘어에서 길을 건너려는 뉴욕 시민이 아니더라도, 군중을 혐오할 수 있다. 어디 살든, 누구든, 특정한 두려움의 원천이 만들어지는 특별한 장소에 있을 수 있다. 예컨대 군중으로 초만원을 이룬 대규모 연설회장 연단에 오른 상황이라면? 전국적으로 8,000여 명을 대상으로 설문조사를 실시했는데, 공통적으로 가장 두려워하는 상황은 대중 앞에서 연설하는 상황이었다. 실제로 많은 사람들이 대중연설이 죽음보다도 두렵다고 답했다. 사람들이 대중연설을 질색하는 하나의 이유는, 대중의 반응을 중요하게 생각하지만 알기가 힘들기 때문이다. 우리는 자신에 대한 다른 사람의 의견에 관심이 많다. 따라서 그들이 우리에게 찬성하는지 반대하는지는 정말 중요하다. 억만장자 워런 버핏은 이 문제로 끙끙 앓던 차에, 수업 시간에 좀 더 큰 소리로 말하라고 요구받자 대학을 중퇴할 정도였다.[12] 그는 이제 매년 주주총회에서 4만 명 넘는 참석자들에게 5시간 동안 질문 받는다.

특별한 경우에만 대중연설에 대한 두려움이 작동되는 것은 아니다. 팀 회의에서 살 떨리는 분위기 속에 분기 보고서를 발표할 때만 그런 것도 아니다. 결혼식장에서 자리에서 일어나 매혹적인 건배사를 할 때만 해당되는 문제도 아니다. 일상적인 대중연설도 우리의 가슴을 두근두근하게 만든다. 생각이 정리되지 않았을 때에는 대규모 청중 앞이나 소모임이나 겁나기는 마찬가지다.

장내 분위기를 알고 싶은데, 기립박수를 받게 될지 외면당할지 어떻게 알 수 있을까? 청중의 얼굴에 나타난 감정 표현을 어떻게 읽을 것이냐에 달려 있다. 장내를 살필 때 시선을 어디에 둘지를 포함해, 우리 앞에 서 있는 사람을 바라보는 방식에 따라 군중이 우리 편인지 아닌지가 결정된다. 이런 상황에서, 대부분 우리를 마주 보는 사람들로부터 격려의 시선을 찾으려고 한다. 말라붙은 입을 열고 불안을 떨칠 수 있도록 칭찬이나 아니면 적어도 안도하는 모습을 기대한다. 그리고 바로 눈앞의 장면의 틀을 짜는 법을 알 때, 대중 앞에서의 두려움으로부터 벗어날 수도 있다.

크리스 앤더슨Chris Anderson은 파키스탄의 한적한 마을에서 선교사 부모 밑에서 태어났다. 그는 옥스퍼드 대학교에서 철학을 공부하고 세이셸 군도에서 저널리스트로 활동했다. 그리고 영국의 컴퓨터 매거진 두 군데에서 편집자로 일했다. 그러나 우리가 앤더슨에 대해 알고 있는 것은 이런 사항이 아니다. 우리가 앤더슨을 아는 것은 그가 테드TED(Technology, Entertainment, Design)를 시작했기 때문이다.

테드는 '전파할 가치가 있는 아이디어'를 찾는 데 주력하는 비영리기구다. 해마다 기술과 연예, 디자인, 예술, 과학 분야의 탁월한 전문가들이 콘퍼런스를 연다. 연사들에게는 사회에 대한 가장 개혁적이고 매력적인 공헌을 한 이야기를 공유하도록 최대 18분의 시간이 주어진다. 테드에 오르는 화제는 오르가슴의 과학에서부터 교육 개혁에 이르기까지 무척이나 다양하다. 많은 사람이 앤더슨의 프레젠테이션 제안을 받아들였다. 그에 따른 인포테인먼트infotainment 덕분에 테드 강연회TED Talks는 10억 회가 넘는 누적 조회 수를 기록하며 좋은 평가를 받았다.

앤더슨과 테드 선발팀은 이전에 없었던 방식으로 2013년 테드를 시도했다. 세계를 돌아다니며 무려 여섯 대륙을 방문했고 머무는 도시마다 가장 특이한 이야기를 들으려고 했다. 〈하버드 비즈니스 리뷰Harvard Business Review〉에 앤더슨이 회고한 그 정찰 원정을 다음과 같이 요약할 수 있다.

앤더슨 일행은 무려 300가지가 넘는 이야기를 들었다. 그 뒤에 놀랄 만한 이야기를 발견했다. 케냐에 머물 때였다. 앤더슨은 우연히 케냐 최연소 특허권자가 된 마사이족 소년을 만났다. 리처드 투레레Richard Turere는 여섯 살 때부터 집안의 가축을 돌보는 임무를 맡았다. 나이로비 국립공원 모퉁이에 있는 마을 키텐겔라는 밤이면 사자가 가축을 공격했다. 사자들은 영리해서 투레레가 부족에게 배운 방법이 통하지 않았다. 가축들은 계속 죽어나갔고 (많을 때는 한 주에 암소가 아홉 마리나 죽기도 했다) 때로는 사람들의 반격으로 사자가 죽기도 했다.

투레레는 여러 차례의 시행착오 끝에 횃불을 들고 방목 구역을 돌아다니면 사자들이 접근하지 않는다는 것을 알았다. 하지만 가축이 사는 구역이 넓은 데다가 투레레는 너무 어렸다. 그는 해결 방법을 찾던 끝에 부모의 라디오를 분해하며 전자공학의 기초를 익혔다. 태양전지판과 자동차 배터리, 오토바이 방향지시등 등을 조립해 깜빡이는 조명등을 발명했다. 밤중에 들판에서 조명장치가 작동하니 사자의 공격이 멈추었다. 케냐 전국의 마을은 투레레의 아이디어를 받아들여 '리처드의 사자 조명'을 설치하기 시작했다.

앤더슨이 보기에 이 아이디어는 공유할 가치가 충분해 보였다. 투레레를 'TED 2013'에 초대했다. 투레레는 최연소 연사였다. 본무대에 올라 자신의 이야기를 시작했다. 투레레는 당시 13세였고 영어도 별로 잘하지 못했다. 연설할 곳이 케냐가 아니라 캘리포니아 롱비치였기 때문에, 투레레는 생전 처음으로 용기를 내어 비행기를 탔다. 연설 연습 시간에 투레레의 말은 뒤죽박죽이고 부자연스러웠다. 현장에 모인 1,400여 명의 청중 앞에서라고 발언이 더 나아질 것 같지도 않았다.

테드의 간부진은 투레레에게 이야기의 틀을 짜도록 도우면서 연설을 연습시켰다.

투레레의 강연을 본 사람이라면 그의 겁먹은 표정을 기억할 것이다. 그럼에도 투레레는 청중을 매료시켰다(그들은 마지막에 기립박수를 보냈다). 그러면 앤더슨과 테드의 간부진은 어떻게 투레레의 마음을 진정시킬 수 있었을까?

"관중석 군데군데서 친절한 눈빛을 보내는 사람을 대여섯 명 찾는 거야. 그런 다음에, 이야기할 때 그들의 눈을 쳐다보렴."

조너선 섀스틴Jonathan Shasteen의 지휘 아래 텍사스 대학교 댈러스캠퍼스의 연구팀이 벌인 활동을 보면, 왜 테드의 조언이 설득력 있는지 알 수 있다.[13] 연구팀은 사람들의 얼굴을 살필 때, 그들 모르게 눈의 움직임을 추적하는 정교한 기술을 사용했다. 컴퓨터 모니터 틀 안에 인공감지기를 장착해 사람들의 시선이 어디로 향하는지를 기록했다. 타인의 시선이 자신에게 불리하다고 느끼거나 다른 사람들 앞에 섰을 때 두려움을 느끼면 군중을 바라보는 방식이 그로 인해 영향받았다. 다른 사람의 얼굴을 살필 때, 우리 눈은 자연스럽게 행복한 얼굴보다는 화난 얼굴에 쏠리기 마련이다. 마음 흘러가는 대로 둔다면, 적대적인 신호를 먼저 감지하고 고무적인 신호는 놓친다. 청중 속에서 친근한 얼굴 5~6명을 찾아 틀을 짜라는 앤더슨의 충고는 적절했다. 그렇게 하면 청중 대부분이 품고 있을지 모르는 호의를 느낄 수 있게 된다.

또 다른 연구에서는 이런 전략이 나이 들면서 더 자연스럽게 나타난다고 암시한다. 투레레가 테드의 본무대에 오르기 전

테드 운영진이 그렇게 가르쳤듯, 노인들은 젊은이들보다 더 사회적 환경을 중시한다. 이런 시선 처리는 노인들에게 정서적 만족을 높여준다.[14] 그러나 후천적으로 이런 성향이 나타나지 않은 사람들도 군중의 감정을 읽을 때 행복의 틀을 짜는 연습을 하면 이롭다. 상대를 이런 식으로 보는 습관을 들인 아이들은 성인이 되어서도 이득을 본다.[15] 7세 정도만 되어도, 찌푸린 표정보다 미소를 보는 법을 배운 아이들은 설령 사회적 불안을 경험하더라도 몇 주 후 훨씬 증상이 완화된다는 것을 임상의들이 확인했다. 실제로 이런 아이들 중 절반은 불안 진단의 기준에서 벗어났다. 여전히 92퍼센트가 불안 진단을 받은 아이들과 크게 대조를 이루었다. 비슷한 맥락에서, 기말고사 기간에 군중 사이에서 미소 짓는 얼굴에 주목하는 훈련을 한 대학생들은 기말고사 성적에 대한 스트레스를 덜 받았다고 응답했다.[16]

영업 직원들에도 똑같은 이치가 적용된다.[17] 한 연구에 따르면, 텔레마케터들이 군중을 살피면서 친절한 얼굴의 틀을 짜는 연습을 했는데 그 후 판매량(직접 판매가 아니다)이 70퍼센트 가까이 급증했다. 미소 짓는 표정 틀짜기 훈련을 하기 전에 텔레마케터들은 평균적으로 13명 중 한 명에게 상품을 팔았다. 하지만 훈련을 마치고 나서는 7명 중 한 명에게 팔았다. 어떻게 이런 일이 가능했던 것일까? 화내는 얼굴보다 행복한 얼굴 틀짜기 연습을 반복할 때, 외판원들의 코르티솔 수치가 떨어지는 걸 연구진은 알아냈다. 코르티솔은 인체의 스트레스를 표시하는 신경내분

비 호르몬이다. 친근한 얼굴 틀짜기 훈련은 최종 결과에 직접 영
향을 끼치며 침착한 자신감을 주었다.

◦─◯◯─◦

장애물의 틀을 짜고 그에 대해 다르게 생각하기

세상을 정확하게 파악하는 틀은, 우리가 배우고 성장할 기회가
있다고 믿을 때 가장 잘 작동된다. 과학적 연구로 증명되었다. 캐
럴 드웩Carol Dweck은 스탠퍼드 대학교에서 동기부여와 성취를 연
구하는 저명한 심리학자다.[18] 사람이 목표를 추구할 때 내면에서
작용하는 마인드셋mindset(우리말의 '사고방식'과 비슷한 뜻. 최근에는
'마인드셋'이란 용어 그대로 많이 통용되기에 마인드셋으로 옮긴다—옮긴
이)이 커다란 관점에서 보면 미래의 성패를 확실하게 예고한다는
것을 알아냈다. 드웩은 50여 년을 이 연구에 매진했다. 연구에 따
르면, 가치 있는 기량을 얻을 수 있다고 믿으며 노력하고 투자하
여 기꺼이 새로운 경험을 하려는 사람은 현재 상황이 실망스러운
경우에도 영감을 얻는다. 드웩은 이를 성장 마인드셋growth mindset
이라고 이름한다. 성장 마인드셋을 지닌 사람은 새로운 경험을
나아지기 위한 기회로 받아들인다. 이들은 배우고자 하는 건강한
열정이 있다. 모르는 것을 찾아내는 것을 이미 아는 것을 보여주
는 것만큼이나 중요하게 여긴다. 이런 연장선상에서 실패는 자신

을 규정하지 못한다. 실패는 그저 정상적인 발전 과정에 포함되는 일부일 뿐이다.

드웩은 한편 두려운 마음으로 미지의 영역을 접하는 또 다른 유형이 있음을 확인했다. 이들이 겁내는 이유는 혹여 생길 수 있는 실패를 끔찍한 경험으로 여기기 때문이었다. 드웩은 이런 사고방식을 고정 마인드셋fixed mindset이라 칭했다. 고정 마인드셋은 기질과 개인의 성격이 변하지 않는다고 믿는다. 또 사람은 일정한 지능과 능력을 가지고 태어난다고 생각한다. 이런 사람들은 만약 성적이 저조하면 극복할 수 없는 능력 부족으로 생각했다. 배우는 것보다 이기는 것을 목표로 삼으니, 실패가 자신의 전반적인 존재를 규정했다. 고정 마인드셋을 지닌 사람은 다소 모험을 시도해야 하는 상황을 자신의 자질 부족, 결점, 약점이 드러날 수 있는 위험으로 보았다. 따라서 타인에게 자신의 자질 부족을 들키는 위험을 감수하느니 차라리 시도 자체를 회피한다. 궁극적으로 더 이상의 학습 기회를 회피함으로써 파괴적인 결과를 낳게 되었다.

이렇게 다른 두 유형의 마인드셋에 주목해야 하는데, 어떤 마인드셋을 가지고 있느냐에 따라 실수에 대한 뇌의 반응 방식이 바뀌기 때문이다. 마인드셋을 평가하는 드웩의 연구에 기초한 다음 테스트를 보자. 당신은 다음 세 가지 진술에 얼마나 동의 또는 반대하는가? 점수를 합산한 다음 3으로 나누어보라.

마인드셋 테스트

1	2	3	4	5	6
적극 동의	동의	대체로 동의	대체로 반대	반대	적극 반대

1. 나의 지능은 일정하여, 지능이 바뀌는 데 실제로 할 수 있는 일
   은 별로 없다.

2. 나의 지능에 아주 큰 변화를 줄 수는 없다.

3. 새로운 것을 배울 수는 있지만, 실제로 나의 기본 지능을 바꿀
   수는 없다.

당신이 성장 마인드셋에 가까운지 혹은 고정 마인드셋을 지
니는지 진단하는 엄격한 점수표는 없다. 오히려 당신의 점수가
능력에 대한 믿음을 변화시킬 수는 있을 것이다. 평균보다 높은(4
이상의) 점수를 받은 사람은 새로운 기량을 익힐 수 있다고 생각
하는 경향이 있다. 한편 평균보다 낮은(3 이하의) 점수를 받은 사
람은 본인의 기본적인 지능을 실제로 변화시킬 수 없다고 생각하
는 성향이다. 자신의 지능이 일정하며 실제로 높일 가능성이 많
지 않다고 보는 것이다.

미시간 주립대학교의 심리학자 제이슨 모저Jason Moser 연구
팀은 이 마인드셋 테스트를 활용해 실험 참가자들을 조사했다.[19]
이들은 흥미로운 테스트를 또 하나 개발했는데, 그림을 보고 나
서 틀린 것이 있는지 빠르고 정확하게 맞히는 시각적 수색 게임
이었다. 연구팀은 실험 참가자들에게 주변의 그림이 가운데 그림

과 똑같은지 물었다. 모저는 학생들에게 뇌파진단EEG 캡을 씌우고 64점 범위 내에서 뇌의 활동을 측정하는 이 테스트를 받게 했다. 모저는 특히 '실수 긍정 신호Pe signal'에 관심을 두었다. 사람이 실수한 것을 자각할 때 절정에 오르는 뇌파를 말한다. 이 뇌파는 5분의 1초 이내 빠른 순간에 반응하는데, 이는 손가락을 까딱하는 것보다 더 빠르다.

지능이 타고난다고 생각하는지 개발된다고 생각하는지에 따라 어떤 학생이 고정 마인드셋에 비해 강력한 성장 마인드셋을 지니고 있는지가 보였다. 모저는 이런 마인드셋의 차이를 통해 어떤 사람의 뇌가 실수를 알아차리고, 어떤 사람의 뇌가 실수를 부인할 것인지 예측할 수 있었다. 성장 마인드셋을 가진 사람들은 실수 긍정의 폭이 넓은 것으로 나타났다. 그들의 뇌는 신경학적으로 실수할 때마다 인정하고 받아들였다. 반면, 고정 마인드셋을 지닌 사람들은 신경학적으로 마치 실수한 것을 깨닫지 못하는 것처럼 말 없는 태도를 보였다. 실수의 인식 여부가 이후 테스트 점수를 개선하는 데 핵심 역할을 했다. 실수 긍정의 반응이 더 큰 사람들은 즉석에서 주어진 임무를 더 잘 수행했다. 성장 마인드셋은 실수를 빠르게 인시하게끔 했고, 학생들이 학습하고 회복하고 개선하는 데 도움을 주었다.

자신의 실수에 주목하고, 실수가 곧 무능력을 드러내는 것이라 보지 않으며, 오히려 성장할 기회를 준다고 생각할 때, 정신은 더 건강해진다. 또한 더 행복해진다. 연구팀은 남자 농구 챔피

언십NCAA Division I 선수들을 훈련시켜 성장 마인드셋을 익히게 했다.[20] 선수들은 실수를 할 가능성을 발전을 위한 기회로 여기는 훈련을 했다. 그랬더니 스트레스를 덜 받았고 실망하는 감정을 더 잘 다스리게 됐다. 각자 스포츠에 매진할 에너지가 더 많이 생겨났다. 또, 대학의 조정 선수들로 하여금 성장 마인드셋을 활용하도록 훈련시키는 연구도 진행됐다. 이들은 정신을 더 강인하게 발전시켰다. 성공의 핵심 요인이라고 할, 자신의 성취 능력에 대한 믿음 또한 더 강해졌다.

성공을 가늠하는 규정 또한 단순히 몇 초 시간을 버는 것이나 3점 슛을 하나 더 기록하는 것 이상으로 정할 수 있다. 성공은 부활의 형태를 취할 수 있다. 프로 서퍼인 베서니 해밀턴Bethany Hamilton은 끔찍한 사고를 당하고 인생 경로가 바뀌었다.[21] 여덟 살 때부터 그녀는 서핑 대회에서 우승하기 시작했다. 13세가 된 2003년에, 베서니는 절친 앨러나 블랜처드Alana Blanchard, 그리고 그 가족과 함께 카우아이 섬의 터널스 비치로 서핑을 하러 갔다. 오전 7시 30분, 햇살이 더없이 완벽한 날이었다. 모래는 황금빛으로 반짝였고 만 어귀에 있는 절벽은 초록으로 뒤덮여 있었다. 사방에서 거북들이 헤엄치고 있었다. 해밀턴이 왼팔을 물속에 담근 채 보드에 누워 있을 때, 4미터 길이의 뱀상어가 수면으로 올라와 그녀를 물었다.

친구는 보드를 저으며 그녀를 해안가로 데려갔다. 블랜처드의 아버지가 서핑보드의 끈으로 지혈대를 만들었고, 서둘러 병원으로 향했다. 해밀턴은 혈액이 60퍼센트가량 출혈되어 쇼크 상태에 빠졌다. 해밀턴의 왼쪽 팔은 거의 전부 사라지고 말았다. 뱀상어에게 공격을 받고 3주가 지난 뒤, 해밀턴은 퇴원했다. 퇴원 후 일주일가량 됐을 때부터 다시 서핑보드를 타기 시작했다. 그리고 1년도 안 되어 오스트레일리아 전국학생협회 서핑대회에서 우승했다. 지금은 전 세계의 최우수 여성 서퍼 50인 중 한 명으로 손꼽힌다.

한쪽 팔을 잃는다는 것은, 대부분의 사람들에게 선수 생활의 끝을 뜻할 것이다. 해밀턴에게도 그 사고는 자신의 선수 생명의 끝을 의미할 수 있었다. 파도 위에서 한쪽 팔로 보드를 젓는 것은, 훨씬 더 어렵지만 가능하기는 했다. 균형 잡기도 거의 불가능하지만 해밀턴에게는 그렇지 않았다. 해밀턴은 성장 마인드셋을 지녔다. "어떤 상황에 놓였든 하고 싶은 쪽으로 마음을 정하고, 그 마음을 바탕으로 알맞은 태도를 취하면 성공할 수 있습니다." 이 사고 또한 그녀에게는 다시 스포츠를 할 수 있다는 것을 세상과 자신에게 보여주는 하나의 계기일 뿐이었다.

우리가 하와이에서 상어와 함께 서핑을 한다든지 전국 챔피언을 목표로 삼는 일은 없을지 모른다. 그러나 성장 마인드셋은 우리 자신의 건강 목표를 위해서도 똑같이 중요하다. 중요한 목표를 추구할 때면 그렇듯, 성공을 위해 노력하는 과정은 처음에는 혹은 그다음에도 종종 실패의 모습일지 모른다. 그렇다고 거기서 겁을 내고 물러나서는 안 된다. 완벽한 상태를 보여주려고 집착해서도 안 된다. 드웩은 "과정에 집중하는 것이 결과에 집중하는 것보다 낫다Becoming is better than being"라는 훌륭한 조언을 했다. 실수를 품어 안자. 앞으로 나갈 곳을 찾고, 그다음에는 그 길을 가며 만나게 될 단점도 끌어안자. 건설적인 비판을 할 수 있게끔 틀을 짜자. 그것이 성공으로 가는 디딤돌일지니.

나는 서핑을 잘 못한다. 실력이 출중한 코치에게 대여섯 차례 개인 레슨을 받기도 했는데 파도 치는 동안 보드에 발을 올리는 간단한 동작조차 하지 못할 만큼 자질이 없었다. 그래도 코치는 엄청난 인내와 우정으로 날 계속 가르쳤다. 나는 스키도 능숙하게 타지 못한다. 생전 처음 서쪽 슬로프를 타려고 갔다가 넘어지는 바람에 무릎 재건수술을 받고 회복하는 데 반년가량 걸렸다. 하지만 이런 운동 실수를 통해 내 자신을 규정하지 않으려고 한다. 물러서지 않을 작정이다. 물론 잘되지는 않았지만, 적어도 넘어질 때 훨씬 덜 아픈 서핑 같은 것이라면 도전을 멈추지 않을 것이다.
이 책을 쓰면서 실수를 거듭했다. 위대한 선수들이 겪었던 고통을 느낀 셈이었다. 각 장의 내용과 메시지를 공유하고 브레인스토밍하며, 계획의 약 80퍼센트를 꼼꼼히 살피고 무려 아홉 번에 걸쳐 수정했다. 내가 자신있는 부분을 다룰 때도 서핑할 때 보드에 올라서는 것만큼이나 엄청난 노력을 하는 것처럼 느껴졌다. 편집실 바닥에 쌓아놓은 원고 더미에 초점을 맞추고 스크랩

해놓은 것들이 때론 내 무능력의 증거처럼 보였다. 그 원고들을 하나하나 검토하면서 '어쩌면 나는 작가가 될 자질이 없는지도 몰라' 하며 흔들릴 수도 있었을 것이다. 내가 그런 마인드셋을 지녔다면 최종적인 결과를 실패로 몰고 갔을지도 모른다. 근본적으로 그리고 숙명적으로 목표에 이를 만큼 기량이 충분하지 않다고 생각하면 어떤 것이든 마찬가지 결과를 낳는다.

이런 우여곡절을 겪은 이 책의 또 다른 여덟 개 판본은 지금 내 컴퓨터 1차 편집본 폴더에 저장되어 있다. 여러분이 보게 되는 일은 없을 것이다. 그럼에도 불구하고 그것들은 여전히 이 이야기에서 주역을 맡고 있다. 각 버전마다, 나는 서로 다르게 생각을 밀어붙이며 다시금 새로운 방침을 시도했다. 이 아홉 번의 반복 작업을, 나는 내 지적 마라톤의 이정표로 생각한다. 이 모험의 중요한 순간을 보여주는 깃발이라 여긴다. 맨해튼으로 들어가는 퀸즈버러 교와 결승선이 있는 센트럴파크는 뉴욕 마라톤 대회 마지막 구간의 포인트들이다. 도전의 진화 단계를 의미한다. 독자들이 결코 보지 못할 이 책의 미발표 버전도 마찬가지다.

나는 또 드러머로서 내 진화의 증거를 숨겨놓았다. 이것도 햇빛을 보지 못할 것이다. 이웃들에게 공개하기 전에, 나는 몇 차례의 연습 장면을 비디오테이프에 담았다. 침대 헤드는 연습에 제격이었다. 몇몇 지인은 내가 처음 연습을 시작한 지 1~2주 됐을 무렵, 내 동작이 달리기를 시도하는 아기 기린을 연상시킬 때 찾아왔다. 나는 이 경험을 무능력의 증거라고 생각하지 않는다.

그리고 촬영할 때도 그렇게 생각하지 않았다. 그것은 내 음악 마라톤의 거리 표지판 같은 것이다. 또 무능력의 증거가 아니라 내 개인적인 진화의 무대라고 할 것이다.

'결과'가 아니라 '과정'의 마인드셋이 우리의 내면과 주변에 문화를 만들어낸다. 로체스터 대학교 교수 에드워드 데시Edward Deci는 동기과학motivation science 분야의 전문가다. 세계 최대 규모 회사 직원들의 삶을 개선하는 데 통찰력을 활용하기도 했다. 긍정적인 틀짜기가 동기부여의 힘을 강력히 보여준 예를 하나 보자. 한번은 포춘 500대 기업에 드는 한 사무기기 전문회사에서 그에게 상담을 요청했다.[22] 당시 기업들은 혹독한 어려움을 겪고 있었다. 경쟁은 치열했고 매출은 저조했다. 직원들은 고용 안정을 걱정했다. 정확하게 말하면, 정리해고와 임금 동결은 드문 일이 아니었다. 근로 의욕은 뚝 떨어졌다.

이런 상황에서 데시가 투입됐다. 데시는 인터뷰를 시작했다. 그러면서 전반적으로 경영진이 긍정보다 부정적인 피드백을 많이 한다는 사실을 발견했다. 경영진은 구조적으로 직원들의 행동의 가치보다 직원 개인의 가치를 평가하는 방식을 갖고 있었다. 이런 구조에 변화가 필요했다.

그는 1만 5,000명의 직원을 훈련시킬 프로그램을 개발했다. 경영진은 직원들의 관점을 수용하고, 아이디어와 반응, 경험을 직원에게 요청하고 듣고 이해하는 방법을 배웠다. 직원들은 주도권을 잡는 법을 배우고 발휘할 기회가 생겼다.

가장 중요한 것은, 경영진이 직원의 정당한 노력을 칭찬하는 쪽으로 피드백하는 법을 지도받았다는 것이다. 사흘 동안 현장과 떨어진 곳에서 이 프로그램이 진행됐다. 경영진은 직원의 아이디어와 결정에 건설적이고 긍정적으로 반응하고 그것을 말로 표현하는 법, 때로는 어떻게 하면 더 자주 칭찬을 말로 표현할 수 있는지 배웠다.

　　결과는 어땠을까? 경영진들의 태도가 달라지고 새로워지자 직원들도 변화했다. 이들은 승진 가능성을 더 크게 보았고, 자신의 일에 더 만족감을 느꼈으며 경영진에 대한 신뢰감이 늘어났다고 했다. 여기에는 직원들이 전에는 접근조차 할 수 없었던 최고위층도 포함되었다.

　　수년이 지난 다음, 퀘벡 대학교 몬트리올 캠퍼스의 경영과학 교수인 재크 포레스트Jacques Forest 연구팀은 이런 변화의 재정적 효과를 분석했다.[23] 능률적이고 긍정적으로 피드백하도록 경영진을 훈련시킨 결정은 효과가 있었을까? 효과가 있었다. 훈련에 든 비용과 회사가 절약한 정신건강 비용을 계산해 분석했다. 포레스트는 투자 수익률이 33퍼센트가 넘는다는 것을 확인했다. 일찬 투자였다.

이렇게 해보자

피드백에 접근하는 방법으로 제안한 앞의 내용이 다소 혼란스럽게 들릴지도 모르겠다. 요약하자면 이렇다. 상대를 볼 때 감정을 제대로 읽어내도록 틀을 짜라는 것이다. 설령 상대가 나와 함께 있을 때 즐겁지 않아 보였다 하더라도 말이다. 또한 사람의 표정을 볼 때 틀을 짜라는 제안도 했다. 나를 둘러싼 주변 환경을 나의 기분이 좋아지게 만들 수 있다는 의미다. 우리는 세상에 가장 크게 기여할 수 있는 방식으로 세상을 보는 틀을 짤 수 있다. 또한 이 세계를 있는 그대로의 모습으로 볼 수 있도록 틀을 짤 수도 있다.

경험해보지 않은 새로운 모험에 뛰어들려고 할 때를 떠올려보자. 우리는 긍정적인 것을 강조함으로써 동기부여를 한다. 또이 세계가 품고 있는 것들을 최대한 완벽하고 진실하게 반영하는식으로 시각적인 환경의 틀을 짤 수도 있다. 이런 틀짜기 방식이때로는 자신의 어떤 취약성이나 결점으로 비칠 측면을 드러낼지도 모른다. 하지만 이런 방식은 성장 마인드셋에 다가가게 하여발전을 추동한다. 노력이 최대한 발현될 수 있는 방향으로 틀짜기하면서 변화를 받아들일 우리 자신의 잠재력을 믿을 때, 성공할 확률 또한 올라간다.

성공의 길을 보기 위한 시각적 전략을 어떻게 짤 것인가. 다른 도구들처럼 이것도 고유의 목표를 성취하는 데 도움이 될 수 있다. 세상을 바라보는 시각적인 환경을 어떻게 틀짜기할 것인가. 그 선택은 우리에게 달려 있다.

7

유혹을
피하기 위해
시각적 틀 넓히기

피트가 떠났다. 이혼은 아니고 출장이다. 그래도 기간이 일주일이나 되었다. 우리를 갈라놓기에 충분한 기간이었다. 통화는 되지만 의지할 수 없으니 일에 매인 한 부모의 삶이 어떤 것인지 경험하게 됐다. 불편했다. 침대에서 똥 냄새 같은 게 났다. 나에게서 나온 냄새는 아니고 실제로 나는 것도 아니다. 피트가 기저귀 통을 비울 때면 냄새까지 빼가는데, 나에게는 없는 희한한 재주였다. 매티는 독감에 걸려 아팠다. 그래서 몸으로 들어가는 음식보다 몸에서 나오는 것이 분명히 많았다. 침대는 손을 쓸 수가 없었다. 내 시트는 젖은 것 같았다(어떻게 된 일인지?). 램프를 망가뜨렸는데 그걸 치우려고 사용한 진공청소기까지 고장이 났다.

그리하여 한 부모 역할을 맡은 모험의 첫날은, 의료 응급 상황으로 시작되었다. 매티와 나는 놀고 있었다. 매티는 핫요가를 하는 사람들이 데리고 온 염소처럼 내 위를 기어 올라왔다. 그러다 일이 이상한 방향으로, 운동하며 땀 흘리는 동물원의 동물보다 더 이상하게 진행되더니 매티가 머리로 나를 들이받았다. 일부러 입을 들이받은 것이다. 내 입술이 찢어지고 음속보다 빠르게 두 배로 부어올랐다. 비명조차 지를 새 없이 입술이 마구 부풀어 올랐다. 피가 흐르자 매티와 내 입에서 동시에 비명이 터져 나왔다. 그날은 시작부터 좋지 못했다.

오후가 지나면서부터 기진맥진이 되었다. 전에는 전혀 하지 않던 행동을 했다. 매티가 낮잠 자는 동안 같이 잔 것이다. 이 귀중한 순간에 당연히 있어야 할, 사치를 누린다는 느낌이 없었다. 그보다는 거실에서 쓰러지듯 누워버렸다. 나는 마룻바닥에 누워 태아처럼 웅크리고 잤다. 꼼짝하고 싶지 않았고, 베게도 없었다. 얼굴에 덮인 담요는 그냥 처음부터 거기 있었던 것 같았다. 소파가 발에 닿을 만큼 가까이 있었지만 거기까지 움직일 기운조차 없었다. 그야말로 저절로 쓰러져 순식간에 잠에 빠져들었다. 설마 육아로 인한 뇌진탕은 아니겠지?

아기 침대에서 매티가 보채는 소리에 잠에서 깼다. 매티는 엄마를 사다리 삼아 침대 밖으로 나오더니 곧장 아이패드 쪽으로 향했다. 이 책을 쓰는 동안 매티가 엄마와 떨어져 있을 때 무얼 하고 지내는지 곰곰 생각하니 뭔지 알 것 같았다. 만약 요 앞 애플 스토어에서 마일리지 서비스를 한다면, 매티는 아마 오래전

　　　　　　　　　　　　　　　　　　　　　　관점 설계

에 공짜 커피를 열 잔은 받고도 남았을 것이다. 아이는 마치 수업을 받은 것처럼 제가 뭘 하는지 알았다. 매티는 보통 '아니'라는 의미로 흔들 때 쓰던 통통한 작은 집게손가락으로 거침없이 제 디지털 게임기를 켜더니 노래를 한 곡 틀었다. 매티는 원하는 대목부터 노래를 시작했다. 수천 개 곡 가운데 호기 카마이클Hoagy Carmichael이 작곡하고 프랭크 시나트라가 부른 〈너 없이도 난 잘 지내고 있어I get along without you very well...〉를 틀었다.

이날로 똑똑히 확인된 것처럼, 피트 없이 나는 잘 지낼 수 없다.

그 주말에, 매티와 나는 힘들게 도시를 벗어나 시골로 갔다. 밤이 찾아오자 나는 침대로 쓰러졌다. 마음은 점점 늘어나는 '할 일 목록'에 가 있었다. 이날 잊고 하지 못한 일 때문에 잠을 잘 수 없었다. 내가 해야 할 일은 매일 한 일보다 훨씬 많았다. 이에 더해 매티는 점점 일출과 친숙해져갔다. 이번 주에는 아예 떠오르는 해를 매일 직접 맞이하려고 했다. 그래서 고백하자면, 나는 통 드럼 연습을 하지 못했다. 드럼 스틱조차 보지 않았다. 너무도 피곤했고 쉬고 싶었다.

자기가 가진 것 외에 무언가를 더 원하는 사람이 나 혼자만이 아닌 걸 알게 되었다. 매티와 내가 건강하고 행복하게 사는 것 너머 또 달리 원하는 일은 생기게 마련이다. 집으로 돌아온 뒤, 유혹과의 싸움을 다룬 글을 다시 찾아 읽었다. 뭔가 다른 것을 찾았다. 독일 뷔르츠부르크에 사는 성인 여성 200여 명을 상대로, 각자 하루를 보내며 무엇을 원하는지 조사한 연구였다.[1] 참가자들 모두 시중에서 판매되는 스마트폰을 하나씩 받았다. 이 휴대폰은 불시에 알람이 울려, 일주일 동안 두 시간마다 개인적인 질문을 했다. 이 조그만 장치가 난데없이 물어보는 질문은 주로, 주인이 그 순간에 무엇을 원하는지였다. 그 '무엇'에는 어떤 것이든 포함될 수 있다. 질문에 대한 답이 '예'라면, 이 장치는 또 그것이 무엇인지 설명하라고 했다. 실험 참가자들은 자신의 내면세계를 내보이는 것을 그다지 부끄러워하지는 않았다. 모든 욕구와 변화무쌍한 욕망을 기록할 수 있는 기계와 연결된 것은 아니었다. 영화 같은 데서 보면 진짜 같기도 하지만, 아직 이러한 기계는 나오지 않았다. 하지만 이 장치는 하루 중에 마음속에서 가장 빈번하게 떠오른 자신의 바람을 무작위로 묻도록 설정되었기에, 그리고 참가자들이 대답하는 것을 부끄러워하지 않았기 때문에 연구팀은 대량의 데이터를 수집했다. 실제로 읽을 만한 답변이 무려 1만 개가 넘었으며, 여기서 얻은 자료를 통해 대강 우리 인간이 어느 정도의 빈도로, 무엇을 원하는지, 훌륭히 연구를 수행할 수 있었다.

그 결과는 분명했다. 가장 보수적으로 평가하더라도 사람들은 깨어 있는 시간 중 질반 정도는 뭔가를 원한다고 느낀다. 뭘하는지 물었을 때, 네 번에 한 번 꼴로는 음식이라는 답변이 나왔다. 그다음으로 잠과 마실 것이란 응답이 빈도가 높았다. 텔레비전을 보거나 인스타그램 피드를 확인하거나 섹스에 대한 갈망도 있었지만, 이보다 커피를 마시고 싶은 빈도가 더 높았다.

관점 설계

뭔가를 바라는 건 좋다. 먹고 싶고, 자고 싶고, 섹스하고 싶은 욕구는 그야말로 우리 인간을 종으로서 살아 있게 한다. 그런데 우리가 지금 당장 바라는 것이 훗날 바라는 것과 일치하지 않는 경우가 종종 있다. 실제로, 약 절반 정도는 사람들이 뭔가를 원하면서도 동시에 그러고 싶지 않다고 했다. 추구하는 바와 욕구가 상충된다고 말했다. 전체적으로, 깨어 있는 시간의 적어도 4분의 1 동안은 우리가 유혹당하기를 원치 않던 무언가로 신경이 향하고 있다는 걸 발견하게 된 것이다.

유혹은 눈길을 사로잡고 정신적인 영역을 차지할 수 있다. 마주치거나 부근에 있는 무언가에 주목할 때, 다른 생각을 하기는 힘들다. 예를 들어 지루한 모임에 나갔는데 쿠키 한 판이 뒤에 있다는 것을 안다 치자. 마음은 '잠시 실례할게요'라고 말하고 문밖으로 나가 쿠키를 맛보는 생각을 할 수 있다.

바꿔 말해, 근시안적으로 생각하면, 편협하게 행동할 때도 있다는 것이다. 다이어트하는 사람이 초콜릿에, 금주하려고 애쓰는 사람이 진 토닉에, 절약하는 사람이 낭비 같은 것에 집중하다 보면 우리는 때로 불꽃으로 달려드는 나방처럼 행동한다. 우리의 눈을 사로잡는 것들은 당장에는 이상적으로 보이지만 장기적인 계획과는 맞지 않는 결정으로 우리를 이끌 수 있다. 오늘 초코바 한 개 먹는다고 뱃살이 늘지 않겠지만 매일 한 개씩 먹는다면 새 바지를 사러 나가야 할 것이다. 아침저녁으로 통근 길에 아이스 카푸치노 한 잔 산다고 해서 은행 계좌가 바닥나지는 않겠지만 한 달 내내 그런다면 잔고는 심각하게 줄어들고 저축 계획에도 차질이 생길 것이다.

초점 확대하기

구글의 스낵 코너를 채우던 직원들 이야기 기억하시는지?[2] 그 사례를 통해, 좁은 초점이 어떻게 그릇된 선택으로 우리를 끌고 가는지 보았다. 직원들이 음료수 한잔하러 스낵 코너에 들렀다가 거기 놓인 스낵을 보고 한 움큼 집어간다는 것을 알자, 연구자들은 음료와 식품을 떼어놓기로 결정했다. 한 음료 코너는 스낵 코너에서 2미터 떨어지게, 또 한 곳은 5미터 떨어지도록 배치했다. 연구자들은 400명의 직원들이 7일 근무 동안 선택한 모든 음료와 간식을 기록했다.

3미터의 차이는 컸다. 간식거리가 음료 코너에서 가까울 때는 직원의 20퍼센트가 맛을 보기 위해 발을 멈추었다. 그러나 간식거리가 더 멀리 떨어져 있을 때는 직원의 12퍼센트만이 손을 댔다. 전형적인 구글의 남자 직원을 생각해보자. 평균 체중이 81킬로그램인 이 사람은 물이나 커피를 마시기 위해 하루에 평균 세 번 자리를 뜬다. 이때를 제외하면 거의 자리에 앉아서 일하는 방식으로 근무한다. 다른 직장보다 직원들을 더 오래 잡아두기 때문에 이런 특전을 베푸는 이유도 있다. 이 사람으로 볼 때, 위에서 말한 확률의 차이는 그가 매년 180개의 간식을 집었다가 내려놓는 기회를 의미할 수도 있다. 적게 잡아 스낵이 각각 150칼로리 정도씩 나간다고 할 때, 이런 충동적 선택으로 12개월마다 1.5~2킬로그램씩 몸무게가 불어날지도 모른다. 단순히 물 한 잔 마시러 갈 때마다 스낵이 눈에 보이기 때문이다.

더 건강하고 행복하고 만족스러운 환경에서 일하기 위해 꼭 구글에서 일할 필요는 없을 것이다. 샤냐 콜Shana Cole, 야냐 도미니크Janna Dominick 그리고 나, 이렇게 셋은 어떤 이들은 직관적으로 이미 이러한 방식을 안다는 것을 확인했다.[3] 다이어트 환경을 제대로 찾는 사람들은 구글의 식품 담당 직원들처럼 더 건강한 경험을 모방하는 식으로 주변을 바라본다. 우리 셋은 건강에 좋지 않은 식품 소비를 자제할 생각이 있는지 몇백 명에게 물었다. 또 단 몇 킬로그램이라도 체중을 감량하고 관리하는 데 어떤 방식으로 관심을 두는지도 물었다. 다음으로, 다양한 식품과의 거리가 얼마나 되는지 물었다. 이 조사를 하면서 우리는 일종의 카페를 차리고 탁자 위에 감자튀김이나 쿠키, 당근, 바나나 같은 것을 올려놓았다. 다이어트하는 사람들 중, 건강식품을 더 잘 선택하는 사람들보다 유혹에 안 넘어가려고 너무 힘껏 애쓰는 사람들이 건강에 안 좋은 식품들과의 거리를 더 짧게 본다는 것을 확인했다. 물론, 식품과의 거리는 언제나 일정했다. 유혹에 힘들어하는 사람들은 건강에 안 좋은 식품과의 거리를 더 짧게 보았고, 그에 따라 가까운 미래에 건강한 식품을 먹겠다는 의지가 더 약했다. 왜 이런 오인 현상이 발생할까? 초점이 좁기 때문이다. 바로 앞에 보이는 것에서 눈에 뗄 수가 없기 때문이다.

컵케이크의 경우를 예로 들어보자. 미아 바우어와 제이슨 바우어 부부는 함께 맨해튼의 어퍼 웨스트사이드에 크럼즈 베이크 숍Crumbs Bake Shop을 개업했다. 이 체인점은 설탕을 듬뿍 치고 끈적끈적한 첨가물로 장식한 컵케이크의 높이로 유명했다. '거대한 컵케이크'의 높이는 17센티미터나 되었다. 누구나 이 집에서 만드는 컵케이크를 좋아했다. 바우어 부부는 구멍가게로 시작했지만, 10년도 안 되어 점포 수를 70개로 늘렸다. 이 중에 22개 지점은 개업한 지 1년도 안 된 곳이었다. 이것이 발판이 되어 크럼즈 베이크 숍은 경제지 〈INC〉가 선정한 '가장 빠르게 성장한 500대 기업'에도 올랐다. 바우어 부부는 그들의 아이가 생후 처음 내뱉은 말이 '컵케이크'였다고 농담한다.

그런데 흔히 일어나는 일이지만 그들은 10년이 지나고부터 고생했다. 주당 13달러에 거래되던 주식은 크럼즈가 창업 13년을 맞던 해에 주당 3센트로 곤두박질쳤다. 그러다가 나중에는 주당 1센트도 안 되었다. 나스닥에서는 크럼즈가 모든 점포의 문을 닫기도 전에 거래소에서 이 회사의 상장을 폐지할 계획을 세웠다.

왜 이렇게 되었을까? 물론 만사가 지나고 보면 잘 보이는 법이지만, 기업 애널리스트들은 크럼즈 초기 성공의 핵심 요인이 몰락의 이유이기도 하다고 추정했다. 단일 품목, 즉 컵케이크의 매출로 초점을 좁힌 것이 원인이 되었다.

〰️⊶⊷〰️

좁은 초점의 기준

우리가 시간을 생각하는 방식을 보자. 초점을 좁힌 뒤 어쩌면 우리는 원하지 않는 선택을 하는지도 모른다. 우리는 잠에서 깨어나 오늘 무엇을 할지 생각한다. 잠에서 깨어나서 '이번 달'에 무엇을 하고 싶은지 생각하지는 않는다. 적어도 우리 중에 그렇게 생각하는 사람은 별로 없다. 식당 차림표를 보면서 오늘 밤 칼로리를 감당할 수 있을지 고민한다. 그렇다고 차림표를 보면서 지난 2주간의 디저트 섭취량과 앞으로 2주간 예상되는 디저트를 고려해 먹을 것을 선택하지는 않는다. 우리 아이가 자녀가 없는 부모들마저도 알아들을 만큼 분명하게 막 배운 '폰'이라는 말을 부르짖을 때, 우리는 아마 시끄럽게 보채는 아이를 달래기 위해 서둘러 〈토마스와 친구들〉 영상을 틀어줄 것이다(적어도 나는 그랬다). 영상 콘텐츠와 전자 기기가 없던 어린 시절은 잊은 지 오래다. 우리가 일상적으로 내리는 결정은 우리의 목표와 일치하지 않을지 모른다. 우리가 내리는 결정은 내일 그 이후가 아니라 현재 이 자리에 초점을 맞춘 것이기 때문이다.

좁은 초점이 나에게 주는 영향이 큰지 궁금했다. 나 자신이 실험 대상이 되어보면 어떨까 생각했다. 그래서 내가 가르치는 학생들을 모아 각자 테스트했다. 우리는 상징적으로 제인 구달 스타일의 실험실 복장을 걸치고 그대로 자기 자신에 대한 자연주의적인 관찰 연구에 들어갔다. 좁은 초점이 영향을 미칠 몇 가지 방식을 떠올릴 수 있었다. 학생들도 이것이 연구할 가치가 있는 삶의 일면이라는 데 동의했다. 그리하여 우리 팀 25명은 2주간 의도하지 않게 쓴 비용, 즉 충동구매를 추적하기 시작했다.

맥스는 참치 샌드위치 과소비를 추적했다. 하르테지는 자기가 전자담배를 구매하는 빈도가 궁금했다. 나머지 참가자들도 배달음식이나 택시, 옷에 얼마나 소비를 하는지 자문해보았다. 나는 내 돈이 어디로 빠져나가는지 거의 몰랐지만, 항상 빠져나가고 있다는 것은 알았다. 그래서 나는 네 시간마다 마지막 구매 이후 무엇을 샀는지 물어보도록 휴대폰 알림 설정을 했다.

우리는 모두 결과에 깜짝 놀랐다.

내 경우 아침에 잠에서 깼을 때 예정하지 않았던 구매를 한 경우는 약 25퍼센트에 달했다. 이 2주 동안 의도하지 않았던 나의 지출은 전부 음식이었다. 출근할 때, 절반 정도는 도시락을 싸가고 싶었지만 깜빡 잊고 챙기지 않았다. 그런 날이면 나는 내 미각을 유혹하는 제과점에 들렀다. 거의 언제나 그랬다. 아침마다 나에게 커피를 내주는 사람이 있지만(피트, 고마워), 나는 여전히 연구실 부근에서 커피를 사 마신다.

나도 이후에 내 기분이 어떤지 기록했다. 그리고 내 반응이 세 가지 범주로 나뉜다는 것을 발견했다. 반응 중 일부는 '나는 먹어야 한다. 적어도 건강을 위해서' 같은 노골적인 합리화였다. 두 번째 경우는, 그 비용을 피로 탓으로 돌렸다. '오늘 오전에만 세 잔째 커피야. 세는 걸 잊은 게 분명해.' 세 번째 경우, 이렇게 자책했다. '이 아몬드 크루아상은 매티와 피트하고 같이 먹으려고 산 건데…… 혼자 먹다니, 몹쓸 엄마야.' 혹은 '이런 빌어먹을 피칸 바를 보았나. 몇 입 먹지도 않았는데 벌써 후회가 되는군. 이런 식으로 칼로리와 금전을 관리해서는 안 되는데.'

학생들도 나와 비슷하게 경험한 것 같았다. 그 과정을 추적하고 큰 그림을 보기 위해 편집하면서 유킹은 자신이 계획을 했던 것보다 한 주에 두 배나 되는 돈을 점심 값에 썼다는 것을 알았다. 수프와 샐러드에 35달러나 지출하다니, 최종 결산에 지장을 주었다. 마찬가지로 애나는 지출의 35퍼센트를 본인 표현으로 '말도 안 되게 비싼' 음식을 먹는 데 썼고 280달러 대부분을 커피와 베이글 등에 과소비한 것으로 계산됐다. 가브리엘은 차량공유 서비스 주노Juno의 아주 충성스러운 고객이 되어 한 달치 유선방송 시청료와 맞먹는 돈을 썼다. 알렉산더는 과소비 비용의 정확히 62퍼센트가 치킨 아보카도 샐러드 샌드위치에 들어간 사실을 알았다.

우리가 예언가는 아니어도 이런 일이 일어나리라고 어느 정도는 예상했다. 추적을 시작하기 전에, 예상치 못한 유혹에 넘어갈지도 모른다고 생각했다. 의도하지 않은 비용이 전체적으로

1,600달러 이하 수준에서 발생할 것이라고 예측했다. 그러나 실제로 추적해보니 소비 규모가 훨씬 크다는 것이 드러났다. 우리 팀은 이 2주 동안 약 2,400달러를 무분별하게 소비했다. 이것이 더욱 놀라운 이유는 우리 중 정규직에서 일하는 사람은 절반가량에 불과했기 때문이다.

예상을 웃돈 800달러 차이는 영향이 컸다. 개인적으로는, 실제로 추적한 12일 동안 계획에 없던 돈을 75달러 30센트 지출했다. 물론 현실적으로 재정 압박을 받을 정도는 아니지만, 잔돈의 규모는 분명히 넘어선 수준이었다. 좀 더 의미 있는 곳에 쓸 수 있었다는 생각을 하니 안타까운 비용이었다. 뉴욕에서라면 아무 생각 없이 육아도우미를 다섯 시간 고용하는 데 그 돈을 썼을 것이다. 혹은 부부끼리 오붓한 밤을 보낼 기회를 이틀 치는 날려버린 기분이었다. 아니면 그 돈이면 줌바 강습을 네 시간은 받을 수 있었을 것이다. 그러면 4,000칼로리는 연소했을 테고 이 정도면 피칸 바를 죄책감 없이 더 먹을 수 있었을 것이다. 생각 없이 소비한 각각의 행동은 뭔가 구체적인 결과로 이어졌다.

학생들 또한 되돌아보며 전체적인 계산을 해보고는 과소비의 영향을 실감했다. 한 여학생은 결산을 통해 자신의 돈을 허공에 날린 기분을 이렇게 표현했다. "그 돈을 뭔가 좋은 일을 위해 아낄 수 있었는데요. 아니면 좀 더 현실적으로 필요한 화장품을 사든지 말예요." 카페인 중독에 걸린 학생은 잠을 자는 것이 얼마나 싸게 먹히는지 깨달았고, 또 다른 학생은 본인이 원하던 것보다 더 늦은 시각까지 깨어 있는 데 그렇게 많이 지출한 자신에게 실망했다. 대신 영화를 보며 나초를 먹는 시간을 대폭 늘릴 수 있었을 것이라고 생각했기 때문이다. 남학생 한 명은 이 2주 동안 자신이 충동구매한 돈이면 뉴욕레인저스 하키팀 경기 입장권을 세 장 살 수 있고, 〈라이온 킹〉의 학생 할인 입장권 2장 반에 해당하며, 로어 맨해튼의 파이낸셜 디스트릭트에 있는 호텔에서 이틀 밤을 보낼 액수임을 깨달았다. 룸서비스까지 받을 충분한 돈을 남길 수 있었다. 어떤 학생들에게는 지출을 추적하고 되돌아보는 과정이 가톨릭 신도의 사순절 참회 같았다. 죄책감에 고개 숙인 이들에게 이 경험은 일상생활에서 쉽게 무시되는 재정 불안을 드러내주었다.

물론 이 경험을 만족스럽게 느끼는 사람들도 있었다. 학생 두 명은 좀 더 통제력을 발휘해 나쁜 습관의 근원을 알게 되었다. 그러고 나니 스트레스를 덜 받았다. 다른 학생은 실제 지출을 직접 보고 나서 자신의 소비 습관에 가졌던 의심을 풀게 되었다. 계획에 잘 들어맞는 것을 알고는 기뻐했다. 또 한 여학생은 자신이 은근히 초콜릿을 과소비한다고 확신했지만 생각보다 적게 먹는 것을 알고 기뻐했다.

그럼에도 불구하고, 이런 즐거운 측면이 나에게는 효과가 없었다. 하루하루 지나갈수록, 그런 감정 중에서 나나 학생들이 이전에 하던 선택을 바꿔준 것은 하나도 없었다. 물론 후회하기는 했지만, 나는 여전히 온갖 쿠키를 먹었다. 그리고 다음 날이면 또 다른 쿠키를 사러 갔다.

　의도하지 않게 구매를 하게 되는 이유는 여러 가지가 있다. 그중 하나는, 우리가 형편에 맞지 않는 과소비를 정당화하는 데 익숙하다는 것이다. 지하철역 계단을 내려가기보다 카 서비스에 전화해야 하는 구실이 여섯 가지는 되더라는 여학생도 있다. 그 구실에는 가벼운 사치, 벌레가 나오는 지하철역에 대한 비이성적 두려움도 들어간다. 어떤 결정이든 그것과 다른 행동을 강제하기에는 미미하다고 느껴졌으리라. 그것이 아마 훨씬 더 큰 이유일 것이다. 내가 선택한 각각의 결정들은 일시적인 일탈이나 실수로 느껴졌고, 대단한 잘못으로는 생각되지 않았다.

　과학자들은 물론, 관찰의 과정이 관찰된 행동을 변화시킬 수 있다고 말한다. 고용된 직원들은 고용주가 감시하고 있단 걸 알면 더 능률적으로 일한다.[4] 5세 정도의 아이들은 또래 아이들이 보고 있을 때는 친구의 스티커를 훔칠 가능성이 거의 없다.[5] 미술관 관람객은 다른 이가 자신을 보고 있을 때는 전시장을 천천히 이동한다.[6] 궁극적으로 주목받고 있다는 느낌이 사라지면 본래의 행동 방식으로 돌아간다.

　내 지갑에서 나가는 돈이나 내 입으로 들어가는 음식을 단순히 기록하는 것으로는 충분치 않았다. 물론 그 기록은 재정과 칼로리 비용을 기억하게끔 해주지만, 그 증인이 되는 것으로는 나나 학생들이 하루하루 내리는 결정을 별로 변화시키지 못했다. 내 사례의 수치를 되돌아보았을 때, 후반에 전반보다 돈을 60퍼센트 정도 더 소비했다. 왜 그랬을까? 행동에 주목하는 것만으로 변화가 일어나지 않은 건, 초점을 행동에만 국한시키기 때문이다. 동네 편의점의 초밥 코너에서 내가 얼마나 소비하는지 기록하는 것은(생선회를 자주 사 먹는 건 위험한 선택이란 걸 나도 안다) 그 비용만 생각하게 만들지 그 주의 전체 비용을 알려주지는 않는다.

이때, 궁극적으로 효율적이지 않다고 밝혀진 이런 특성이 재정 부문에만 해당하는지 궁금해졌다. 내 생활의 다른 영역에서도 이러한 분석이 도움이 되지 않을까? 가령 드럼 분야에서 싱글 곡의 스타가 되고 싶은 내 열망에는 도움이 될까?

그래서 돈 대신에 내 시간을 소비하는 방식으로 관심의 초점을 바꿨다. 나는 한 달 동안, 하루에 한 번에서 두세 번 (필요에 따라) 드럼 연습을 했는지 나에게 묻도록 휴대폰의 알림을 설정했다. 또 실제로 연습을 했을 경우, 느낌이 어떤지 묻도록 했다. 4월 15일 이후, 세금 서류를 저장하듯 각각의 보고서를 별 생각 없이 모두 대형 파일 하나에 보관했다. 세금 서류의 경우는 어디 있는지 대강 알고 또 국세청에서 특별히 뭘 보자고 하는 일이 없어 다행이었다. 세금 신고서를 보내고 나면 다시 찾아보는 일은 없다.

실제로 그 일일 연습 기록을 찾은 날까지는 그랬다. 한 달 기한의 자료 수집이 끝난 뒤에, 연구실 문을 열고 내 자리에 앉았다. 휴대폰에 저장된 기록을 내 컴퓨터로 보낸 다음 숫자를 합산해서 결과를 집계했다. 휴대폰의 질문에 대답한 것은 하루 평균

두 번이었다. 어떤 날은 전혀 대답하지 않았다. 그런 날은 확실히 내 음악적 발달이 뒷전으로 밀렸으리라. 연습을 했더라면 분명히 자신에게 신뢰를 보냈을 것이다. 그럼에도 불구하고 나는 그 30일의 기간에 실제로는 열 번 연습했다는 것을 알게 됐다. 매주 두세 번 연습했다는 말이 아닌가! 충격이었다. 그야말로 큰 소리로 자화자찬을 했다. 바로 그 순간, 학생 한 명이 내 연구실 앞을 지나다가 자화자찬하는 나를 보았다. 연구실 문이 열려 있었다. 우리는 잠깐 자부심과 자만심에 관해 얘기를 나눴다.

나는 자리에 앉아 내 감정 상태의 흐름을 추적했다. 이 분석은 처음에는 쉽게 시작되었다. 휴대폰 알림이 연습한 뒤의 내 기분을 물었을 때, 처음 세 번은 내가 답변을 거부했기 때문이다. 평계를 대자면 답변했을 경우 여기에 기록하기에는 부적합한 말이 포함되었을 것이다. 네 번째 연습 시간이 끝난 뒤에 나는 소리를 질렀다고 기록했다. 불안과 자부심이 뒤섞인 상황에서 이런 반응이 나왔다고 추측한다. 나는 동시에 피트가 연습 시간에 "–삐– 잘하네! –삐– 빈말 아니야"라고 한 것도 기록했다.

피트가 선택한 표현에 충격을 받았다. 그가 사무실에서 몹시 화가 나는 날에나 쓰던 비속어 섞인 표현이었다. 휴대폰을 내동댕이쳐서 화면이 깨져버리거나 아예 고장이 날지도 모를 만큼 흥분했을 때의 표현이었다. 유선 전화를 사용할 때와는 사뭇 다른 풍경이다. 나는 아마도 혼란스러워서 그렇게 큰 소리가 나왔던 것일까. 아니면 그의 칭찬에 힘이 들어가서 그랬는지도 모른다. 지금은 잘 모르겠다. 어쨌든 내 기록을 통해, 피트의 열렬한 칭찬에 이어 내 발전에 대한 만족감이 극적으로 늘어났다는 것이다. 이후 나는 '더 좋아진' 느낌이었다. 그리고 '조금 자랑스러웠고' 이어 '확실히 좋아졌다.' 내 생각이 맞는다면 상승 추세였다. 그리고 이때까지 내 드럼 생활에서 가장 자랑스러운 한 순간 때문에 이 발전의 흐름을 끝내고 말았다. 휴대폰에 찍힌 시간은 2월 10일 오후 9시 35분이다. 이 기록이 없어도 나는 기억했을 것이다. 매티가 처음으로 내 연주 소리에 맞춰 춤을 춘 것이다! 그 늦은 시각에 어린아이를 방치해두고 내 연습 소리를 듣게 했다는 데에 잠시 자책감이 들었고, 이내 내가 음악을 하고 있다는 어김없는 증거 앞에서 한껏 고조되었다.

이후 나는 '영감을 받아' 다음 단계로 올라가보자 다짐했다. 다음 연습 시간에는 팔다리 세 곳의 조화를 이루면서 동시에 분리시키며 독특한 동작을 연기하고자 시도했다. 머릿속이 혼란스러운 느낌이라고 휴대폰에 대고 말했다. 정신을 잃을 정도는 아니었다. 다음 두 번의 연습 시간에 나는 '꽤나 덜 어색한 느낌'에 기분이 좋았기 때문이다. 30일간의 실험이 끝났을 때, 나는 '자랑스러운' 기분이라고 내 보고 기록을 마무리했다. 정신없이 연주했다고 생각한다. 개인적으로 드럼 키트 뒤에 앉아 있는 동안에는 그런 일이 없었지만, 하룻밤에 스틱이 세 개나 부러졌다. 어쩌면 이때까지 피트를 생각해서 스틱을 느슨하게 잡았는지도.

내 내면에 성찰의 힘이 있어 순간적으로 이루어지는 진행 과정을 느낄 수 있었다고 말하고 싶지만, 그렇지 않고 그럴 수도 없었다. 어쩌면 내 시간을 기록하는 과정은 지출을 추적하는 과정과 유독 비슷했다. 돈 관리나 드럼에 시간 활용을 더 잘하는지 못하는지, 나는 무지했다. 하루하루에 대한 좁은 초점은 나에게 통찰력을 주지도 못했고 동기부여를 해주지도 못했다.

한 달간의 과정을 거치며 경험의 궤적을 이어 붙여보니, 나는 전에는 느끼지 못한 방식으로 고무된 기분이었다. 한 발 물러나 꽤 긴 시간 내 경험 속에서 진행된 변화를 돌아보니 감동이 일었다. 하루하루 조금씩 전진하거나 몇 발짝 뒤로 물러나는 일은 몇 발짝 앞으로 나간 다음 누구에게나 있을 수 있다. 앞으로 추진할 능력을 다 내다보기 힘들다 해도, 한 발짝 물러나면 그 구조는 한층 선명하게 보일 것이다. 선택을 좀 더 폭넓게 바라볼 때, 경험의 곡선이 비로소 그 윤곽을 드러낸다. 적어도 내 경우에는 초점을 크게 확대해서 하루보다 한 달의 진행 과정을 전체적으로 성찰할 때, 여전히 방황만 하는 상태는 아니란 걸 알 수 있었다. 나는 현실의 궤적을 그려 고지로 올라가는 길을 잘 밟아 가고 있었다. 한 발 물러나서, 지난 행동을 넓은 시야로 바라볼 때, 비로소 전체적인 구조가 잘 드러났다. 그러면 시로 나란히 놓여 있는 신택을 고려함으로써 패턴이 나타나고 동기부여의 효과를 느끼게 되었다.

시야 전체를 뚜렷하게 보기

물론 내가 시야 확대 기법wide bracket의 효과를 처음으로 깨달은 사람은 아니다. 이 아이디어를 처음 제공한 분야가 심리학 계열은 분명 아니었다. 시야 확대 기법이란 아이디어가 세상에 나온 것은 1928년경으로 거슬러 올라간다. 19세였던 로버트 버크스Robert Burks에게서 처음 이 아이디어가 나왔다. 버크스는 워너브라더스 영화사의 특수효과부에서 직장생활을 시작했다. 그는 흥미로운 변화의 시기에 팀에 합류했다. 워너브라더스는 영화 업계에서 한몫하며 할리우드의 빈곤 구역에 자리 잡았다. 이 동네에는 재정적으로 파탄 지경에 이른 스튜디오들이 몰려 있었다. 뚝심이 센 엑스트라와 은막의 카우보이 들이 상영될 리 없는 서부극 출연 요청을 기다리며 거리 여기저기 흩어져 힘들게 생계를 잇는 빈민가였다.

그런데 이 영화사에는 변화의 바람이 불어닥치고 있었다. 샘 워너Sam Warner는 무성영화를 넘어서 영화산업 최초로 배우가 말하고 동시에 노래도 부르는 〈재즈 싱어The Jazz Singer〉를 제작하자고 형제들을 설득하는 중이었다. 비록 샘 워너는 영화 개봉 전날 밤에 사망하고 형제들은 첫 상영에 참석할 수 없었지만, 워너브라더스는 이 영화 덕에 빈곤 구역을 벗어날 수 있었다. 급속히 성장했다. 워너브라더스는 버크스의 경력 궤적이 그렇듯이 전도

양양했다. 버크스는 취업한 지 1년도 지나지 않아 촬영 조수로 승진했다. 그리고 10년이 지나자 기술을 갈고 닦은 끝에 특수효과 촬영팀을 이끌었다. 40세가 되자 촬영감독으로 승진했다. 즉, 영화 촬영 분야에서 가장 젊고 완벽하게 자격을 갖춘 사람이 됐다.

40대 후반부터 50대에 들어서 버크스는 알프레드 히치콕 감독의 단골 파트너가 되어 12개 작품에서 촬영팀을 이끌었다. 버크스를 전설적인 인물로 만들어준 영화는 〈나는 결백하다To Catch a Thief〉이다. 이 영화는 말 그대로 영화사를 완전히 바꿔놓은 최신 촬영기술이라고 할 비스타비전VistaVision으로 촬영한 5개 중 첫 번째 작품이었다. 버크스는 필름을 카메라에 수직이 아닌 수평으로 넣고 광각 렌즈로 촬영했다. 이 방법으로 그는 과거 어떤 촬영기사보다 훨씬 많은 것을 원본 필름에 담을 수 있었다. 그에 따라 시야에 들어오는 대상 전체를 묘사할 수 있는 뚜렷한 이미지가 얻어졌다. 여기에는 전경과 중경, 먼 배경을 한꺼번에 선명한 초점으로 포착하는 기술도 포함된다. 그 이전에 나온 〈카사블랑카Casablanca〉 같은 영화의 카메라맨들은 피아노 옆에 있는 맨 앞의 험프리 보가트뿐 아니라 바 뒤쪽 단골손님이 쓴 터키모자까지 선명하게 촬영하려 고생깨나 했다. 하지만 시야 확대 기법을 쓰자, 카메라가 전경 속 지중해 절벽 길을 따라 질주하는 그레이스 켈리와 케리 그랜트의 모습을 쫓아가는 와중에도, 배경으로 나오는 프랑스 리비에라 해변에서 일광욕하는 사람들의 모습을 선명하게 볼 수 있었다. 이 혁명적인 기술을 사용한 촬영 효과의 공로로 버크스는 아카데미상을 수상했다.

물론 영화가 있는 그대로 우리 마음속에 담기지 않는다고 해도, 우리의 눈과 뇌는 상징적으로 비스타비전의 경험을 만들어낼 능력이 있다. 그 효과가 뛰어나면 시야 확대 기법으로 세계를 보는 것과 같다. 그러려면 한복판에 있는 것들과 마찬가지로 시야 주변에 있는 것에도 똑같은 무게를 둘 필요가 있다. 그러면 우리를 둘러싼 장면의 모든 요소를 포함해 이미지를 구성하면서 광각렌즈를 통해 보듯 세계를 볼 수 있다. 로버트 버크스가 히치콕의 영화를 촬영할 때 사용한 것처럼, 시야 확대 기법은 본질적으로 자신을 둘러싼 모든 것에 주목한다.

여기 좋은 예가 있다. 화가 척 클로스Chuck Close가 그린 그림을 생각해보자. 클로스는 안면인식장애prosopagnosia라는 신경장애가 있다. 때문에 외모로는 사람을 알아보지 못한다. 그림에도 불구하고, 그는 사람들의 초상화를 그리면서 국제적으로 갈채를 받았다.

클로스는 안면인식장애에 맞추어 작업하는 독특한 방법을 발견한 것이다. 그는 캔버스를 격자 모양으로 분할한다. 캔버스 위에 형성된 각각의 사각형은 그가 작품의 대상으로 삼은 인물을 찍은 사진의 사각 셀과 일치한다. 미세한 사각형 안에 들어 있는 그림자와 윤곽선, 색상으로 시각적인 관심을 좁히는 법을 혼자 터득한 것이다. 예컨대 코와 눈 사이에 있는 피부를 골똘히 바라본다. 인접한 사각 셀 6개 정도가 될 것이다. 각 셀 안에서는 분

홍색과 황갈색으로 변하는 음영의 동심원들이 나타난다. 혹은 초점을 위로 향한 입꼬리로 좁게 잡을 때, 작은 원과 삼각형, 밝거나 어두운 콩 모양 들을 볼지도 모른다. 클로스는 각각의 셀에서 본 것을 확대된 형태로 캔버스에 재현한다. 작은 헝겊 조각들로 이불을 만든다고나 할까. 하지만 그 이미지는 보는 사람이 한 발짝 물러나 큰 그림을 볼 때만, 즉 와이드 스크린 촬영기법으로 볼 때만 서로 합쳐진다.

이렇게 해보자

앞에서 좁은 초점의 이점을 설명한 바 있다. 그런데 여기서는 다시 그것이 문제일 수도 있다고 말하고 있다. 하지만 모순이 아니다. 처음에는 자신이 바라는 것에 집중하라고 하고 이제 와 주의의 폭을 넓히라고 하지만, 결코 혼란을 주려는 것이 아니다. 우리는 다양한 도구를 사용할 필요가 있다. 앞서 말했다시피, 하나가 다른 것보다 잘 작동되는 경우가 있기 때문이다. 화가의 팔레트에는 한 가지 이상의 색깔이 들어 있다. 요리사의 칼집에는 단순히 큰 칼만 들어 있는 게 아니다. 훌륭한 와인 저장실이라면 남프랑스 산 로제 와인만 있지 않다. 이 책에 나오는 모든 전략이 그렇듯, 어느 때는 초점 좁히기가 더 효과적일 수 있고 또 어느 때는 시야 확대가 더 나을 수 있다. 핵심은, 두 가지 중에 어느 것을 언제 사용할지를 아는 것이다. 실제로 여행의 종착점에 가까워질 때는 초점 좁히기가 영감을 줄 수 있지만, 출발하는 시점에는 시야 확대가 더 탁월하게 동기부여를 해준다.

예를 들어 다음 연구를 보자. 네덜란드 학생들이 지루한 낱말 게임을 했다.[7] 돈을 따려면 그 지루함을 견뎌야 했다. 더 많이 맞힐수록 돈을 더 딸 수 있다. 하루하루 근근이 살아가던 내 대학 시절이 생각난다. 이런 노다지판이 있다면 기꺼이 달려들었을 것이다. 그들은 모두 어느 정도 서로 어울리는 사이였기 때문에 같은 생각을 한 것으로 보인다. 하지만 연구자들이 실제로 측정한 것은(학생들은 몰랐지만), 학생들이 게임의 다양한 단계를 이동하는 속도였다. 연구진은 선행 연구를 통해 게임에 참여한 학생들이 동기부여를 받을 때 휴식 시간이 짧아진다는 것을 알고 있었다. 게임이 끝나기 전에 앞으로 얼마나 남았는지에 관심을 두면 학생들이 동기부여를 더 받는지, 그리고 더 빨리 게임하게 되는지 알아보는 것이 실험의 목적이었다.

도보 경주가 아니므로 참가자들이 통과해야 할 결승선도 없었다. 참가자들이 목표 지점에 접근할 때 시각적 경험을 평가하려고 연구진은 점을 이어 진행 막대를 만들었다. 학생들이 각 낱말 게임을 마치면 점이 사라졌다가 끝나기까지 얼마나 남았는지를 시각적으로 추적할 수 있었다. 모든 점이 사라지면 게임은 끝나는 것이었다.

이렇게 시각적 초점을 목표 지점으로 좁힌 형태가 학생들에게 동기부여를 해주었을까? 제니스 벨로시티의 육상선수들과 조앤 베노이트 새뮤얼슨이 가장 먼저 결승선을 통과한 이야기를 기억할 것이다. 낱말 게임 참가자들에게도 같은 일이 일어났다. 목표점에 가까워질 때, 그들은 더 빨리 더 능숙하게 게임을 했고, 그 결과 성취 목표에 더 집중해 돈을 더 땄다. 그러나 이 전술은 학생들이 막 게임을 시작했을 때는 역효과를 냈다. 너무 일찍 종료 상태로 초점을 좁힐 때, 속도는 느려졌고 실수를 더 많이 했다. 그렇게 하지 않을 때보다 지갑이 더 얇아졌다.

나는 제자 매트 리치오Matt Riccio와 함께 뉴욕의 단축마라톤 대회 세 개를 택해 참가자 수십 명을 조사해 연구했다. 그중 최연소자는 20세였고 최고령자는 70세였다. 이 사람들은 꾸준히 달리며 1마일(1.6킬로미터)을 평균 8분 30초에 주파하고 일주일에 약 18마일가량을 훈련했다. 그 결과, 이들은 각각 출전하려고 했던 4마일, 6마일, 9마일 대회를 마칠 수 있었다. 이들은 우리에게 경주 구간에 따라 관심을 바꾸어 집중하는 방법을 말해주었다. 우리는 노련한 이 선수들이 막 출발했는지 아니면 결승점에 가까워지는지에 따라 전략을 바꾼다는 것을 알게 되었다. 마지막 반 마일이 남았을 때, 이들 중 60퍼센트는 관심을 확대하기보다 관심의 초점을 좁히는 경우가 더 많았다. 하지만 출발 단계에서는 80퍼센트 이상이 초점을 좁히기보다 확대하는 경우가 많았다. 두 가지 전술 다 유용하며, 두 가지 다 일을 마무리하는 데 필요하다. 언제 어떤 전술을 써야 하는지, 아는 게 관건이다.

시야 확대는 장기적인 목표에 더 잘 맞는 결정을 하게 해준다. 당장 대단해 보이지만 결국엔 후회하게 될 유혹을 피하도록 도와준다. 사실 가장 성공적인 다이어트 프로그램은 시야 확대 기법을 장려하는 시스템이다. 유혹을 피하고 체중을 줄인 다음 유지하도록 도와준다. 가령, 칼로리와 영양가를 기반으로 한 식단에 포인트를 부여한다. 매일 부여하는 포인트는 정해져 있다. 일일 할당량이 있기 때문에 참가자는 그날 먹은 다른 음식을 고려해 매끼 식사를 결정해야 한다. 또 매일 할당된 포인트를 전체 기간으로 분산시킬 필요가 있다. 식탁에 놓인 음식으로 초점을 좁히기보다 하루 동안 먹은 음식을 고려해 더 넓은 틀에서 생각해야 하는 것이다. 게다가 일부 프로그램은 사용하지 않은 포인트를 모아 다른 날로 이월할 수도 있다. 하루가 끝날 시점에 이용할 수 있는 이월 포인트는 일주일의 유효기간이 있다. 이런 시나리오 틀에서, 하루 동안의 선택 가치는 주간 단위의 선택을 고려해 결정하게 된다.

시야 확대 기법은 좀 더 넓은 시간대를 고려하도록 자극한다. 그럼으로써 딱히 관리를 받지 않는 사람들도 장기적인 목표에 들어맞게 선택하도록 도와준다. 좀 별난 테스트이긴 하지만, 시카고 대학교의 연구자 두 명은 초콜릿, 당근 등 먹을 것을 제공하면서 행인들을 유혹하는 실험을 했다.[8] 근처에 경품을 제공한다는 홍보 포스터도 붙었다. 다만 연구별로 포스터에 쓰인 설명

문구는 서로 달랐다. 한 번은 '봄 식품 진열대'라 쓰고 또 한 번은 '4월 12일의 식품 진열대'라고 써놓는 식이었다. 실험 무대는 같아 보였지만, 포스터의 문구는 행인들이 품고 있는 정신적 틀의 형태를 바꿔놓았다. 4월의 특정한 날에 초점을 맞추는 실험은 좁은 초점을 유도한 데 비해, 계절을 제시한 문구는 더 넓은 초점을 자극했다. 포스터에서 봄을 강조해 홍보하면, 사람들은 당근을 더 많이 집었다. 초콜릿을 집는 사람은 적었다. 하지만 포스터 문구에다 4월 12일을 강조하면 당근을 적게 선택하고 초콜릿을 선택한 이가 많았다. 날짜를 가리킬 때, 사람들은 그날 선택할 것으로 초점을 좁혔다. 그 결과 현재 자신을 유혹하는 것을 선택했다. 그러나 계절을 언급하는 것은 시야 확대를 유도하고 현재의 선택을 미래의 기회와 관련해 고려하도록 자극했다. 시야 확대가 장차 성취하고 싶은 건강 목표에 지금의 선택을 맞추게끔 한 것이다.

─○○─
시야 확대 기법과 틀 찾기

시야 확대는 숲을 보지 않고 나무만 보는 식으로 결정을 내릴 때 그다지 연관성이 없어 보이는 것까지 볼 수 있도록 틀을 넓혀준다. 재정적 결정을 하거나 은퇴 계획을 세울 때 특히 그렇다.

은퇴를 대비해 저축한다면, 우리는 보통 꽤 멀리 떨어진 미래에 투자하는 셈이다. 이때의 목표는 금융자산에 발생할 단기적인 손실을 딛고 장기적인 수익을 찾는 것이다. 그리고 시장 분석가들은 이 목표를 달성하는 최선의 방법이 채권보다 주식에 투자하는 것임을 확인했다. 장기적으로 볼 때, 주식의 수익률이 고정 수익의 채권보다 훨씬 높다.

미국 주식시장의 대형주를 추적하는 스탠더드앤드푸어스S&P 지수를 예로 들어보자. 1926년 S&P는 90개사의 주식을 추적하다가 1957년 들어 500대 기업의 목록으로 확장했다. 이 지수가 추적한 대형주에 1925년 투자된 달러는 인플레이션을 감안할 때 현재 450달러의 가치가 있다.[9] 이를 20년간 미국 국채를 장기 보유한 경우와 비교해보자. 1925년에 채권에 투자된 1달러는 오늘날의 가치로 10달러 미만일 것이다. 바꿔 말해, S&P 주식은 2000년대에 두 차례의 주식폭락 사태와 대공황에도 불구하고 놀랄 정도로 채권의 수익을 능가했다. 다른 대안(위험이 적지만 결정적으로 수익도 적은)이 또 있는가? 만일 '광란의 1920년대'에 그 달러로 금을 샀다면, 오늘날 4달러 남짓 받고 팔 수 있다. 그 긴 세월 보관한 대가치고는 보잘것없다. 그 달러를 매트리스 밑에 넣어두었다가 그 오랜 세월이 지난 뒤에 우연히 찾았다고 치자. 물론 색깔이 조금 바래기는 했겠지만 엄연히 달러로서의 기능을 가진 지폐다. 하지만 오늘날 그 돈으로는 7센트어치밖에 살 수 없다.

주식에 투자하는 것이 장기적으로 훌륭한 도박이지만, 아직도 많은 사람이 주식에 돈을 넣기를 꺼리는 현상을 우리는 대개 알고 있다.

주식을 보유하거나 구매를 망설이는 현상에 대해 분석가들이 찾아낸 한 가지 이유는, 초보 투자자들이 자신의 투자 포트폴리오를 너무 자주 들여다보며 겁을 먹기 때문이었다.[10] 그들은 일일 주가 변화 혹은 한 달간의 추세 그래프에 좁게 초점을 맞춘다. 하지만 주식은 하루나 한 주, 한 달이 흐르는 과정에서 자연스럽게 오르내리는 법이다. 성장선이 한 번도 꺾이지 않고 꾸준한 상승세를 유지하여 이익을 내는 투자자는 없다. 직장에서 악착같이 견딘 시간을 생각하면, 시장에 투자한 돈을 벌기 위해 반납한 휴가를 생각하면, 주가의 하락은 고통스럽기 그지없다. 반면에 같은 규모의 주가 상승은 가벼운 기쁨만을 안겨줄 뿐이다. 일반적인 반응이며, 학자들은 이런 인간의 경향을 '손실혐오loss aversion'라고 부른다.

은퇴를 대비한 포트폴리오를 너무 자주 들여다보며 (신중하게) 평가하거나 주가를 단기적으로 평가하면, 주식을 싫어하게 될지 모른다. 하지만 좀 더 긴 안목에서, 투자자산을 1년에 한 번만 확인한다면, 이를테면 한두 번의 하락에 따른 감정의 등락을 줄인다면, 우리는 장기적으로 유리한 위치에서 주식을 평가하게 될 것이다. 좀 더 넓은 틀에서 자산 포트폴리오를 평가하기 위해 시야 확대 기법을 적용한다면, 주식에 대한 선호도는 높아지고 은퇴 후의 지갑이 두툼해질 수도 있다.

시야 확대 기법과 시간 관리

동기부여의 원리에 관해 다양한 대학생 그룹을 지도하던 때였다. 몇몇 학생들은 나중에 치료가 필요한 고객에게 적용할 전략을 세웠다. 학교생활을 힘들어하는 아이들을 돕는 교육용으로 이 기법을 다시 준비하려는 학생들이 있었다. 또 다른 학생들은 산업의 집단적 역동성을 증진시키기 위해 기업계에 적용하고 싶어 했다. 전체적으로 학생들은 자신과 자신의 미래 고객들이 공통적으로 보다 나은 시간 관리로 이익을 볼 수 있다고 생각했다. 우리는 좁은 틀과 시야 확대에 대한 각자의 반응을 테스트하고 개인적인 프로젝트 진행 과정을 평가하기로 결정했다. 전략을 짜기 전에, 각 참가자는 일주일간의 목표를 설정했다. 일주일이라는 기간 안에 달성이 가능한 것으로서 그들에게 중요하기는 하지만 처음에는 실감이 나지 않는 것들이었다. 한 학생은 현재 참여하고 있는 영화 제작을 꼽았다. 어떤 학생은 자신이 주최하는 전체 대학 차원의 행사 계획을 마무리할 필요가 있다고 했다. 또 다른 학생은 대학원 입학을 위한 학업 자료를 정리하고 싶다고 했다. 또 어떤 학생은 체중을 1.5킬로그램 감량하는 목표를 세웠다.

　모두 이루고 싶은 목표를 말하면서, 자신과의 계약을 체결하는 일종의 구체화 전략을 썼다. 그런 다음, 그 구체화 전략에 초점을 좁혔다. 모두 노트를 침대 머리맡에 두어서 매일 아침에 하루의 계획을 세우고 매일 밤에는 그 계획의 진행 과정을 되돌아 볼 수 있게 했다. 아침에 일어나면 프로젝트 진행을 위해 할 수 있는 것으로 그날의 할 일 목록을 작성했다. 행사 계획을 세운 학생은 공간 예약을 확인하기 위해 전화할 것이라고 했다. 영화 제작에 참여하는 학생은 예산을 논의하기 위해 제작자에게 연락할 것이라고 했다. 대학원 지원자는 자기소개를 검토할 것이라고 했다. 그리고 다이어트하는 학생은 일과 후에 운동 수업을 받으러 가겠다고 했다. 이들은 모두 그날을 위한 종합적인 일정을 생각 했고 자신의 과제에 매달릴 수 있는 시간에 관심을 쏟았다. 하루를 마감하고 불을 끄기 전에 학생들은 제각각 자신의 계획을 얼마나 잘 이행했는지 돌아보았다. 그날 하루가 어떻게 전개되었는지 성찰하고 자신의 프로젝트에 매달린 시간을 계산했다. 그 주가 끝날 때까지 그 모든 것을 매일 되풀이했다.

　두 번째 주에도 학생들은 전 주처럼 시작했다. 이들은 첫날 아침에 자신의 목표를 세웠다. 하지만 자신의 프로젝트에 접근하는 방식이나 시간을 배분하는 방식을 바꿨다. 이번에는, 시야 확대 기법을 쓰도록 했다. 첫 단계에서 그들은 하루에 마무리할 수 있는 한두 가지 항목에 집중하기보다 일주일간의 목표에 요구되는 모든 할 일 목록을 만들었다. 학생 개개인의 할 일 목록은 8~9개 항목에 이르렀다. 그다음, 아침에 일어나서 밤에 잠들기까지 그사이에 이미 잡힌 일정과 다음 7일간 해야 할 세부적인 것들을 생각하면서 일주일 전체의 일정을 고려했다. 학생들은 각자 새로운 프로젝트 과제에 맞춰 일정을 잡았다. 영화 제작자와의 통화 계획은 화요일 오전 9시로 잡혔다. 대학원 지원자는 일과를 마친 후 저녁식사 전까지 남는 두 시간을 소개서 마무리에 배분했다. 운동 시간은 평일 점심 시간에 맞춰졌다. 전과 마찬가지로 매일 밤 침대에 누울 때면, 학생들은 각자 그날 몇 시간이나 임무에 매달렸는지 기록했다.

두 번째 주가 끝날 무렵, 학생들은 자신의 노트를 제출했다. 한 주에서 다음 주로 이어지는 학생들의 성과를 대조하자 놀라운 결과가 보였다. 할 일 목록에 시야 확대 기법을 썼을 때는, 3명 중 2명 꼴로 목표 달성을 위해 더 많은 시간을 확보하는 결과로 이어졌다. 집단 전체로 볼 때, 하루하루 무엇을 할지에 좁은 초점을 맞춘 학생들에 비해, 시야 확대 기법을 사용해 계획을 세운 학생들은 평균적으로 그 주의 프로젝트에 2시간 30분을 더 쓸 수 있었다.

학생들의 경험이 이례적인 것은 아니다.[11] 35년도 넘은 옛날, 일단의 지도교수들이 공부법을 가르치기 위해 학기 중 거의 석 달 동안 매주 학생들과 만난 적이 있다. 언제 어디서 과제에 매달려야 하는지, 성취감을 느끼려면 어떤 공부를 해야 하는지, 어떻게 자신에게 보상할 것인지 등을 함께 의논하며 학업 일정표를 짰다. 하지만 시야 확대 기법을 채택한 사람은 일부에 지나지 않았다. 이 학생들은 학업 일정표를 주간 단위로 해체하고 매월 해낼 계획을 짰다. 나머지 학생들은 초점을 좁히는 쪽을 택했다.

이제 학생들은 넓은 초점 혹은 좁은 초점으로 계획을 세우고 진행 과정을 추적(혹은 구체화)하면서 학업 진행에 도움을 받았다. 두 집단의 학생들이 1년 후 대학을 그만둘 가능성은 이 프로그램에 참여하지 않은 학생들보다 낮았다. 다만, 시야 확대 기법을 사용하며 계획 세우는 법을 배운 학생들은 좁은 초점으로 계획을 세우는 법을 배운 학생들보다 훨씬 성적이 좋았다. 실제로 시야 확대를 채택한 경우는 거의 한 등급이 더 높았다. 월간 단위로 계획을 세운 학생들은 평균 평점 3.3을 받은 데 비해 일간 단위로 계획을 세운 학생들은 평점 2.4에 그쳤다. 전혀 계획을 세우지 않은 학생들과 크게 다를 바가 없었다.

시야 확대 기법은 기본적으로 결과를 개선해준다. 시야 확대는 일을 마무리 짓는 데 필요한 요소들을 과소평가하는 성향을 극복하게 한다. 사실 우리 인간은 자신의 프로젝트 완성에 실제로 걸리는 시간을 기반으로 계획을 짜는 데 유난히 취약하다. 시드니 오페라하우스는 건축가들이 예상한 것보다 완공에 10년이 더 걸렸다. 보스턴의 주요 고속도로를 지하화하는 빅딕Big Dig 프로젝트를 완성하는 데는 예정보다 9년 이상이 더 걸렸다. 당시 몬트리올 시장인 장 드라포Jean Drapeau는 1976년 올림픽을 위해 사상 최초로 개폐식 지붕이 설치된 최신 기술의 대형 경기장을 짓겠다고 발표했지만, 재임 시절 결실을 보지 못했다. 올림픽 성화가 차기 개최지로 봉송된 이후 13년이나 지나서야 그 프로젝트는 마침내 완성되었다. 물론 이런 대규모 프로젝트는 공사 기간을

관점 설계

맞추기 힘들다고 말할 수도 있을 것이다. 정치적 변동이나 경기 침체는 예측이나 조정이 불가능하기 때문이다. 하지만 우리가 스스로 관리하고 완공을 책임지는 프로젝트에 그런 문제는 해당되지 않는다. 안타깝게도 마감 시한을 맞추는 데 사람이 기업이나 정부보다 나을 것이 없다. 졸업을 앞둔 학생들이 연구 프로젝트를 마무리하는 데는 정확히 예상해 잡은 일정보다 3주나 더 걸린다.[12] 시야 확대 기법은, 비교적 규모가 큰 일거리를 각 구성 요소로 세분화한다. 빠른 흐름 속에서도 어떻게 해결해낼지 알 수 있게 한다.

-○○-
자기 심리학자가 되기

"믿을 수 없는 날이었죠. 식탁에 오스카상 수상자가 다섯 명이나 앉아 있었다니까요. 모두 다 여전히 턱시도 차림이었습니다. 뭘 먹었는지 정확히 기억나지는 않지만, 아마 에그 샌드위치 종류인 것만은 분명해요. 이어서 우리는 바로 일 얘기로 들어갔죠."

내가 겪은 월요일이 아니다.

애니메이터 패트릭 오스본Patrick Osborne과 저녁식사를 하는 중이었다. 오스본은 감독 데뷔작 〈피스트Feast〉로 아카데미 단편 애니메이션 작품상을 수상했다. 그는 연중 가장 매혹적인 밤에 열리는 로스앤젤레스 파티의 흥미로운 장면들을 이야기하며, 내 호기심을 완벽히 충족시켜주었다.

나는 오스본에게, 그의 〈피스트〉를 처음 보았을 때 눈물을 흘렸다고 했다. 이후 네 번을 더 보았는데 그때마다 울었다고 전했다. 나는 그 영화가 좋았다. 독신생활에 찌든 남자 제임스와 윈스턴이라는 보스턴 테리어를 묘사한 그 6분 49초짜리 애니메이션이 꼭 나를 두고 하는 이야기 같았다. 윈스턴은 주인을 잃고 거리를 헤매다 제임스를 만나게 되고, 그 이후 환경이 일변해서 영화관에서 팝콘도 먹고 아늑한 환경에서 페퍼로니나 나초를 실컷 먹는 개가 된다. 왠지 모르게 나도 영화관에서 스낵을 먹는다고 오스본에게 털어놓았다. 물론 나는 페퍼로니를 좋아하지 않고 독신 남자도 아니며 크레용 같은 색깔보다 자연스러운 색을 띄는 식품들을 좋아한다. 겉으로 보기에, 나는 그 애니메이션의 주인공과 별로 공통점이 없었지만 계속 그 작품이 '나의' 이야기 같은 느낌이 들었다. 오스본이 말했다. "알죠. 그런 느낌을 위해 만든 영화이니까요."

오스본은 윈스턴의 시각에서 장면을 전개했다. 지상에서 30센티미터 높이도 안 되는 위치에서, 관객은 식탁의 다리나 흔들거리며 열리는 문의 바닥, 제임스가 사랑하는 여직원 커비의 신발이 시야에 들어온다. 사람의 얼굴을 보여주는 장면은 별로 없다. 동네 집들이나 등장인물들의 옷도 나오지 않는다. 어느 누군가의 이야기라는 느낌을 주는 그 어떤 것도 없다. 그것은 바로 우리의 이야기일 수 있다. 그리고 오스본의 이 작품이 뛰어나다는 점은 아주 빠르게 관객이 자신의 이야기이기를 '바라며' 빠져든다는 사실로 알 수 있다.

그리고 그는 음식을 통해 그런 효과를 만들어낸다. 전체적으로 관객이 가장 많이 보게 되는 장면은 윈스턴이 먹는 모습이다. 그런 장면은 제임스가 윈스턴을 입양할 때, 개 사료로 시작된다. '집에서 만든' 식사에 대한 미각 경험은 윈스턴이 거리를 헤매며 찌꺼기를 찾아다닌 식사 경험보다 훨씬 많이 등장한다. 인간과 개 사이의 장벽을 허물어뜨린 것은, 처음으로 베이컨을 먹게 된 윈스턴의 반응이다. 그렇다. 윈스턴에게 그것은 천국의 맛이었다. 그럴 것이다. 그것을 맛본 뒤에 다시 건식 개 사료로 돌아갈 수는 없다. 먹이는 화려했다. 스파게티와 미트볼, 야식으로 먹는 끈적끈적한 땅콩 버터와 젤리 샌드위치, 주점에서 파는 보기 드문 버거, 부활절 햄, 칩스 앤 딥 등등.

하지만 이 모든 잔치는 제임스가 커비를 만나면서 변한다. 이제 린넨 식탁보로 덮인 식탁에 앉아 야채 퓌레와 파슬리를 곁들인 완두콩을 먹는다. 칼로리 섭취가 줄어들면서 윈스턴의 사기도 떨어진다. 그러다가 어느 날 밤, 제임스가 정크 푸드를 열심히 먹는 장면이 나온다. 딸기 아이스크림, 냉동 와플, 슈거 도넛, 전자레인지로 데워 먹는 햄버거와 치즈…… 왜 이렇게 갑자기 식단이 바뀌었는지 분명히 짐작 가지만, 제임스와 커비 사이가 틀어졌다는 것을 윈스턴이 깨닫는 데는 꽤 오랜 시간이 걸린다.

묘하게도 끝에 가서 파슬리가 윈스턴에게 큰 깨달음을 안겨 준다. 커비가 매 끼니마다 파슬리 이파리를 얹어주었기 때문이다. 윈스턴이 먹는 계란 프라이와 치즈커드의 양을 줄일 때도 커비는 계속 개 사료 위에 허브를 얹어주곤 했다. 이제 윈스턴이 파스타 접시에 파슬리를 얹는 것을 보자, 제임스는 눈물을 짓는다. 순간 윈스턴은 모든 실상을 알게 된다. 쓸쓸한 제임스의 손에서 윈스턴이 녹색 이파리를 낚아채 창문을 통해 나간다. 그런 다음 커비의 식당으로 달려간다. 속옷에 가운만 걸친 제임스의 모습이 허술해 보일수록 잃어버린 사랑과 결합할 가능성도 커 보인다. 그 다음 장면에는, 턱시도에 나비넥타이 차림의 윈스턴이 웨딩 케이크를 받을 순서가 되길 기다린다. 새집과 개 밥그릇에는 첨가물이 들지 않은 개 사료가 그득 채워진다. 잠든 윈스턴의 얼굴에 미소가 번진다. 시간이 흐른 뒤 어느 날, 그의 앞으로 미트볼이 굴러온다. 토마토 소스가 뚝뚝 떨어지는 미트볼은 맛나게 보인다. 윈스턴이 위를 올려다보니, 높은 의자에 앉은 아기가 통통하고 소스가 줄줄 흐르는 미트볼을 하나 집어 활짝 벌린 윈스턴의 입으로 던진다. 첫눈에 사랑에 빠진 장면이 관객의 시선에 비친다.

오스본은 음식을 통해 이야기를 시작했다. 사랑했다가 실연 당하고 사랑을 되찾는 이 고전적인 이야기는, 발목 높이에서 바라보는 시각으로 식사라는 모티프를 통해 시간의 흐름과 기념비적인 순간을 표현하며 전개된다. 오스본은 이렇게 말했다. "독신 남자의 식사, 첫 데이트에 좋은 인상을 주려고 애쓰는 식사, 일상의 단순한 소재, 작별의 식사, 낭만적인 식사…… 음식을 통해 전개되는 장면을 보노라면 누군가의 삶에 관해 많은 것을 엿볼 수 있지요."

오스본은 시간적으로 1초라는 짧은 순간에 기본 전제를 두고 〈피스트〉가 창작되었다고 말을 이었다. 나는 일하며 스쳐 지나가는 그 많은 순간들 중 어느 한순간만이라도 그 반만큼이라도 귀중했으면 싶었다.

"1초짜리 비디오를 만들어서 연결해 영화로 만드는 어플을 베타 테스트하고 있었어요. 카메라를 돌리면 나 자신에 관해 뭔가 배울 수 있을 거라고 생각한 거죠. 그래서 매일 내가 식사하는 한 장면을 스냅사진으로 찍었어요. 매일 말이지요. 1년 동안 계속했어요. 그런 다음 내 식생활에 대한 6분짜리 작품을 보니, 믿을 수가 없을 정노로, 내가 게걸스럽게 먹었더군요."

여기서 잠시 말머리를 돌리면, 오스본은 건강한 남자다. 적어도 몸매가 단단하다는 걸 알 수 있었다. 그는 자기 DNA를 알아보는 검사를 받은 적이 있다. 그 결과, 유전적으로는 단거리 경주에 강한 성향이었다. 그런데 8마일 단축마라톤 연맹에 가입해 달렸다고 한다. '할리우드 힐스' 구간에서는 하이파이브하며 익숙한 일상생활의 일부인 것처럼 달렸다. 그 순간의 그는 손가락이나 접시에 묻은 사프란 아이올리 소스를 핥아먹는 부류의 사람은 아닌 것 같았다. 오스번이 저가 메뉴를 즐기지 않는다고 했을 때, 나는 그에게 자기 자신을 어떻게 생각하는지 질문했다.

"1년 가까이 매일 저녁 식사를 기록하다 보니, 왜 대학 졸업 뒤에 꾸준히 체중이 불어났는지 더 잘 알게 되었노라 농담했지요. 사실 그 방법은 내 삶의 질에 관해 놀라운 깨달음을 주었어요. 단순히 잘 먹는 것이 감사해서가 아니라 변화무쌍한 장소나 환경, 그런 식사를 둘러싼 주변 사람들에게 고마움을 느꼈습니다. 그런 것들이 합쳐져 내 삶을 완전하게 해준 거죠. 이를 보면서 고마움을 느꼈어요. 한 발 뒤로 물러나 넓은 시각으로 자신이 선택한 것을 바라보면, 그 틀은 훨씬 선명하게 다가옵니다."

-○○-

기억의 질과 결정의 결과를 높이는 시야 확대 기법

오스본에게 생활 패턴을 보도록 영감을 준 그 앱은 '매일 1초1 Second Everyday'라고 한다. 페루 태생의 일본계 미국인인 세자르 쿠리야마Cesar Kuriyama가 만들었다. '매일 1초' 앱은 하루하루 비디오에 담긴 한순간을 선정한다. 한 주 한 주의 경험을 반영하는 사이에 선정된 장면은 늘어간다. 움직이는 기억의 몽타주를 함께 묶어준다. 이렇게 만들어진 동영상을 틀면, 눈앞에서 자신의 인생이 펼쳐지는 걸 지켜볼 수 있다.

쿠리야마는 30대가 되는 날, 영감이 떠올라 이 기술을 개발했다. 쿠리야마는 어느 날 밤, 나와 식사를 하며 이렇게 말했다. "전에 한 일이 기억나지 않는 게 싫더군요. 언젠가 직장을 그만둘 거라고 생각했어요. 1년은 너끈히 먹고살 돈이 모였어요. 여행을 할 생각이었지만, 내 20대 시절이 그렇게 흘러갔듯 내가 했던 모험을 잊고 싶지 않았어요. 과거 속에서 일기를 쓰려고 했지만, 잘 안 되더군요. 과거의 일기를 계속 쓸 수는 없었죠. 그래서 나 자신만의 기억 방법을 설계해야만 했어요."

그리고 그는 그렇게 했다. 쿠리야마는 컴퓨터 프로그래밍이나 디자인에 대한 아무런 지식도 없이 그 일을 시작했다. 그는 대학에서 영화와 그래픽을 공부했다. 자신의 프로젝트를 시작하기 위해 인터넷으로 앱을 만드는 방법을 배웠다. 노트북으로 이 프로젝트를 세상에 내놓으려면 종잣돈이 필요했다. 쿠리야마는 2만 날러면 가능하지 않을까 생각했다. 일주일도 안 되어 크라우드 펀딩 서비스인 킥스타터에서 재정을 마련할 기회가 생겼다. 이 프로젝트가 크라우드 펀딩 사이트에 올라온 3주 동안, 프로젝트의 잠재력을 알아본 1만 1,000명 이상의 사람들에게서 예상했던 몫보다도 4만 달러가 더 모였다. 1년 안에 그는 플랫폼 하나를 만들어냈다. 지금은 오스본과 나, 그 외 전 세계 200만 명의 사람들이 이 앱을 사용하면서 거기서 영감을 얻는다.

이 글을 쓰는 시점을 기준으로, 쿠리야마는 매일 1초씩 삶을 포착하는 8년의 프로젝트에 돌입했다. 나는 그에게 자신의 몽타주에 추가할 장면을 어떻게 선정하는지 물었다. 그는 "무엇이든 가리지 않습니다"라고 답했다. "우리 인간은 자신의 삶에서 최고의 부분을 골라내고 공유하는 데 정말 능숙해요. 하지만 좋지 않은 날들은 기록하지 않죠. 낙담하거나 슬프거나 화가 나거나 죄책감이 드는 순간은 그냥 넘어가요. 부끄러울 때나 자신에게 실망할 때도 마찬가지죠. 그런 순간 역시 우리의 삶에서 중요한 부분인데도 말입니다. 그것이 우리의 일상이죠. 그래서 앱의 명칭에 '매일'이라는 말을 붙인 겁니다. 그러면 우리가 매일을 기억할 수 있죠."

나는 쿠리야마처럼 오래 앱을 지니고 있지도 않았고, 그가 설명하듯 앱을 사용해본 적도 없다. 나는 드럼 키트에 앉아 울고 있었다. 비트를 맞추려고 탐탐의 강도를 낮추려 애쓰다 내 서툰 솜씨에 좌절해서였다. 그 순간에 카메라를 들이댈 생각은 없었다. 내 휴대폰은 이제 방수 기능이 된다. 예전 휴대폰을 바지주머니에 꽂고 파티에 참석했다가 수영장에 뛰어든 뒤로 최신 기종을 구입했다. 그렇다고 폭우가 쏟아질 때 방수 기능이 강력한지 테스트할 생각은 없다. 박자를 연습하려고 스스로 적어놓은 경고를 노골적으로 무시하며, 연습용 패드를 대부분 모닝커피 받침대로 사용해왔다. 자신과의 약속을 저버리는 것이 얼마나 쉬운지에 대한 기억을 기록하고 싶지 않았다.

왜 자기 삶의 형편없는 조각들마저 빠짐없이 기억하고 싶은지 쿠리야마에게 물었다. 나라면 분명 그러고 싶지 않을 것이다. 그는 이렇게 답했다.

"인생은 짧습니다. 삶의 모든 부분을 되새기는 건, 내가 거쳐 온 모든 순간을 이해하게 하지요."

그가 살아오면서 겪은 특별한 순간에는 이런 일도 있었다. 프로젝트 첫 해의 장면이었다. 1초짜리 비디오에는 벽이 보였다. 벽에는 아무것도 없었다. 움직이는 것이라곤 없었다. 사람도 보이지 않고 소리도 들리지 않았다. 그저 벽만 보일 뿐이다. 그것은 나에게 아무런 의미도 없었지만 그에게는 중요했다. 그 벽은, 그의 형수가 장이 꼬여 피가 통하지 않는다는 것을 확인하고 병실에서 나왔을 때, 그의 눈에 가장 먼저 띈 것이다. 혈액이 공급되지 않는 환자의 고통은 이루 말할 수 없었다. 형수는 응급실에서 사경을 헤맸고 몇 번이나 죽을 고비를 넘겼다. "우리는 안 좋았던 시간은 기억하지 않으려 해요. 그러나 그러한 장면마저 기억하면, 우리의 인생에 어떤 것이 좋은지 이해하는 데에도 도움이 되지요. 나에 겐, 주어진 시간이 짧다는 것을 깨닫게 해주었어요. 내가 만든 비디오를 확인하면서 세월이 지나가는 것을 보고 있노라면, 하루하루의 일상이 중요하다는 생각을 하게 됩니다. 매일의 일상은 중요한 뭔가를 할 기회니까요."

그렇다면 왜 매일의 '2초'를 찍지 않느냐고 물었다. 그의 대답은 이러했다. "그렇다면 내 삶의 1년 치를 보는 데 12분이 걸릴 겁니다. 그 정도면 시트콤 〈사인필드Seinfeld〉 1회분의 절반쯤 되는데 그것도 길어요."

그 밖에 '매일 1초' 앱에서 하는 것과 비슷한 기능을 하는 다른 소셜 미디어 플랫폼도 숱하게 많다. 물론 제각기 차이는 있지만, 공통적으로 각자의 삶에서 선별된 부분을 사람들에게 보여주는 플랫폼이다. 우리는 대개 하루하루가 어땠는지, 우리가 무엇을 했는지, 누구와 함께 있었는지, 어떤 느낌을 받았는지 묘사하는 영상을 연결하고 편집한다. 나머지는 편집실 바닥에 버린다. 사라지지 않고 남아 있는 것을 무작위로 선택하는 게 아니라 우리의 경험 중 보통 즐겁고 웃기고 재미있고 인상적인 순간을 단적으로 보여주는 것들을 신중하게 공들여 선택한다.

예를 들어보자. 서던 캘리포니아 대학교와 인디애나 대학교의 컴퓨터 과학자들은 800만 이상의 트위터 이용자들이 올린 2,000만에 가까운 트윗의 내용을 분석했다.[13] 이 연구팀은 각 게시물에서 감정적인 내용을 분류했다. 부정적인 내용보다 긍정적인 내용이 60퍼센트 정도 더 많다는 것을 확인했다. 또 긍정적인 트윗의 경우, 부정적이거나 중립적인 트윗에 비해 '좋아요'가 다섯 배 많았고 '리트윗'이 네 배가 많았다는 것도 확인했다. 사람들은 부정적인 내용보다는 긍정적인 내용을 더 많이 게시하고 더 좋아하며 더 퍼 나른다.

'매일 1초' 앱은 의도적으로 좀 더 대표성이 있는 기억을 모으도록 장려한다. 이 앱은 선정하는 과정에서 우리가 '긍정 편향positivity bias'에 대응하는 습관을 기르도록 독려한다. 빠짐없이 하루하루의 일부를 기억하도록 하기에, 설사 최악의 날이라고 해도, 삶에서 가장 긍정적인 측면만을 기억하도록 선정하는 건 힘들다.

동기부여를 위한 이런 전략이 쿠리야마뿐만 아니라 더 많은 사람에게 효과가 있을지, 또 좋은 것과 나쁜 것을 병행하는 이런 방법이 우리의 목표를 달성하고 행복을 찾는 데 더 큰 도움이 되는지 확인하고 싶었다. 그래서 나는 행복의 경제학을 연구하는 워윅 경영대학원WBS의 과학자 닉 파우타비Nick Powdthavee에게 도움을 청했다. 그는 어떻게 기술이 개인을 행복하게 하도록 동기 부여하는지 집중적으로 연구했다.

"닉, 당신은 행복의 전문가잖아요"라고 나는 말문을 열었다. "일상을 동영상으로 찍을 때, 온갖 추억이 뒤섞인 것보다는 가장 흥분되는 날 중에서 최고의 순간을 되새길 때, 더 행복하고 더 활기를 얻지 않을까요? 그렇지 않다면 왜 강아지 동영상을 찍고 아기 사진을 찍을 때도 앙앙 우는 것보다는 미소 짓는 모습을 씩씩어요?"

"네, 그야 당연하죠. 내 아내가 촬영한 푸트니 비디오를 보셨나요.● 사람들이 경험한 것 중에서 단순히 최고의 부분을 돌이켜

● 나도 이 동영상을 보았다. 푸트니는 그 집에서 기르는 골든리트리버 개 이름이다. 거의 1,900만 명이 2분 40초짜리 이 동영상을 보았다. 푸트니는 배가 둥그렇고 헐렁한 털뭉치 개에서 6개월이 지나자 조숙하고 호리호리한 청소년기로 성장해갔다. 발은 여전히 몸에 비해 균형이 안 맞을 정도로 컸다. 나는 푸트니가 플라스틱 물병이나 아기 보호벽, 울퉁불퉁한 콘크리트와 마주했을 때 두려워하는 모습도 보았다. 처음으로 양과 만났을 때 술책을 부리던 장면도 보았다. 푸트니가 뒤뜰에서 다른 개들과 주도권 다툼을 하다가 이겼을 때, 나는 환호했다. 푸트니가 제 물 그릇에 머리를 처박은 채 서서 잠드는 모습에는 깔깔 웃기도 했다. 푸트니의 영상은, 멋졌다.

볼 때에는, 바로 그 순간에는 더없이 행복하겠지만, 길게 보면 그렇지 않을 수도 있습니다." 파우타비는 이어 말했다. "모두가 깔깔 웃고 미소 짓는 사진을 훌훌 넘길 때, 우리는 기분이 좋습니다. 바로 그 순간에는 말이죠. 파티에 갔을 때나 휴대폰으로 셀카를 찍은 여자와 대화를 나누었을 때를 기억하면 기분이 좋아집니다. 새로 입양한 강아지가 잠자는 모습을 비디오로 보면 즐겁겠죠. 하지만 앞으로 우리가 무엇을 해야 할지 결정하려고 할 때, 그 모든 불완전한 기억들은 우리를 잘못된 결정으로 이끌 수도 있습니다. 이 경우에도, 아는 것이 힘인 거죠."

먹고 나서 식중독을 앓게 했던 식당, 취업에 실패했던 일자리 혹은 우리가 쏘아붙여 마음을 상하게 만들었던 사람의 감정을 우리가 적극적으로 잊으려고 한다면, 똑같은 실수를 반복할 수 있다고 그는 설명했다. 좋은 일과 함께 나쁜 일도 기억하면, 앞으로 보다 나은 선택을 하는 데 도움이 될 수 있다. 장기적으로는 이편이 우리를 더 행복하게 해준다.

여기서 나는 영감을 받았다. 변화를 주고자 노력하면서, 그날 일찍 기내에게 산 구역질 나는 치킨을 1초짜리 동영상으로 찍었다. 이 치킨은 속까지 변질된 마요네즈처럼 쑥이나 곰팡이 같은 녹색 점이 드문드문 박혀 있었다. 앞으로 항공기 음식은 기대하지 말자는 생각을 하게 만들었다.

과거를 기억하면 미래를 설계하는 데
도움이 된다

많은 신경과학자들이 이 사람에 관해 저술을 남겼다. 회의장에서 모여 그에 관해 말했다. 그를 만나려고 장거리 여행을 했다. 하지만 몇 년 전 그가 죽을 때까지, 그의 진정한 정체는 대부분의 사람들에게 수수께끼로 남았다. 그들은 당시 그의 신원을 보호하기 위해 그를 그저 'K.C.'라고 불렀다.[16] K.C.는 망명자도 아니고 정보원도 아니며 군중 속에 숨어 있는 유명인사도 아니다. 자신의 이름이나 특징을 신문에 숨기려고 하는 성격도 아니었다. K.C.는 심각한 사고를 당해 외상을 입어 뇌가 특이하게 변했을 뿐이다. 기억력이 어떻게 작동하는지, 인간은 왜 기억력을 가지고 있는지와 관련해 획기적인 사실을 밝혀내는 데 도움을 주었다. K.C.는 뇌에서 과거에 대한 생각과 미래에 대한 설계가 연결돼 있다는 암시를 준 최초 사례자다.

K.C.는 서른 살 무렵 오토바이를 몰다가 도로를 이탈하는 사고가 났다. 그 바람에 아주 보기 드문 형태로 뇌에 중상을 입고 고생했다. 나는 한 번도 그를 본 적이 없지만, 사람들은 누구나 그가 사고 이전이나 이후를 막론하고 매력 넘치고 사교적인 남자였다고 입을 모은다. 그는 007과 제임스 본드가 같은 사람이라는 것을 알았다. 눈을 감고도 토론토의 최고층 탑에 대하여 설명할 수

있었다. 종유석과 석순의 차이, 내가 뉴욕 사람들과 대화하며 유용하다고 느낀 것들을, 그는 나보다 훨씬 더 잘 설명했다. 심각한 사고를 당했음에도 불구하고 그의 두뇌는 명석해 보였고 흑백이 선명한 사실은 정확히 기억했다. 그리고 단체 퀴즈게임에 기여하는 능력도 돋보였다.

K.C.의 큰 문제는, 개인적으로 일어난 일에 대해서는 아무런 기억도 하지 못한다는 것이었다. 어떤 것이든 새로운 기억을 하는 데 문제가 있었다. 옛날 기억을 끄집어내지 못하는 특수한 유형이었다. 가령 문제를 맞히는 트리비얼 퍼슈트Trivial Pursuit 같은 보드 게임에 등장할 법한 사실은 기억해냈지만, 개인적 경험은 기억하지 못했다. K.C.는 자신이 목격한 것이나 행한 것, 느낀 것은 무엇이든 기억하지 못했다. 예를 들어 사고가 나기 2년 전에 그는 형의 결혼식 전날 밤에 파마를 해서 가족을 놀라게 했다. 형이 결혼했다는 사실은 알고 있었지만 자신이 결혼식에 참석했던 일이나 가족이 자신의 파마머리에 어떤 반응을 보였는지에 대해서는 기억하지 못했다. 그는 또 동네에 화학물질 유출사고가 발생하는 바람에 식구들을 포함해 10만이나 되는 사람들이 열흘간이나 집을 비우고 대피한 사실은 알았지만, 자신이 겁을 먹었던 것이나 불안해한 것은 기억하지 못했다. 매일 자신과 붙어 다니던 형이 사고로 죽은 것은 알았지만, 그 소식을 들었을 때 자신이 어디 있었는지, 누구에게 들었는지, 장례식의 느낌이 어땠는지에 관해서는 아예 기억이 없었다.

K.C.는 또, 미래를 설계하지 못했다. 의사가 15분 뒤에, 다음 주에, 향후 평생 무엇을 할 것인지 물으면 그는 모르겠다고 답했다. 과거를 생각하려고 할 때와 똑같이 머릿속이 텅 빈 것 같다고 말했다. K.C.는 과거나 미래로 향하는 정신적인 시간여행을 하지 못했다.

많은 신경과학자들이 K.C.의 뇌를 연구해왔다.[15] 그와 비슷한 사고를 당해 기억장애에 시달리는 사람들의 뇌도 마찬가지로 연구했다. 이들은 또 신경 영상기술을 활용해 아무런 손상을 입지 않은 사람들의 뇌의 여러 영역에서 벌어지는 일도 조사했다. 그 결과를 모으니, 확실한 증표가 드러났다. 과거 이야기에 대한 기억을 담당하는 신경회로는 미래 설계를 담당하는 신경회로와 거의 일치했다. 우리가 머리를 과거로 거슬러 올라가는 데 쓰든 미래를 예측하는 데 쓰든 상관없이, 전전두엽 피질prefrontal cortex 과 해마를 포함해 중앙 측두엽 부위가 작동했다.

흥미로운 일은, 이 뇌의 영역들에서 '매일 1초' 동영상을 볼 때 반응과 똑같은 반응이 일어난다는 것이다. 윌마 베인브리지Wilma Bainbridge는 탁월하고 유명한 신경과학자로, 이 앱 사용자들을 연구했다. 매사추세츠 공과대학에서 뇌 인지과학brain and cognitive science으로 박사학위를 받은 그녀는 아주 바쁜 사람이다. 인간을 닮은 로봇 제작팀에서 일한 적이 있고, 예루살렘 고등학생들에게 컴퓨터 프로그래밍을 가르치기도 했으며, 영어와 한국어, 아랍어, 일본어를 할 줄 안다. 그리고 〈리셋Reset〉이라는 텔레

비전 쇼의 자막을 만든 적도 있다. 삶에 재도전하는 사람들이 어떻게 자기 인생을 바꾸어가는지 다룬 심리 프로그램이었다. 현재 그녀는 메릴랜드 국립정신건강센터에서 기억을 돕거나 방해하는 요인에 대해 연구한다. 그토록 바쁜 사람과 내가 연락이 닿을 수 있었던 것은, 그녀가 커피를 사려고 줄을 서야 한다든지 하는 짬이 잠시 났기 때문일 게다.

어쩌다가 '매일 1초' 앱을 사용하는 사람들을 연구할 동기가 생겼는지 물었다. 베인브리지는 자신도 약 6년 동안 이 앱을 사용해오고 있다고 했다. 계속해서 그녀는, 자신의 영상들을 보면서 자신의 뇌 영상을 찍었다. 결과는?

"시간을 처리하는 곳을 찾았습니다."

뇌의 여러 영역이 움직였던 장소와 시간을 영상화하니, 유령의 실루엣 같은 엑스레이 영상을 통해 오래전 삶의 장면을 보고 있는지, 아니면 최근에 찍은 영상을 보고 있는지 알 수 있었다. 그래서 정신적인 시간여행의 개념과 과거에 대한 생각이 현재에 어떤 영향을 미치는지 관심을 갖게 되었다.

베인브리지는 수년간 '매일 1초' 앱을 사용해온 사람들을 모집했다. 그들 가운데 일부는 그녀처럼 실제로 6년간 하루도 빼놓지 않고 앱을 사용했다. 기능성 자기공명영상 장치에 누워 그들 자신의 동영상을 5분간 보게 했다. 서로 다른 뇌의 부분들이 드러내는 반응을 모니터에서 관찰하면서, 베인브리지는 신경과학자라면 예측 가능한 것을 발견했다. 안면인식을 담당하는 뇌의 영역은 영상이 사람들의 얼굴을 보여줄 때 밝아졌다. 집이나 장소를 처리하는 뇌 영역은 영상에 그런 장면이 포함될 때 밝아졌다.

특히 베인브리지가 주목한 것은, 사람들이 '그들 자신의' 비디오를 볼 때 뭔가 특별한 일이 일어나는가 여부였다. 실험 참가자들에게 다른 사람의 동영상을 5분씩 보게 했다. 참가자들은 이 영상에서도 사람과 집과 장소를 보았다. 대상은 낯선 사람들이었고 대부분 배경도 낯설었지만, 뇌의 활동은 전반적으로 똑같았다. 얼굴을 담당하는 영역이 밝아졌고 장소 영역도 마찬가지였다. 그렇지만 뇌의 어떤 영역은 본인 동영상에서 두드러지게 작동했지만, 다른 사람의 비디오에서는 그렇지 않았다. 자신의 '매일 1초' 비디오를 볼 때, 해마의 특수 영역과 전전두엽 피질의 특수 영역(이마극 frontal pole)이 유난히 민감했다. 그 부위는 바로 K.C.가 오토바이 사고로 손상을 입은 곳이다.

모든 증거를 종합해보니, 자신의 영상물을 돌아볼 때 다른 어느 누구도 재현할 수 없는 자기만의 독특한 과거를 기억한다는 것을 베인브지리의 연구로 알게 되었다. 더욱 흥미로운 것은, 자신의 '매일 1초' 동영상을 볼 때, 사람들은 미래를 설계할 때 필요한 것과 똑같은 뇌 시스템에 관여하고 있다는 것이다.

나는 한 달 동안 '매일 1초' 앱에 몰두하며 스스로 영감을 얻고자 했다. 드럼 연습을 할 때마다 나 혼자 연주하는 장면을 찍었다. 월초에는 앞부분의 선율을 영상에 담았고 중순에는 카메라를 노래 중간 부분으로 돌렸으며, 월말이 되어갈수록 곡이 끝나갈 즈음에 녹화 버튼을 눌렀다. 월말이 되었다. 1초짜리 장면을 모아서 영상으로 검토했다. 아주 솔직히 말해, '매일 1초' 앱은 혹시나 하며 기대했던 내 퍼거시브 주법 연습에는 효과가 없었다. 더 좋아졌든 나빠졌든 내가 어떻게 변했는지 보여주지 않을까 기대했지만, 결과적으로 1초라는 순간은 내 능력의 어떤 변화를 진정으로 보여주는 데는 충분치 않았다. 그때, 습관적으로 내가 스틱을 두드리는 위치가 심벌의 윗부분보다 아래라는 깨달음을 우연히 얻게 됐다. 휴대폰 카메라를 설정한 뒤에 곡이 시작되는 스네어 부분에 녹화를 맞추기 위해 서두르다가 의자에서 넘어지는 모습도 기억났다. 토요일에 연습할 때면 도입 단계의 박자를 잡고 늘어지다가 일요일이면 내가 좋아하는 백 비트로 신속히 전환하는 경향이 있다는 것도 깨달았다. 의도를 갖고 이렇게 특이한 선택을 내리는 버릇이 있던 건 아니다. 매일 단 1초를 위해 한두 박자만을 기록하다 보니 정확하지 않은 리듬을 변칙적인 것이었다고 둘러대기도 쉬웠다. 앱이 포착한 그 짤막한 장면들은, 어떤 의미 있는 발전을 보여주기에는 충분한 단서가 되지 못했다. 좀 더 자랑스러운 반복 악절과 더불어 최악의 연습 시간을 기록할 때도, 1초라는 토막은 내 자질의 향상이나 퇴보의 과정을 있는 그대로 보여주기에는 부족했다.

대신 그 1초의 순간들은 파우타비가 예상했듯 잘못된 내 기억을 바로잡아주었다. 나는 착실하게 정해진 대로 연습했다고 생각했는데 녹화 장면을 다시 보니 그게 아니었다. 나는 주말마다 연습했다고 생각했다. 근데 그렇지 않았다. 내가 연습을 해야 했던, 연습했다고 생각한 앱 달력에 표시가 안 된 빈 날짜들이 바로 그 증거였다. 그리고 베인브리지의 실험 참가자들의 경험을 나도 했다. 나에 대해 기록한 장면을 볼 때, 최소한이나마 나도 미래를 설계하고 있었다. 나의 행동 혹은 내가 들은 것이 여전히 자랑스럽지는 않았다. 비록 시작할 때보다 확실히 좋아졌다고 해도 잘하는 것은 아니었다. 내 실력이 지지부진한 건 꾸준하고도 부지런하게 연습하지 않았기 때문이다. 시야 확대 기법으로 전달에 드럼 연습에 쏟은 시간을 돌이켜보았다. 그러면서 나는 노력과 의지를 두 배로 늘려 드럼 키트로 돌아갔다.

8

속박에서
벗어나기

매티는 명사를 배워가면서 동시에 내가 세운 치밀한 계획에 반하는 편애나 기호를 발달시켜갔다. 이 육아 단계를 '사자 길들이기'와 '테러리스트와의 협상'을 합친 말로 묘사하고 싶다. 그런데 나는 엄마이면서 심리학자기도 하다. 결과적으로 어린 야수 같은 아이의 삶에 일정한 때가 오면 나 스스로 반反심리학reverse psychology(자신이 바라는 것과 반대되는 상황을 옹호함으로써 상대방을 자신이 원하는 방향으로 설득시키는 기술—옮긴이)을 사용하지 않을까 충분히 예상했다. 이 전술을 효과적으로 활용하리라 자신했다. 하지만 나의 그런 계산 방식은 단 한 가지 경우에만 옳았다.

어느 날 해질 무렵, 입 주위에 잔뜩 묻혀가며 밥을 먹은 아이의 끈적거리는 몸을 붙들고 씻겨서 재울 준비를 하려던 참이었다. 우리에겐 물론 정해진 취침 시간이 있었다. 아이가 식사를 마치자마자 곧장 잠자리에 드는 것은 아니다. 내 목표는 옷을 벗겨 아이를 욕조 안에 넣는 것이었다. 그런데, 목욕을 끝낸 다음엔 곧 침대에 갇히게 된다는 순서를 아이가 알아차렸다. 매티는 지연 작전을 썼다. 매티는 이제 트럭 놀이나 블록 놀이를 하겠다는 말로는 시간을 끌 수 없음을 잘 알았다. 대신 그림책을 읽어달라고 했다.

그때 나는 막다른 길에 놓였다. 매티가 제 베개를 밟고 선 상태에서 우리는 서로 눈을 마주 보고 대치했다. 매티는 "책!"을 요구했다. 말하는 법을 배우고 그 말의 뜻을 이해하는 아이가 할 수 있는 범위에서는 아주 단호했다.

나는 지저분하고 피곤한 아이를 씻겨 재우고 싶은 간절한 희망을 담아 "목욕!"이라고 대꾸했다.

이 말에 매티는 다시 "책"이라고 내꾸했다. "목욕"이라는 내 말에 대한 반응은 분명했다.

"책Books."

"목욕Bath."

"책."

"목욕."

"책."

나는 심리학적 위력을 동원하기로 결심했다. 아이가 나를 내려다보며 "배스Bath"라는 말을 기다리고 있을 때(혹은 내가 항복하기를 기다리고 있을 때), 나는 이 마주 소리치기 게임에서 판을 돌리고 "북스Books"라고 대꾸했다.

나는 거의 이길 뻔했다! 마치 느린 화면을 보듯, 아이의 입술이 뒤로 당겨지는 모습을 보았으니 말이다. 나는 매티의 조그만 입이 "배애애"라는 음절을 형성하려는 모습을 보았다. 아이는 완전한 발음이 나오기 전에 말을 멈추었다. 그런 다음 머리를 비스듬히 젖히고 미소를 짓더니 다시 자신감에 찬 기쁜 표정으로 말했다. "북스!" 하는 수 없이 나는 몇 권 읽어주기로 하고 조금 더러운 몸에 만족해하는 아이를 안아 옆에 앉혔다.

지금껏 살아오는 동안, 나 자신을 설득하기보다 빠르게 패배를 인정하고 돌아선 적이 더 많았다. 아주 잘 짜인 계획일지언정 거기서 벗어나 경로를 다시 짜는 법을 배우면, 적어도 중간은 되는 결과를 얻는다. 어떨 때는 좋은 결과로 이어지기도 한다. 목표를 설정할 때, 그 목표를 포기하거나 경로를 재설정하는 일이 가장 힘들 수도 있다.

우리 인간은 왜 목표를 정하고 성취하는 길에서 벗어나기 힘들어할까. 한 가지 해석에 몰입해 성공이나 행복을 느끼기 때문이다. 많은 이들이 일단 목표를 세우고 나면 자신과 한 바로 그 약속을 잘 이행할 때만 성공이라고 믿는다. 그러나 처음 생각한 것에서 자유로울 필요가 있다. 단일한 목표를 직선적으로 추구하는 방식에서 자유로워질 때, 우리는 다른 형태를 띠고 우리 눈앞에 나타난 성공을 발견할는지 모른다.

그러면 영감을 떠오르게 해주는 새로운 신호를 언제 알 수 있을까? 특정한 목표를 추구하는 도중 막다른 길에 이르렀다는 신호는 어떻게 알 수 있을까? 때로는 세상이 하는 말을 그냥 듣기만 하면 된다.

바로 이런 일이 스티븐 심스Steve Sims에게 일어났다. 심스는 런던 동부의 건실한 건설업 집안에서 태어났다. 비록 벽돌공이었지만 야망이 있었다. 그는 돈이 어디서 오고 어디로 흘러가는지 알았다. 심스는 주식 중개인으로 직업을 바꾸고 새 출발했다. 6개월 후, 그는 자신의 언변으로 회사를 설득해 홍콩 지사로 옮겨갔다. 하지만 누군가를 설득하는 것과 최종적으로 일이 성사되는 것은 별개다. 심스는 토요일에 홍콩으로 날아갔다가 화요일에 해고되었다.

심스에게 제2의 계획은 따로 준비되어 있지 않았다. 그래도 든든한 체력이 있었다. 그는 나이트클럽 문지기로 근무하면서 홍콩의 명사, 유명인 들을 알게 되었고 급기야 사교계의 중심인물로 자리 잡았다. 누가 파티에서 가장 잘나가는 사람인지, 어디서 최고의 파티가 열리는지 그는 알았다. 스스로 행사를 주최하기 시작하면서 사람들이 찾아왔다. 그는 은행 관련 일에 대한 소망을 계속 마음에 품고 있었고, 금융계 영향력 있는 사람들의 명함을 관리했다. 부유한 고객들과 탄탄하게 맺은 관계를 기반으로 금융 관계 일도 다시 맡고 빠르게 출세할 것이라 기대했다.

그렇지만 그런 일은 일어나지 않았다. 은행 임원들이 그의 고객 명단에 감명받지 않은 건 아니었다. 다만 투자 경영에 그를 고용하려 들지는 않았다. 대신 그들은 그의 행사를 지원하고 싶어 했다. 재력가들에게 접근할 기회를 계속 제공해주기 때문이었다. 이런 상황에 파티는 점점 인기를 끌었다. 파티가 너무 성황을 이루는 바람에 심스가 참석자를 제한해야 할 정도였다. 명단에 오른 사람들은 파티 한두 시간 전에 패스워드를 받고 나서 경비원에게 암호를 댔다. 이 무렵 은행에 진출하려는 심스의 열망은 좌절되었지만, 고급 고객담당 전용 서비스인 블루피시Bluefish(첫 번째 패스워드의 이름을 딴)가 탄생했다.

심스는 지금 타이타닉호가 가라앉은 심해 여행과 대기권 밖으로 나가는 우주 탐험을 준비하고 있다. 뉴욕 패션 주간에 모델들이 실제로 걷는 런웨이를 고객이 활보할 기회를 주기도 했다. 하루 동안 제임스 본드처럼 고객을 변장시켜서 섹시하고 대담한 여성들의 환대를 받게 하는 한편, 지중해에서 몸값을 노린 해적에게 납치되기 전에 모나코 거리에서 스파이들의 추적을 받는 기획도 있다. 경주용 자동차 선수들로 팀을 구성한 다음, 두 명의 하버드 강사들이 중고 자동차를 들이받을 수 있게 이벤트를 열기도 했다. 심스는 일탈을 꿈꾸는 억만장자들의 바람을 현실로 만들어주었다. 이 모든 것들은 먼저 그가 지녔던 것들을 포기함으로써 시작됐다.

진정한 성장을 위한 포기

시어도어 가이젤Theodor Geisel은 라 호이아에 있는 자기 집 서재 벽장에 모자를 수백 종 숨겨놓았다. 깃털이나 솜털, 리본 장식이 달린 모자, 스파이크가 박힌 모자, 바로크식 체코 철모, 플라스틱 장난감으로 만든 바이킹 모자, 흰 가죽으로 된, 춤이 높다란 군악대 모자, 흑백의 죄수모, 아주 작은 솜브레로, 투박하게 창이 꽂힌 투구, 깃털 장식의 헐렁한 펠트 군모 등 다양했다.

닥터 수스Dr. Seuss로 더 잘 알려진 가이젤은 모자 모으는 걸 좋아했다. 모자를 사생활에서나 직업상으로나 무기로 활용했다. 손님들을 초대할 때면 적당한 시점을 보아 숨겨둔 모자를 꺼내 각각의 손님에게 어울리는 모자를 따로따로 씌워주었다. 모자는 냉랭하게 가라앉은 분위기를 깨는 역할을 했다.

그 밖에도 모자는 문학적 영감을 자극하는 등 다양한 역할도 했다. 1960년대 후반, 닥터 수스는 프로젝트 마감이 임박할 때면 랜덤하우스 출판사의 임프린트인 '비기너 북스' 담당 편집장인 마이클 프리스Michael Frith와 머리를 맞대고 일하기도 했다. 새벽이 밝아올 때까지, 두 사람은 머리를 맞대고 차기 작품을 시적 걸작으로 탄생시키려고 운율을 짰다. 때때로 두 사람은 표현 방식 때문에 골머리를 앓기도 했다. 어울리지 않는 어휘를 바꾸고 싶은데 좀처럼 대체할 단어가 떠오르지 않았다. 그러면 닥터 수스는 벽장으로 가서 자신과 동료가 쓸 모자를 가져왔다. 그는 영감을 불러내기 위해 터키모나 솜브레로, 군용 철모 같은 것을 이용했다. 이때 모자는 한동안 집착했던 단어를 잠시 잊도록 만들었고 두 사람은 새로운 언어의 진로를 열 수 있었다.

닥터 수스의 사례처럼 하나의 모자를 벗고 다른 모자를 쓸 때 최고의 관심사가 힘을 받듯, 때로는 한 가지 행동 방식을 벗어나 다른 방식을 시도함으로써 이익을 극대화시킬 수 있다.

몬트리올 콘코디어 대학의 연구자 카스텐 로쉬Carsten Wrosch는 도달하기 어려운 결과를 계속 좇기보다 비효율적인 추구에서 벗어나야 더 이롭다는 걸 구체적으로 연구하며 경력을 쌓았다.[1] 최근에는 별거나 이혼의 충격에서 어떻게 회복하는지 이해하는 데 이런 연구를 적용했다.

그의 과학적 결론은 닐 세다카의 저 유명한 노래 〈이별은 힘든 것Breaking up is hard to do〉과 놀랍도록 일치한다. 사건이 일어나고 난 뒤에 자신을 행복하게 하려면 무엇을 할지 늘 분명한 것은 아니기 때문이다. 새로운 낭만적 모험을 계속 시도해봐야 할까? 새로운 사회적 무대를 찾아봐? 아이들을 키우거나 직업과 일에 승부를 걸어야 하나?

이런 의문에 답하기 위해, 로쉬는 20대에서 30대 중반에 이르는 젊은 성인들과 (비교적) 나이가 든 40대와 50대의 성인들을 조사했다. 약 절반가량은 로맨틱한 관계를 유지하고 있는 데 비해 나머지 절반은 최근 몇 년 사이에 별거하거나 이혼한 상태였

관점 설계

다. 놀랍지는 않지만, 최근 별거한 사람들은 현재 관계를 유지하는 사람들보다 정서적으로 불안정했다. 현재의 관계를 생각할 때, 자신감이 낮았고 우울증 정도는 심했다. 응답자의 연령대와 무관하게 고루 해당되었다.

다만, 관계 단절 초기에 쓰린 맛을 본 사람이면 누구나 겪었듯, 그런 느낌은 오래도록 지속되지 않았다. 로쉬는 전체 응답자를 추적하여 15개월 이후 상황을 다시 확인했다. 별거나 이혼했던 사람들 모두 연령대와 무관하게 기분이 나아졌다고 답했다.

그러나 행복을 찾는 방식은 나이와 상관이 있었다. 15개월 후에, 행복한 사람들과 그렇지 않은 사람들은 관계가 단절된 직후에 새로운 목표를 설정하는 방식이 달랐다. 이 차이를 밝히기 위해, 우선 전체 응답자들은 앞으로 5년에서 10년 안에 달성하려는 목표 다섯 가지를 적어 냈다. 그들은 다음 두 가지 중 하나로 분류되었다. 새로운 파트너 관계를 원하는가? 양궁 클럽에 가입하는 것처럼 다른 식으로 사회적 유대관계를 맺길 원하는가?

20대와 30대 중에서 가장 행복하다고 답한 응답자는 과거의 상처를 딛고 새로운 사랑을 찾는 데 몰두한 사람들이었다. 젊은 성인들에게는 말하자면 바다에 물고기가 득실거린다. 공급이 풍부하니 그럴 수 있다. 친해질 누군가를 찾을 기회가 차고 넘친다는 말이다.

40대와 50대에게는 로맨틱한 전망이 상대적으로 희박했다. 바다에 물고기가 적다는 말이다. 이 연령대에서는 이미 짝을 맺은 사람이 많다. 그렇지 않더라도 관계에 몰두하기보다 직업 활동에 우선순위를 둘 수도 있다. 로쉬가 15개월 후 상황을 확인해 보니, 나이 든 성인들의 경우 이런 현실적 제약을 깨닫고 짝 찾는 일 대신 가족과 유대를 더 강화한다든지 새 친구를 사귀는 데 관심을 돌리면, 새 짝 찾기에 승부를 거는 사람들보다 정서가 더 안정적이고 만족도가 높았다. 그렇다. 타인과의 연결은 여전히 중요하지만, 교제 상대를 구하는 방식에 따라 행복한 사람과 그렇지 않은 사람이 구분되었다. 원래 행복에 대해 세웠던 계획에서 멀리 움직일수록 보상도 컸다.

이러한 경로 수정은 궁극적으로 아주 중요한 성취를 하는 데 매우 유용한 도구다. 그럼에도 불구하고 우리는 별로 그렇게 하지 않는다. 왜 그럴까? 오랫동안 매달린 목표만큼 다른 가능성을 떠올리기 어려운 시각적 착시와 비슷하다.

비록 화질은 별로 안 좋지만, 다음 사진이 알베르트 아인슈타인의 얼굴임을 알아챌 것이다. 하지만 방향을 돌리고 곁눈질로 보거나 팔을 멀리 뻗어 책을 보면, 또 다른 모습이 드러난다. 백금발의 다른 모습에서 매릴린 먼로의 얼굴이 보이지 않는가?

MIT-IBM 왓슨 인공지능 연구소장 오드 올리버Aude Oliva는 20세기 두 거물의 사진을 여과하고 덧씌우는 방법으로 이런 시각적 경험을 창안했다. 아인슈타인과 먼로, 둘 다 잘 보이지만, 우리는 이 합성사진을 보면서 어느 한쪽을 다른 쪽보다 선호하는 성향이 있다. 이 페이지를 보는 방식을 바꾸어 또 다른 해석을 받아들이도록 스스로에게 강요할 수는 있다. 하지만 좀 더 자연스러운 해독으로 돌아가는 순간, 처음의 인지 경험이 다시 찾아온다.

아인슈타인의 이미지를 무시하고 대신 먼로의 이미지로 보기가 힘든 것처럼, 중요한 목표에서 이탈하기는 힘들다. 우리가 한 가지 해석으로 보는 방식에 갇혀 있듯, 성공의 길에 한 가지 방식만 생각하는 틀에 갇혀 있다. 그리고 그 한 가지가 꼭 맞는 것도 아니다. 때로 목표를 달성하기 위해 대안으로 다른 길을 생각해볼 필요가 있지 않을까. 현재 우리가 밟고 있는 과정이 어쩌면 막다른 골목으로 향할지도 모른다면 말이다.

실패가 사소한 결함을 넘어 극복할 수 없는 불능의 반증이 되었음을 어느 시점에, 어떻게 알 수 있을까? 경로를 이탈해야 할 시점을 도대체 어떻게 알 수 있단 말인가?

정신을 요리하는 데 들어간 재료들이 통찰력을 줄 수 있다. 참고 견디는 데 드는 가성비와 이득 생각이 자꾸 난다면, 바로 그 순간이 결정을 내려야 할 때인지 모른다. 장점과 단점을 둘러싸

고 이런 정신적인 곡예가 자꾸 일어난다면 시간과 노력, 에너지를 힘들게 투자하기 때문이다. 지금, 승부를 걸어야 할 때인가? 아니면 더 이상의 손실을 줄여야 할 때인가?

이런 질문은, 마라톤 선수들이 출발하고 30킬로미터 지점에서 스스로에게 자주 묻기도 한다. 12킬로미터 남짓 남은 지점에서, 신체적 정신적 자원을 대량 소진했는데도 계속 짜내야 한다. 주자들의 몸은 포도당 연소에서 지방 연소로 전환하며 에너지 비축량을 훨씬 큰 비율로 감소시킨다. 어떤 사람들은 발의 감각이 마비된다. 마치 두 다리가 납덩어리로 가득 차 있는 것 같다는 사람도 있다. 제1회 런던 마라톤 대회에서 공동우승을 한 딕 비어즐리Dick Beardsley는 그런 상황을 이렇게 묘사했다. "마치 코끼리 한 마리가 나무에서 내 어깨로 내려앉아 남은 구간 내내 어깨에 태우고 가는 느낌이에요." 바로 이 지점에서 주자들은 '벽'에 부닥친다. 이런 현상으로 볼 때 각 구간 표시마다 옆길로 빠지는 주자들의 비율이 갈수록 높아진다고 생각할지도 모르겠다. 피로가 쌓이고 근육이 더 심하게 욱신거릴수록, 점점 더 많은 이들이 등번호를 반납하고 경기를 포기할 것이라는 추측이 논리적으로 보인다. 그러나 그렇지 않다.

2009년 뉴욕러닝클럽은 그 전년도 뉴욕 마라톤 대회에서 결승선을 통과하지 못한 사람들의 자료를 공개했다.[2] 이 자료를 보면, 중도 탈락률은 10킬로미터 지점부터 올라가고 24~30킬로미터에서 최고에 이른다. 30킬로미터 지점부터 42킬로미터 표지판

        관점 설계

을 조금 지난 결승선까지는 탈락률이 뚝 떨어진다. 당신이 만일 30킬로미터 지점을 지날 수 있다면, 결승선을 통과할 확률은 아주 높아진다.

실제로, 벽은 존재한다. 주자들이 완주의 보상과 경기 지속의 비용을 저울질하기 시작하는 지점이다. 다른 구간에서와는 달리 경기 포기를 심각하게 고려하는 지점이기도 하다. 취리히 대학교와 베른 대학교의 연구진은 이 벽에 부딪히기 전과 부딪히는 동안, 그리고 벽을 극복하고 난 뒤에 마라톤 주자들의 머릿속을 스쳐간 생각을 연구한 적이 있다.[3] 연구 대상이 된 주자들은 대부분 경험이 많았다. 물론 달리기를 시작한 지 1년 정도 된 사람도 있지만, 대부분 30년 이상 달리기를 해온 사람들이었다. 이들은 매주 50킬로미터 이상 달렸다. 마라톤 훈련과 경기를 마친 후, 여기에 속한 주자들은 경기 중 4구간에서 겪은 경험을 놀이켜보았다.

누구나 상상하듯이, 경기가 진행될수록 주자들은 점점 더 포기의 이점을 생각하게 된다. 뻐근한 근육을 냉찜질하고 뻣뻣해진 몸을 마사지하고 싶은 유혹이 포기 쪽으로 끌어당긴다. 하지만 벽에 가까워질 때, 주자들의 마음은 또 다른 생각과 경쟁을 시작한다. 그러면서 생각은 경기 지속의 이점으로 점점 쏠린다. 이를테면 완주하고 나서 메달을 목에 걸 때 얼마나 기분이 좋을까 생각한다. 그러면서 동시에 생각은 갈수록 포기할 때의 비용으로 쏠린다. 가령 다음 날 자신의 허전한 목을 만지며 다른 사람들의 목에 걸린 메달을 보면 얼마나 맥이 빠질 것인가 떠올린다. 사실이 모든 장단점을 둘러싼 생각의 빈도는 30킬로미터라는 벽에서 최고조에 이르며, 그 뒤에는 뚝 떨어진다. 비용과 이익을 둘러싼 정신적 곡예는, 마라톤의 중도 탈락률이 최고조에 이르는 구간인 이 벽에서 가장 치열하다.

만일 당신이 마라톤 도중 신체적으로 힘든 상태가 되었을 때, 중도 이탈은 아마 적절한 대응이 아니리라. 그보다는 잘 알려진 벽 너머 새로운 활력이 기다리고 있다고 믿는 편이 합리적이다. 다른 영역에서 보면 그것이 건전한 선택일 수 있다.

로쉬는 주로 관계 목표에서 이탈했던 경험을 연구한다. 그는 진로 변경이라는 과제를 실험 참가자들에게 제시하며, 일상 경험을 지수로 만드는 방법을 고안했다.[4] 그는 이렇게 물었다. "중요한 목표를 위해 쏟았던 노력을 그만두는 것은 쉽나? 중단한 뒤에 그 목표가 어느 정도 아쉬운가? 목표를 포기하는 것이 어느 정도 힘든가?" 로쉬 연구팀은 중도 이탈하는 것이 각 개인에게 얼마나 쉬운지 또는 얼마나 어려운지 반영하는 지수를 만들기 위해 관련된 답변 전체를 총합했다.

연구팀은 이어 참가자들에게 작은 테스트용 튜브로 가득 찬 가방을 주어 집으로 보냈다. 이후 4일 동안 참가자들은 하루에 네 번씩 테스트용 튜브에 침을 뱉었다. 실험실로 가지고 돌아올 때까지 그 튜브를 냉장고에 보관했다. 연구팀은 이 샘플에서 코르티솔의 수치를 측정했다. 코르티솔은 인체에서 스트레스를 처리하라고 만들어내는 호르몬이다.

연구팀은 중도 이탈 지수와 코르티솔 샘플의 결과를 합쳐 두 측정치 간에 중요한 관련성을 발견했다. 참가자들은 모두 아침에 기상하고 한 시간 이내에 코르티솔 수치가 최고에 이르렀다. 정상이고 예견된 바였다. 아침에 눈떴을 때, 인체는 활동을 돕기 위해 코르티솔을 분비한다. 건강한 사람의 경우, 코르티솔 수치는 하루 동안 잠자리에 들 때까지 떨어진다. 무척 수월하게 중도 이탈한 참가자들은 하루가 흘러가는 동안 코르티솔 수치가 급격하게 떨어졌다. 절반은 처음 네 시간 동안에, 나머지 절반은 그다음 네 시간 동안 급격히 떨어졌고 잠자리에 들기 전에 조금 더 떨어졌다.

하지만 중도에 이탈하기를 평균보다 힘들어한 참가자들은 하루가 흐르는 동안 코르티솔 수치가 똑같이 떨어지지 않았다. 대신 그들의 코르티솔 수치는 잠에서 깨어난 뒤 검사 시점마다 약 30퍼센트씩 높아졌다. 위험했다. 코르티솔 수치가 떨어지지 않고 지속되면, 질병 대응력이 약화되고 인체를 지치게 만들 수 있다. 성취할 수 없는 목표에 매달리다 아주 힘들게 중단한 사람들은 적당한 시점에 빠져나갈 길을 찾은 사람들보다 더 만성적인 스트레스에 시달렸다.

한 발 물러서기 위한 시야 확대

베라 왕Vera Wang은 당대 최고의 인기를 누리는 여성 패션디자이너다. 시장 소식통에 따르면 그녀의 이름을 딴 제품의 매출 규모가 한 해에 10억 달러가 넘는 것으로 추정된다. 왕은 자신의 상품만 디자인하는 것이 아니라 제니퍼 로페즈, 첼시 클린턴, 이방카 트럼프, 크리시 타이겐처럼 기라성 같은 여류명사들의 결혼식 의상도 디자인했다. 중국 국가주석 시진핑과 부인 펑리위안이 백악관의 초대로 만찬회에 참석한 자리에 퍼스트레이디 미셸 오바마는 베라 왕이 디자인한 의상을 선택했다. 그녀가 모은 재산은 6억 3,000만 달러가 넘는다.

그러나 디자인은 베라 왕이 처음 뛰어든 분야가 아니다.

베라 왕은 일곱 살 때부터 피겨스케이트를 신었다. 맨해튼의 어퍼 이스트사이드에서 자라기는 했지만 센트럴파크 링크에서 스케이트를 타고 싶지는 않았다. 그녀는 경주용 링크에 눈높이를 맞췄다. 왕은 10년 동안 열심히 훈련하며 언젠가는 스판덱스와 스파클로 만들어진 화려한 의상을 입는 선수가 될 거라고 생각했다. 대학생일 때는 뉴저지 주 웨스트 오렌지에서 열린 북대서양 피겨 스케이팅 선수권 대회에 참가했다. 왕은 완벽에 가까운 연기로 성인 여자부 선수권 타이틀을 차지했고 〈스포츠 일러스트레이티드Sports Illustrated〉에서 특집으로 베라 왕을 다룰 만큼 주목을 받았다.

하지만 이 경기 이후, 다시 타이틀을 따내지는 못했다. 십대 시절, 왕은 제임스 스튜어트James Stuart와 짝을 이루고 전미선수 권대회에 참가했는데 우승하지 못했다. 왕은 올림픽 스케이트 선수단의 국가대표가 되기를 원했지만, 당대 빙상의 여왕이던 페기 플레밍Peggy Fleming이 왕을 꺾고 그 자리를 차지했다. 파트너이던 스튜어트는 페어 경기에서 우승을 놓친 뒤에 솔로로 전향했다. 그리고 왕은 영원히 스케이팅을 접기로 결심했다.

왕은 파리의 소르본 대학에 들어가 자신을 재정비했다. 자신이 원하는 것이 꼭 스케이트만은 아니란 것을 깨달았다. 왕은 스타일닷컴Style.com과의 인터뷰에서 자신의 열정을 "미美에 대한 사랑, 선線에 대한 사랑, 그리고 스토리텔링을 통해 정서적으로 사람에게 다가가는 것에 대한 사랑"이라고 말했다. 처음에는 피겨스케이팅에서 자신의 열정을 발견할 것이라고 생각했다. 슬럼프에 빠지고, 후배 선수들이 그녀 차지였던 정상급 수준으로 빠르게 치고 올라오는 걸 인정하며 디자인 분야로 전향했다. 어떤 면에서는, 왕은 자연스럽게 삶의 렌즈에 시야 확대 기법을 적용한 것이다. 한때 아침부터 스케이트 끈을 매며 불태웠던 열정은 이제 패션의 세계에서 갈 길을 찾았다. 우리는 왕이 필라델피아에서 열린 전국대회의 주니어 페어 경기에서 5위를 했다는 건 몰라도 튤과 모슬린의 제국을 건설했다는 건 안다. 경로 이탈은 방향 수정과 재발명, 재발견의 기회를 의미했다. 왕은 알게 모르게 시야 확대 기법을 택함으로써, 작은 조각들이 어떻게 한곳으로 모이는지, 다른 선택과 경로가 종국에는 한 방향으로 향하는지 보았다.

실제 시야 확대 기법을 활용하면, 무수한 행동과 노력 사이의 관계가 눈에 들어온다. 건강을 위해 다이어트를 염두에 두고 있다면, 얼마나 먹는지 운동은 얼마나 하는지 그 관계를 파악하는 데 도움이 된다. 만약 스트레스를 줄이고자 한다면, 초과근무가 스스로를 돌볼 시간을 앗아간다는 사실을 새삼 깨닫게 된다.

시야 확대 기법은 또한 할 일 목록에서 결과를 종합적으로 보게 한다. 최선을 다해 노력했음에도 불구하고 목적을 달성하지 못했을 때 우리를 지켜줄 수 있다. 사촌이나 숙모, 삼촌 등이 모인 시끌벅적한 대가족 모임에서 막 빠져나왔다고 해보자. 친척들과 관계가 소원했던 적은 별로 없다. 아직 이메일 회신을 보내지 않은 6촌이나 못 받은 전화를 확인하고서도 답을 하지 않은 조카에게 신경을 쏟았다면 분위기가 냉랭해졌을지도 모른다. 오로지 여기에만 초점을 맞추면, 가족 간 관계를 돈독히 하려는 열망은 쉽게 시들해질 수 있다. 실패한 경험이 많으면, 인내의 동기부여는 저하된다. 시야 확대 기법은 이런 실패를 성공의 흐름으로 연결해줄 수 있다.

시야 확대 기법은 원하는 것을 얻을 다른 길을, 어쩌면 보다 나은 길을 찾도록 도와준다. 뉴욕의 택시기사들은 스스로 근무 시간을 선택할 수 있다. 어떤 기사들은 열두 시간 교대로 회사

차량을 빌린다. 일단의 경제학자들이 실시한 연구에 따르면, 기사들은 주간영업에는 하루에 76달러를 회사에게 지불하며 야간영업에는 86달러를 낸다. 근무 교대를 할 때는 연료를 가득 채워 차를 반납해야 하는데, 이 비용이 15달러 정도 된다. 주간이나 월간 단위로 회사에게 차를 빌리는 기사들도 있다. 제3의 유형도 있다. 시내에서 합법적으로 택시를 몰 수 있는 자격증에 해당하는 택시 면허증(13만 달러)을 소유한 경우다. 택시기사들은 팁을 포함해 요금 전부를 챙길 수 있고 계약 기간이 만료될 때까지는 원하는 만큼 운전할 수 있다. 회사 차의 경우, 차량 반납이 늦으면 벌금이 부과된다. 결국 뉴욕 택시기사들은 지금처럼 대부분 손님을 낚는 '크루징cruising' 기법으로 돌아다니면서 돈을 벌게 되었다. 요금은 뉴욕택시리무진협회TLC에서 정하고 규제한다. 택시기사의 수입은 승차 수요와 빈 차로 다닌 시간에 따라 달라진다.

경제학자들은 택시기사들이 근무 시간에 최선의 결정을 내리는지 궁금했다.[5] 택시기사들은 승객이 많은 날엔 근무 시간을 늘리고, 택시를 부르려고 서 있는 사람들이 적은 날 근무 시간을 줄이는 것이 최적의 전략이라는 것을 안다. 여기에는 날씨가 영향을 미친다. 길 위에서 사람들은 날씨가 아주 춥거나 비가 올 때면 목적지까지 걸어갈지 다시 고려해본다. 붐비는 시간이나 점심 시간에도 승차 수요가 급증한다. 이런 상황에 기반을 둔 전략은 평균 매출과 여가 시간 둘 다 최대치로 올려줄 것이다. 수요가 많을 때 일하고 수요가 적을 때 쉬는 것이다.

기사들이 실제로 최적의 근무 시간을 택하는지 테스트하기 위해, 경제학자들은 택시 회사로부터 2,000건에 가까운 운행 기록을 넘겨받아 분석했다. 기사들에게는 승객을 태우고 내려준 시간 목록과 요금의 총계를(팁은 제외) 작성하도록 당부했다. 연구팀은 기사들이 근무 교대마다 몇 시간을 일했는지 알게 되었다. 택시의 미터기로 입증이 되며 여기서 기사들이 벌어들인 평균 일당도 계산할 수 있었다.

실제로 일부 기사들은 벌이와 여가 시간을 극대화하는 전략을 사용하지 않았다. 시간당 벌이가 더 적을 때 더 많이 일한 것이다. 이런 기사들은 매출의 흐름이 저조할 때 근무 시간을 줄이는 걸 꺼렸다. 매일 차량 이용료를 지불하는 택시기사들은 좁은 초점으로 결정을 내렸다. 이런 방식으로 일일 수입 목표를 느슨하게 잡으면서 '하루하루'에 초점을 맞추었고, 일단 많은 현금을 손에 쥔 날에는 일을 쉬었다.

하지만 나머지 기사들은 근무와 휴식의 균형이 잘 잡힌 결정을 했다. 주간이나 월간 단위로 급료를 받는 기사들, 자기 택시를 소유한 기사들은 평균 매출이 떨어지는 날은 근무 시간을 줄였다. 또 벌이가 가장 좋을 것 같은 날은 근무 시간을 늘렸다. 비용과 수입을 넓은 틀에서 나누기 때문에 더 효율적으로 근무 일정을 짠 것이다.

그들은 시야 확대 기법으로 주간 혹은 월간 단위로 목표를 설정하기에, 노동은 최소화하고 여가 시간뿐 아니라 수익도 최대화할 수 있었다. 더 적게 일하면서 더 많은 돈을 번 것이다. 노력에 대한 대가가 나오지 않을 때, 시야 확대 기법은 멈추었다.

1982년 〈코즈모폴리턴Cosmopolitan〉 매거진 최초의 여성 편집장 헬렌 걸리 브라운Helen Gurley Brown은 '모든 것 다 갖기Having It All'란 제목의 책을 내 뜨거운 논란을 불러일으켰다. 이 제목을 두고 맹렬하게 논쟁이 전개되었다. "모든 것 다 갖기"라는 말은 대부분의 사람들, 특히 여성 독자들을 주눅 들게 하면서 자신감을 앗아갔다. 이 마법 같은 표현은 '부모'와 '직업'처럼 대립적인 역할을 균형을 맞춰 탁월하게 해내는 게 가능하다는 의미다. 진정으로 인생에서 성공하려면 그렇게 해야만 한다는 것이다. 결국 사람들은 더 많이 일하고 또 그 모든 것을 잘해야 한다는 부담을 안게 되었다.

수십 년이 지나면서 '모든 것 다 갖기'란 화두는 계속 진화를 거듭했다. 여전히 남아 있는 문제는, 그 좌우명이 우리 모두에게 수많은 불가능한 요구를 제기한다는 것이다. 상원의원 키어스텐 질리브랜드Kirsten Gillibrand는 《목소리를 내라Off the Sidelines》라는 저서에서 독자들에게 "제발 '모든 것 다 갖기'란 그 말을 멈추어라. '그 모든 것을 해보기Doing it all'라는 현실적인 도전에 대해서 논의를 시작하자"고 촉구했다. 비슷한 맥락에서 미 국무부 정책기획실장으로 재직하는 앤마리 슬로터Anne-Marie Slaughter는 〈애틀랜틱The Atlantic〉에 "왜 여성은 아직도 모든 것을 가질 수 없는가?Why Women Still Can't Have It All?"라는 제하의 글을 기고했다. 슬로터는 다른 여성들이 그런 식의 글을 쓰면 안 된다고 해서 더더욱 이 글을 썼다고 한다. "그런 말은 다른 여성들에게 보내야 할 메시지가 아니다"라는 훈계를 들었다고도 한다. 그럼에도 그녀가 그 글을 쓴 까닭은, 인생의 모든 문이 자신에게 열려 있는데도 불구하고, 여전히 자신이 원하는 곳에 도달할 수 없다고 느꼈기 때문이다.

'모든 것 다 갖기'란 말은 어디서나 들려온다. 이 모자 저 모자를 써가며 많은 일을 해보기를(닥터 수스의 그 모자의 의미는 아니겠지만), 그것도 터무니없이 많은 일을 해보기를 열망한다고 가정하게 만든다. 동시에 그렇게 원해야 한다고 믿게 만든다. 이런 사회적 규범, 사회가 우리에게 기대하는 것은 목표가 설령 잘못되었더라도 포기하기 힘들게 만든다. 그만두고 싶은데, 그만둬도 괜찮다는 생각을 못 하게 한다.

매티가 한 살 정도 되었을 때였다. 당시 나는 벌여놓은 일이 많았다. 과학자로서 연구 활동에 매달리면서 강의하랴 막 은퇴하신 부모님이 먼 데로 이사하는 문제까지 신경 쓰랴 정신이 없었다. 동시에 이 책을 쓰면서 사람들 앞에 부끄럽지 않을 정도의 연주 솜씨를 갖추기 위해 드럼 연습에 매달리느라 아등바등하고 있었다. 나는 '모든 것 다 갖기'를 상대로 나 자신과 힘든 싸움을 하고 있었다. 그런 말이 존재한다는 데 정말 짜증이 났다. 거의 동시에 유명한 굴지의 기업으로부터, 여성들의 이상적인 삶을 규정하는 방식을 연구하는 데 과학 컨설턴트로 참여해달라는 제안을 받왔다. '모든 것 다 갖기'라는 표현에 내포된 목표를 정말로 여성들이 추구하고 있는지, 또 그것이 행복으로 이어지는지 묻겠다는 취지였다. 나는 이 기회를 놓치지 않았다. 또 하나의 일을 벌이는 셈이었다. 거절을 잘 못하는 성향 탓이기도 했지만, 내가 직접 저 질문에 답해보고 싶었다.

그리하여 우리 연구진은 서로 다른 삶을 살지만 특이할 것 없는 여성 18명의 이야기를 들어보기로 했다. 이들은 학교를 졸업하고 전문학위도 땄으며 자신이 택한 도시에서 안락한 생활을 누리고, 깊고 의미 있는 인간관계가 가능할 정도의 돈벌이를 하는 등 이미 놀라운 성취를 이룬, 강하고 자신감 넘치는 여성들이었다. 하지만 이들은 모두 인생의 기로에 서 있었다. 그들이 기대했던 꿈과 정확하게 일치하는 생활은 아니었던 것이다. 인생은 아직 끝나지 않고 여전히 진행 중이었다.

시작하면서, 집에 혼자 있을 때 조사서에 기록해달라고 요청했다. '모든 것 다 갖기'란 그 말이 무엇을 의미하는지 생각해보게 했다. 그리고 자신이 생각하는 이상적인 삶에 무엇이 수반되어야 하는지 규정해보게 했다. 삶의 어떤 측면이 성취감과 행복을 맛보는 데 가장 중요한지 물었다. 정신건강과 운동을 위한 시간을 확보하는 것인가? 최고 실적을 올리는 기업에서 우수한 직원들로 팀을 짜서 관리하는 것인가? 혹은 자선 활동에 전념하는 것인가? 아니면 남들을 돌보는 데 시간을 쏟는 것인가? 또 살면서 누구와 데이트할지, 자녀를 둘 것인지, 아이를 가지면 언제 가질지, 어떻게 학교를 마치고 나에게 맞는 직업을 얻을 것인지처럼, 가장 중대한 문제를 결정할 때 본인이 의지하는 여성들에 관해서도 물었다. 버팀목이 되는 이 여성들은 그들을 지원하는 네트워크 역할을 했다.

며칠 후, 우리는 연구에 참여한 여성들과 그들을 지원하는 여성 네트워크에 비밀 초대장을 보냈다. 초대장에 적힌 주소는 뉴욕의 호화로운 집들이 모인 거리였다. 비밀 초대라고 했지만 으스스한 느낌의 행사는 아니었고 유익한 정보를 준다고도 볼 수 없었다. 각자의 삶에서 원하는 것을 더 알 기회가 있었으면 하며, 엄마나 언니, 단짝, 법학대학원 스터디 그룹의 동료나 혹은 누구든 가장 의지하는 여성과 함께 오기를 바란다고 했다. 이들은 몰랐겠지만, 일종의 사회적 실험social experiment이었다. 과학자들이 전문지에 학술 활동을 발표할 때 경험하는 동료평가peer-review 과정처럼 엄격한 잣대는 아니지만, 그와 같은 원칙선상에서 보는 수준이었다. 본인이 가정하는 이상적인 삶에 대한 기준은 있겠지만, 데이터를 통해 실제로 맞는지도 살펴볼 요량이었다.

그 전에, 몇 가지 준비할 게 있었다. 이 과정을 촬영하여 그 결과를 공유하기로 한 영화제작팀과 만났다. 이 팀과 만나 해당 여성들이 누구인지, 그들이 현재 생활하며 마주하는 도전 과제들은 무엇인지 등을 나누었다. 또 진정으로 원하는 삶을 방해하는 걸림돌에 대해서도, 그에 대해 궁금한 점들도 이야기했다. 장기적으로 행복을 가져다주지 못하는데도 사람들이 어쩔 수 없이 똑같은 결정을 반복하는 심리적 원인, 이어 사람들의 생각을 바꾸는 영감에 대해서도 토론했다.

그러다가 대화가 의상 쪽으로 번졌다. 특히 내 옷에 대한 얘기가 나왔다. 그때까지 내 옷차림이 유행에 한 발 앞섰다고 평하는 사람은 아무도 없었다. 특히 매티가 태어난 뒤로는 더욱 그랬다. 시간이 너무도 귀한지라, 당시 인터넷으로 기저귀만 주문할 뿐 별달리 쇼핑하러 나가는 일은 없었다. 영화제작팀은 내 옷장에 어떤 옷들이 들어 있는지 물었다. 촬영일까지는 하루에다 반나절가량 남았는데, 나한테 어떤 옷이 어울릴지 품평이 시작되자 당황스러웠다. 이 프로젝트를 지휘하는 영화감독은 루시 워커Lucy Walker였다. 워커는 카메라와 대상의 조화에 엄격한 방침을 가지고 있었다. 내 옷장이 실망을 안겨줄 게 확실했다. 직업적으로나 개인적으로나 워커는 나와는 노는 물이 다른 사람이었다. 뉴스에서 방금 봤다며 최근에 나온 심리학 연구를 설명했는데, 나는 들어본 적 없는 내용이었다. 워커는 마치 도나텔라 베르사체의 개인 옷장을 돌아보고 방금 돌아온 사람 같았다. 그녀의 작품은 두 편이나 아카데미상 후보에 오른 적 있고 몇몇 작품은 수많은 나라에서 개최된 영화제에서 최우수작품상을 수상하기도 했다. 공교롭게도 피트와 데이트하던 초기에 워커의 영화를 개봉하는 뉴욕 현대미술관에 간 적이 있다. 옆자리에 그 영화의 음악을 담당한 모비가 앉아 있었다. 그는 워커와 함께 뉴욕에서 디제이를 하기도 했다. 워커는 벨루어를 입었는데도 눈에 거슬리지 않았다.

워커는 내 의상에 소매가 있어야 한다고 구체적으로 지적했다. 꽉 끼는 디자인은 안 되며, 짙은색이어야 하고 로고가 보여도 안 된다고 했다. 또 전문적이지만 흥미로워야 하고 현대적이면서도 꾸준하게 수용되는 의상이라야 했다. 추천 목록을 받아보고 맞추다 보니 카메라에 잡히지 않을 것 같은 신발만 남았다. 일정이 빡빡해 오래되고 낡은 내 옷장을 보충할 기회는 두 시간밖에 없었다. 소호 지구와 제작팀 사무실에서 내 집으로 가는 구간 기준으로 반경 세 블록 안에 있는 모든 점포를 훑으며 지나갔다. 워커의 구체적인 요구를 충족해 보이는 옷은 죄다 구입했다. 내 선택을 받은 옷이 거부될지언정 적어도 반응이 관대하기를 바라면서, 탈의실에서 이것저것 입어보며 전혀 어울리지 않는 셀카를 몇 장 찍은 다음 워커의 제작팀에 전송했다. 내 선택은 한결같이 탈락했다. 결국, 그들은 이 일을 담당할 전문가를 부르기로 결정했다.

한 시간도 안 되어 패션 컨설턴트의 전화를 받았다. 그녀는 내 치수와 선호하는 스타일에 관해 물었다. 나는 치수는 알려주었지만 스타일에 관해서는 답을 해주지 않았다. 컨설턴트는 이것저것 알아보더니 이튿날 워커의 요구와 나의 기호를 적절히 맞춰서 옷장을 새로 꾸며주겠다고 약속했다. "나를 믿으세요." 그녀가 말했다. "당신의 취향을 알아요. 내 홈페이지를 확인해보세요. 당신 마음에도 들고 카메라도 잘 받을 겁니다." 나는 전화를 끊자마자 컨설턴트의 홈페이지에 들어가보았다. 핀터레스트처럼 사진으로 가득 차 있었다. 오로지 보디 아트와 문신을 한 사람들의 사진만 눈에 띄었다. 그날 밤은 심란한 마음으로 잠자리에 들었다.

결론을 말하자면, 겁을 낼 필요가 없었다. 패션 컨설턴트가 골라준 의상은 완벽했다. 훨씬 더 중요한 것은, 그날 우리의 사회적 실험이 차질 없이 진행되었고 특별히 큰 깨달음을 주었다는 것이다.

실험에 참가했던 여성들, 그리고 그들을 사회적으로 지원하는 네트워크의 인물들이 초대 장소에 나타났을 때, 패션 컨설턴트는 필요하다면 이분들의 의상도 새롭게 꾸며줄 준비가 되어 있었다. 음향 담당 기사들은 참석자마다 생소한 위치에 마이크를 해주었다. 내 경우는 허벅지 윗부분 벨트 안쪽에 마이크를 달았다. 마치 은밀한 확성 능력을 보유한 과학적 초능력자처럼.

모든 준비 절차를 끝마치고, 옆방에 있는 여성들을 만났다. 영화제작팀은 사전에 점포 앞쪽 빈 공간을 '임시매장popup shop'으로 바꿔놓았다.

안으로 들어오자 여성들은 깜짝 놀랐다. 흔히 보던 매장도 아니고 일상적으로 쇼핑하는 공간도 아니었기 때문이다. 바로 그것이 핵심이었다. 이상적인 삶을 위해 필요한 것을 쇼핑하는 날이 될 것이라고 설명했다. 그러면서 삶의 모든 부문에서, 진정으로 성취하고 싶은 것이 무엇인지 생각해보라고 독려했다. 매장의 각 구역에 물건들이 진열되어 있었다. 현실적으로 달성할 수 있는 자신의 가장 큰 포부를 반영해서 바구니를 채우라고 했다. 이

곳에는 병, 가방, 통, 튜브 같은 것들이 진열되어 있었다. 각 물건들에는 '주당 40~60시간 근무' '육아도우미' '자선단체 기부' '건강 요리' 등등의 쪽지가 붙어 있었다. 바구니를 받은 여성들은 각각 매장 안으로 들어가 쇼핑을 시작했다.

잠시 후, 각자 쇼핑 바구니를 들고 계산대에 있는 나에게 왔다. 그들은 몰랐지만, 나는 그들이 몇 주 전에 작성해서 낸 답변을 가지고 있었다. 삶의 어떤 영역이 가장 중요한지를 답한 설문지였다. 그들이 고른 상품을 샅샅이 훑어보며, 이 선택 결과를 설문에 답한 것과 비교했다.

단호하고 의욕적인 여성들이었다. 설문조사에서 답한 내용과 이상적인 삶을 위해 매장에서 쇼핑한 것을 비교하니, 여성들 중 89퍼센트가 좀 더 야심찬 목표를 지니고 있었다. 훨씬 더 흥미로운 점은, 모든 여성이 '모든 것 갖기'라는 고정관념에 맞섰다는 것이다. 그 대신, 이 여성들 모두 고유한 삶을, 매장 내의 다른 여성들과 같지 않은 특별한 삶을 원했다. 바로 이것이 이들이 노력을 집중하는 방향이었다. 좀 더 야심찬 목표를 지닌 여성들 가운데 77퍼센트는 삶에서 가장 중요한 가치를 찾을 수 있는 영역을 선택했다. 그들은 삶의 모든 면에서 최고 수준을 달성하려고 하지 않았다. 개인적으로 가장 만족을 느끼는 분야에서의 1위를 목표로 삼았다. 그리고 그 분야는 사람마다 각양각색이었다.

멜라니는 미국 최고 명문 법학대학원을 졸업하고 변호사 자격을 얻은 후 뉴욕의 큰 로펌에 자리 잡았다. 멜라니는 직업상의 일정에 빼앗긴 개인 시간을 되찾고 싶었다. 그녀가 이상적으로 원하는 삶은 개인적인 성장과 가족을 위해 시간을 내는 것이었다. 그래서 그럴 방법을 찾고 있었다. 실제로 그녀는 얼마 후 로펌을 그만두고 애틀랜타로 옮겨 스트레스가 덜한 법률 분야에서 활동을 재개할 생각이었다. 물론 과감한 전환이었다.

크리스티나는 자녀가 없다. 마음 깊은 곳에서는 아이를 원하는데, 그 사실을 다른 이들에게 인정하기 힘들어하며 버거운 시간을 보냈다. 처음 그녀와 대화를 나눌 때, 본인이 생각하는 이상적인 삶에 아이가 포함되는지 물었다. 크리스티나는 "전혀 아니에요!"라고 대답했다. 그러나 그녀의 쇼핑 바구니에는 아이들 가방이 세 개 이상 담겨 있었다. 내가 물어보자 크리스티나는 이렇게 말했다. "솔직히 말씀드리면, 늘 마음속에 그리던 것이라고나 할까요."

어맨사는 형제자매가 많아서 그들을 돕는 데 시간을 많이 보냈다. 그런데 작성한 목록을 보면, 이상적인 삶의 목록에 자신만의 시간을 더 많이 바란다고 했다. 어맨사는 그 점에 죄책감을 느끼면서도 의아하게 여겼다. "왜 여자라서 자기를 희생해야 한다고 느끼게 되는 걸까요?"

인생에서 성취하고자 하는 것에 이 쇼핑 경험이 어떤 영향을 주었을까?

이들은 좁은 초점으로 보는 경향이 있었다고 말했다. 반드시 뒤따라올 사항을 미처 염두에 두지 못한 채, 그때그때의 일회성 선택으로 인생이 걸린 결정을 했다. 당장 자신에게 요구되는 것들을 위해 시간과 재능을 쓰며 무얼 할지 생각했다. 오늘의 자원으로 오늘의 문제를 해결하려고 애썼다. 카일란은 신학교에 재학 중이었는데 목사가 될 생각을 했다. 커스티는 의사에게 아이를 가질 때라는 말을 들었다. 그래서 아직 준비가 되지 않았는데도 임신을 고려하고 있었다. 이 여성들은 살면서 현재에 짜여 있는 구조 방식에 따라 '할 수 있고, 해야 하는 것'에 관해 생각하는 경향이 있었다. 그 결과, 이런 좁은 초점으로 인해 성취를 이루지 못한 느낌, 덫에 걸린 느낌을 남기게 되었다.

대조적으로, 이때의 쇼핑 경험은 시야 확대 기법을 유도했다. 여성들은 각자 이상적인 삶을 전체적으로 설계하고 있었다. 최대로 열망하는 것을 실현 가능하게 하는 방법을 찾고 있었다. 그들은 매장 안에서 자기 눈으로 삶의 선택권을 보았다. 문제는 바구니에 무엇을 넣을 것인가였다. 바구니의 크기와 실제로 들어갈 수 있는 제품의 수는 현실에서 부과된 제약을 상징했다. 멜라니는 주당 20~40시간 근무를 원한다고 표시된 병을 집어 들어, 연봉 20만 달러라고 적힌 스티커가 붙은 통과 박사학위를 따기 위해 학교로 돌아가고 싶다고 표시된 가방 사이에 끼워 넣었다. 타샤는 직장에서 끊임없이 도전 받는 기분을 느끼고 싶다고 표시된 통과 함께 학위를 따고 싶다는 가방을 바구니에 담으려고 했다. 또 60세 전에 은퇴할 계획을 가리키는 튜브와 1년에 여러 번 여행할 것이라는 병도 골랐다. 타샤가 친구인 케이온에게, 어떻게 하면 원하는 것을 전부 담을 수 있는지 묻는 소리가 얼결에 내 귀에 들렸다. "나는 대학원에 들어갈 거고 너는 일이 있어. 지금 이 모든 것을 해야 하고 말이지. 그러면 가족은 어떻게 하지?" 그러자 케이온이 대답했다. "새로운 도전을 할 때마다 했던 것처럼 가족과 어울리면 돼. 원하는 대로 적응하는 수밖에 없잖아."

매장은 인생의 선택지를 다른 시각으로 보도록 유도했다. 그들은 매장 안에서 자신들이 진정으로 무얼 원하는지 폭넓게 생각했다고 전했다. 만족스럽지 않은 선택이 기쁨을 가져다주는 선택과 함께 한 둥지에 있으니, 무엇이 인생에서 덜 중요한지 잘 알게 되었다. 이런 경험은, 삶의 모든 면을 망라해 원하는 미래에 더 큰 포부를 갖게 했다. 뿐만 아니라 어떻게 하면 이 열망들을 합칠 수 있을까 생각하도록 용기를 주었다. 몇몇 사람은 전통적인 결혼은 하고 싶지 않다는 마음을 인정하는 용기를 얻었다. 의미 있는 우정을 중히 여기는 사람 또는 혼자 육아를 감당하는 사람은 다른 이들과 교류하는 데 만족을 느꼈다. 또 어떤 이는 이제 별 매력을 느끼지 못하는 직장생활을 접을 계획을 세웠다. 그 선택이 더 만족스러웠다. 시야 확대 기법으로 정체성의 모든 부분을 결합하는 방법을 모색하니, 자신에게 가장 중요한 것이 무엇인지, 무엇에 진정 만족하는지 깨달았다. 타샤가 말했듯, 이 경험은 "인생과 내가 원하는 것에 대한 시각을 업그레이드할 필요가 있다"는 깨달음을 주었다.

시야 확대 기법은, 남들의 기대를 뒤로하고 개인적으로 만족스러운 목표를 재설정할 힘을 주었다. 사회 규범에서 탈피할 가능성은 더 커졌다.

실험에 참여한 여성들이 특별하다는 것은 알고 있었다. 시야 확대 효과가 이런 맥락 외에 순응을 거스를 힘을 주었다는 증거가 있는지 궁금했다. 연구를 하다 보니 나와 비슷한 의문을 가진 이가 있었다. 도미니크 파커Dominic Packer라는 사회심리학자의 저술이 눈에 띄었다.[6] 그의 연구에는 일단의 젊은 성인들이 나온다. 그들은 공동체의 어떤 면을 개선해야 전체에 이로운지 검토했다. 동네와 학교의 어떤 부분에 어떤 변화가 필요한지 생각을 공유했다. 이어 연구진은, 그들의 생각을 표현하는 데 사회 규범이 어떤 역할을 하는지 정보를 주었다. 특히 비판을 잘 용납하지 않는 동료들이 많았다. 연구진은 또 참가자들이 관심의 초점을 쏟는 방식을 통제했다. 좁은 초점을 활용한 사람들이 있는 반면 또 어떤 사람들은 시야 확대 기법을 사용했다. 참가자들 모두 공동체의 어떤 면이 변화해야 발전될지 알고 싶어 했다. 문제는, 동료들이 이미 세워놓은 사회 규범에 따를지 여부였다. 동료들의 생각에 이견이 있을 때 침묵할 것인가? 아니면 관심사에 목소리를 낼 것인가?

매장에서 쇼핑하던 여성들이 시야 확대 기법을 택하면 야망을 키우고 인습적인 모습이 줄어들었듯, 파커의 연구에 나오는 젊은 성인들도 시야 확대 기법을 쓸 때 조금 더 사회적인 기대치에서 벗어날 수 있었다. 사람들은 변화를 바라지만, 반대 의견을 피력하는 게 사회적으로 금기시되는 걸 알았다. 그럴 때에는, 좁은 초점에 비해 시야 확대 기법을 채택한 이들이 공개적으로 목소리를 낼 가능성이 더 컸다. 시야 확대 기법은 입을 다물라는 직접적인 사회적 압박 너머를 볼 수 있는 용기를 주었다. 외부의 기대를 물리칠 힘과 자신이나 사회에 최선이라고 생각한 바를 실행할 힘을 주었다.

변화의 과정을 생각하면 겁이 날 수 있다. 그 변화로 드러나게 될 것이 적잖이 두려울 수도 있다. 만일 변화를 실패라는 개념으로 규정한다면, 변화를 피하려고 애쓰는 것도 놀랄 일은 아니다. 변화가 이미 설정한 목표로 가는 다른 경로를 찾는 것이라고 생각한다면, 기꺼이 받아들일 수 있다.

의대생들이 의예과 과정을 포기하는 까닭이, 생물학 공부가 극단적으로 힘들어서라는 이유가 종종 들린다. 그런데 과학을 포기한다고 해서 반드시 의학 분야에 종사하는 것까지 실패하는 건 아니다. 실제로 미국의과대학협회AAMC에 따르면, 2018년에 의대에 입학한 이들 중 45퍼센트는 수학이나 인문학 같은 다른 분야에서 학위를 취득했다고 한다.[7] 전공이 바뀐다고 해서 반드시 활동의 가능성까지 바뀌는 것은 아니다. 어쩌면 그저 목표에 도달하는 또 다른 길을 찾는다는 의미인지 모른다.

유명 배우 윌 스미스는 열여섯 살부터 래퍼의 꿈을 키우기 시작했다. 친구와 함께 DJ 재지 제프 & 더 프레시 프린스라는 예명을 사용했다. 그래미상도 네 번이나 받았다. 그런데 윌에게 국세청이 들이닥쳐 세무 조사를 벌인 후, 일구었던 재산의 상당 부분을 잃었다. 이런 좌절은 비극이나 파국으로 이어지지 않았다. 그는 연기로 방향을 바꾸었다. 그리고 벨에어의 프레시 프린스라는 텔레비전 쇼로 성공을 거두었다. 이후로는 영화 활동이 시작되었다. 피플스 초이스 상을 두 번 수상하고, 아카데미상 후보에 두 번 올랐으며, 그 밖에 10여 개 이상의 여러 상들을 수상했다. 〈타임〉은 능력과 재능, 도덕성으로 세계를 변화시키는 가장 영향력 있는 인물 100인의 한 사람으로 그를 선정한 바 있다.

켄드라 스콧Kendra Scott은 자신의 이름을 딴 패션 및 액세서리 회사의 CEO다. 회사 직원은 2,000명 이상이며 이들의 98퍼센트는 여성이다. 2017년에는 언스트앤영이 뽑은 올해의 기업가로 선정되기도 했다. 하지만 처음부터 스타에 걸맞은 조건에서 출발한 것은 아니다. 손에 쥔 돈은 500달러에 불과했고 일도 손님용 침실에서 했으며 엄마가 회사 직원인 양 전화를 받는 처지였다. 젖먹이 아들을 유모차에 태우고 동네 부티크를 일일이 방문하며 자신의 작품을 대신 팔아줄 점포를 찾았다. 들어오는 주문은 소규모였지만 다음 제품 만들 재료를 살 돈은 되었다. 큰아들이 세 살, 둘째 아이가 한 살밖에 안 되었을 때, 스콧은 이혼했다. 가족의 생계를 감당하려면 사업을 한 단계 끌어올리는 수밖에 없었다. 새로운 진로를 찾아내야만 했다. 비록 대학을 중퇴하기는 했지만 장사를 시작했고 사업은 잘 풀렸다. 3년도 안 지나서 오스카드 라 렌타Oscar de la Renta가 봄 패션쇼에서 그의 패션 라인에 쓸 액세서리로 스콧의 작품을 선정했다. 이제는 〈포브스〉가 선정한 미국의 자수성가형 여성 억만장자에 선정되었다. 테일러 스위프트나 비욘세, 도나 카란, 다이앤 본 퍼스텐버그보다 높은 순위였다. 스콧의 브랜드 가치는 10억 달러가 넘는다.

교육이나 사업, 개인적인 삶에서 좌절할 수 있다. 좌절의 시기는 일찍 찾아오거나 늦게 올 수도 있다. 그것을 곧 목표 달성의 실패로 생각할 필요는 없다. 오히려 새로운 진로를 찾을 기회가 온 것이다.

9

효율을
극대화하며
내일을 내다보는 법

연습 시간을 더 많이 확보하려고 애쓰면서 드럼 치는 시간이 두 배, 세 배로 늘게 되었다. 매티에게 그림책을 읽어주기 전에 피트가 매티에게 잠옷을 갈아입히면 짬을 엿보다가 15분을 확보하곤 했다. 가령 내가 4분짜리 〈유어 러브〉를 반복해 연주하면서 녹음한다고 치자. 우유를 데우고 매티의 잠자리 인형을 찾을 시간에 틈을 내어 세 번 반 정도는 반복할 수 있었다. 누군가의 회신 전화를 기다리거나 B 구간에서 반복되는 즉흥 연주 선율을 떠올리려고 애쓸 때면, 10분짜리 자투리 시간 한두 번은 여기저기서 찾아낼 수 있었다. 이 책을 쓰는 중에도 나는 베이스 드럼과 스네어 드럼의 조화법을 궁리하면서 선율을 들었다. 샤워하면서 공기 중에다 드럼 연주를 한 시간까지 포함해도 될까.

기본적인 일상을 살아내며 조금이라도 더 연습 시간을 확보하려 애썼다. 이미 하고 있는 작업 중에 스틱을 잡는 시간을 추가하려고 노력했다. 다중작업multitasking을 통한 해결 방식 말이다. 더 많이 성취하려는 시도였지만 이내 그런 방법이 안 통한다는 것을 알았다. 스스로 녹음하고 나서 구간별로 다시 들어보았다. 발전하는 건 분명했다. 그렇다. 이제 날아오르려 애쓰지만 날 수 없다는 사실을 알고 체념하는 타조 같아 보이지는 않았다. 다만, 여전히 재능과는 거리가 멀었다.

사람들은 관행적으로 다중작업을 한다. 이전에 조사했던 500명 중에 과반수 이상이 가장 관심을 두는 목표를 이루는 데 단일작업보다 다중작업을 선호한다고 답했다. 하지만 과학자들이 조사한 바에 따르면 그런 선호 경향과 실제 선택이 꼭 일치하지는 않았다.

다중작업이 직장 안에 얼마나 널리 퍼져 있는지 알기 위해, 카네기멜론 대학교의 로라 대비시Laura Dabbish가 이끄는 연구팀은 금융 서비스 회사와 의료기 회사의 직원들을 분 단위로 관찰했다.[1] 관리자와 금융 분석가, 소프트웨어 개발자, 엔지니어, 프로젝트 팀장으로 구성된 36명과 붙어 다니며 그들의 행동을 추적했다. 연구팀은 초시계를 준비하고, 다른 작업으로 전환하기 전까지 방해받지 않고 생각 혹은 행위에 얼마나 시간을 지속하는지 측정했다. 직원들이 작업을 전환하기 전에 단일작업에 소비하는 시간은 평균 3분 정도였다. 컴퓨터, 휴대폰, 그 밖의 전자기기에 매달릴 때면 단절 발생 빈도가 더 높았다. 이런 경우에는 2분 정도마다 작업이 중단되었다. 상사가 들른다든가 동료가 질문한다든가 해서 어쩔 수 없이 현장을 이탈하는 경우도 있었다. 그러나 관찰 시간의 절반 가까이는 직원들끼리 서로 방해하고 있었다. 한 작업에서 다른 작업으로 넘어가는 것은 직원들의 선택이었다. 장기간 한 가지 프로젝트에 정신을 집중하는 경우가 드물었다. 메시지 수신 알람이 떠서 작업하던 스프레드시트에서 관심을 돌리는 일이 생기거나 모니터 화면 구석에 나타나는 알림 팝업이 업데이트를 클릭하도록 유혹하기도 했다.

⊶ 한계를 넘어

이런 식으로 관심이 분산되는 건 문제가 있다. 사람의 인지 자원은 일정 수준 이상으로 가동시키면 과부하가 걸려서 효율이 떨어진다. 그때는 가용할 정신적 대역폭이 축소된다. 따라서 동시다발로 목표를 추진하면 제대로 결정할 수가 없다.

스와스모어 칼리지와 UCLA의 사회심리학자인 앤드류 워드Andrew Ward와 트레이시 만Traci Mann은 각각, 다중작업이 장기적인 목표에 얼마나 해로운지 밝혀냈다.[2] 이들은 다이어트 하는 사람들이 다중작업할 때 나타나는 효과에 초점을 맞추어 조사했다. 실험에 참가한 이들은 미술가들의 작품을 묘사한 영화를 감상했다. 북적대는 군중 사이를 뚫고 지나가거나 콜더의 모빌에 머리를 부딪힐 걱정 없이, 사람들은 가상의 미술관을 방문하는 경험을 했다. 꽤 즐거운 행사였다. 무작위로 선택된 절반은 영화를 보는 도중, 실내에서 삑 하는 소리를 듣자마자 발을 구르라는 지시를 받았다. 그들은 또 특별한 미술작품을 기억해야 했다. 나중에 기억력 테스트가 있을 예정이었기 때문이다. 모네의 〈수련Water Lilies〉은 어떤 특색이 있었는가? 로스코의 〈밤색 위의 검은색Black on Maroon〉은 어땠는가?

모든 참가자는 가상의 미술관을 방문할 때, 나초 칩스와 초콜릿 캔디, 쿠키 같은 과자를 시식할 수 있었다. 이 간식은 다이어트 하는 이들의 중요한 장기 목표와 충돌했다. 다이어트 하는 중에 유혹을 견뎌내는 데 다중작업이 영향을 주는지 여부를 알아보려는 의도였다. 인지 자원이 희박할 때도 건강 목표에 부합하는 선택을 할 수 있을까?

전혀 그렇지 않았다. 다이어트 하는 사람이 다중작업을 할 때면, 나중에 후회스러울 정도로 무엇을 얼마나 먹을까 궁리하는 것 같았다. 실제로 단순히 감상만 하는 사람들과 비교했을 때, 다중작업을 해야 하는 사람들은 늘 체중에 신경을 쓰고 있는데도 불구하고 칼로리를 40퍼센트나 더 많이 섭취했다. 거의 거역할 수 없는 자동화된 습관처럼 간식을 선택했다.

◦-○○

다중작업이라는 허상

다중작업은 판단을 해친다. 그럼에도 불구하고 다중작업이 다양한 상황에 쓰일 수 있는 귀중한 능력이라는 생각이 퍼져 있다. 특히, 고용주들이 그렇다. 다중작업을 바람직하고 필요한 '기술'이라고 생각한다. 2019년 첫 달에 세계적인 온라인 구인구직 사이트 몬스터닷컴에는 효율적으로 다중작업할 사람을 구한다는 글이 30만 개 넘게 올라왔다.

다중작업은 단순히 옳다는 느낌을 주기 때문에 가치 있는 기술로 생각되기도 한다. 연구팀은 오하이오 주 콜럼버스에 사는 일단의 실험 지원자들에게 만 1개월 동안 하루에 세 번씩 무엇을 하고 있는지, 기분이 어떤지 물었다.[3] 이들은 다중작업을 많이 할수록 더 재미있다고 답했다. 다중작업이 모든 상황에서 올바른 행동방침이라고 할 수는 없다. 다중작업을 할수록 기분이 더 좋다고 하지만, 그럴수록 생산력은 떨어진다.

주어진 시간 동안 더 많은 성과를 올리려고 다중작업을 하지만, 그럴수록 비효율적이다. 설사 재미있다고 해도, 왜 생산적이지 않은 방식을 고수한단 말인가?

아이들의 예를 보며 납득해보자. 심리학개론을 강의하던 시절에, 해마다 학생들에게 보여주던 비디오가 있다. 실험과 관련된 영상이었는데, 한 성인 여성이 엉덩이 절반 크기 정도 되는 의자에 앉아 미소 짓는 모습이 보인다. 옆에 있는 탁자는 높은 계단 한 칸과 별 차이가 없을 만큼 나지막하다. 옆에는 담황색 머리칼에 밝고 호기심 많은 눈빛의 네 살배기 남자아이가 앉아 있다. 부푼 후드 티를 입은 아이는 간식 시간에 우유를 즐겨 마시기라도 했는지 두 뺨이 통통하다. 여자는 아이 앞에 놓인 쟁반에다 형형색색의 셀로판지로 싼 사탕을 일정한 간격으로 다섯 개 배열한다. 여자는 다시, 사탕 다섯 개를 집어 먼저 올려놓은 것들과 똑같은 간격으로 아래쪽에 놓아 두 번째 열을 만든다. 첫 번째 줄의 사탕이 두 번째 줄보다 더 많은지, 더 적은지 혹은 양쪽 다 똑같은지 여자가 아이에게 묻는다. 이 모든 과정이 진행되는 동안, 아이는 팔꿈치를 탁자에 올리고 손에 턱을 고인 채 앉아 있다. 여자의 얼굴에서 사탕으로 옮겨간 눈길은, 이제 그만 사탕을 집어도 되겠는지 조심스럽게 묻는 표정이다. 아이는 양쪽 열이 똑같다고 정확하게 대답한다. 이때 여자는 아이를 빤히 쳐다보며, 두 번째 줄에 있는 사탕의 간격을 벌린다. 그리고 같은 질문을 반복한다. 그러자 아이는 두 번째 줄의 사탕이 더 많다고 대답한다.

성인이라면 누구라도 사탕의 수가 변하지 않았다는 것을 알지만, 이 어린아이는 늘어난 길이와 양의 증가를 동일시하는 것이다. 공간과 수를 혼동하는 것은 거의 타고난다. 영리한 발달심리학자들이 세상 돌아가는 이치에 관해 유아의 기대를 테스트하는 방법을 개발했다.[4] 학자들은 아기들이 '더 많은' 것이 무엇인지 이해하면서 태어난다는 걸 알고 있다. 그럼으로써 보고 듣는 것을 더 많이 설명할 수 있다. 프랑스 과학자들이 아기 100명에게 테스트했다. 생후 8시간도 채 되지 않은 아기도 있었다. 연구팀은 어른들이 웅얼거리는 소리를 녹음해 영아들에게 들려주었다. 동시에 아기들에게 다채로운 선을 보여주었다. 순수예술이 아니라 그저 어린 아기들이 실제로 보고 즐길 수 있는 시각적 이미지였다. 여러 음절을 듣고 긴 선을 보는 아기도 있는가 하면 어떤 아기는 한두 음절만 듣고 짧은 선밖에 보지 못했다.

연구팀은 이 아기들이 방금 자신에게 드러난 패턴을 인식하리라는 가설을 세웠다. 아기들이 다음에 어떻게 반응하는지 특히 주의를 기울였다.

다음 두 번의 테스트에서는 약간의 변화를 주었다. 웅얼거리는 소리를 오래 들었던 아기는 이제 한두 음절 정도만 듣고, 한두 음절밖에 못 들었던 아기는 오래 소리를 들었다. 처음과 마찬가지로, 아기들이 소리를 들을 때 스크린에는 선이 보였다. 선은 길었다가 짧았다가 했다. 아기가 처음 실험에서 학습했던 '결합 규칙'과 비교하여 변경된 결합 테스트에 다르게 반응하는지가 문제였다. 아기를 아는 학자라면, 신생아가 새롭고 놀라운 것들을 지각한다는 걸 안다. 그러므로 아기가 스크린을 더 오래 본다면, 소리와 시각적 이미지의 결합이 예상을 벗어났다는 의미다.

연구팀은 아기들이 청각과 시각의 짝이 변했을 때 더 오래 스크린을 쳐다본다는 것을 발견했다. 이 아기들의 갓 형성된 뇌에서 확장된 길이는 확대된 수와 같다. 그리고 이들은 잘못된 짝

짓기를 경험하고 놀라워했다.

성인들의 경우도, 다년간의 인생 경험이 있다고 해도 물리적 규모와 수치를 계속 혼동한다. 기업은 이런 착각을 무기 삼아 소비자의 지갑을 노리기도 한다. 2011년 크라프트라는 회사는 간식을 좋아하는 사람들의 진부한 경험에 변화를 주고자 자사 제품인 나비스코 프리미엄 크래커의 포장을 대폭 바꿨다. 크라프트는 크래커 4팩이 들어 있던 제품을 '프레시 스택스Fresh Stacks'라는 이름으로 새로 포장했다. 기존의 소포장 4개는 (더 작은) 소포장 8개로 대체되었다. 크래커의 가격은 같았다. 눈치 빠른 소비자라면 프레시 스택스 포장 전체에 들어 있는 크래커가 먼저보다 15퍼센트 적다는 것을 알아챘으리라. 가치를 소중히 여기는 소비자라면 무척 화를 낼 수도 있다. 아니면 개당 단가가 더 비싸졌으니 관심이 시들해졌을 수도 있다. 하지만 그렇지 않았다. 포장을 바꾸기 2년 전에 크라프트는 크래커 판매로 2억 800만 달러를 벌었다. 포장을 바꾸고 난 뒤에는 터무니없이 2억 7,200만 달러를 벌어들였다. 물론 인플레이션도 있고 마케팅 전략이 바뀌기도 했지만, 새로운 포장은 크라프트가 지금까지 시도한 변화 중 가장 대범했고 최대의 이익을 올려주었다. 그 기록은 계속 이어졌다. 2015년 5월 17일까지 52주 동안, 나비스코 프리미엄은 미국의 크래커 상품 중 매출 1위였다.

실제로는 더 적은 양을 얻는데도 더 많이 선택하는 경험은 일반적으로 일어난다. 그러니 왜 다중작업이 생산성을 늘린다고 여겨지는지 이해가 가지 않는 것은 아니다. 사람들이 비효율적인 전략에 지나치게 의존하는 이유는 무엇인가. 마케팅 담당자들이 크래커를 새로 포장해 소비자들의 관심을 다시 불붙게 만든 것과 맥락이 같다. 더 좋아 '보이는' 착시현상과 마찬가지로, 실제로는 항상 옳은 결정이라고 할 수 없는데도 같은 시간에 더 많은 걸 하는 게 단순히 올바르다고 '느낀다.'

-○○-

착시현상

사탕 다섯 개의 간격을 벌릴 때 아이는 숫자가 늘어난다고 믿는 것처럼, 우리는 다중작업의 환상적인 매력을 이용하고픈 충동을 쉽게 물리치지 못한다. 사람은 본능을 억누르려면 애를 먹는다.

아이들은 셈할 능력이 있다. 그럼에도 불구하고 사탕 사이의 간격을 벌리는 실험자의 책략에 넘어간다. 100까지 셀 수 있고 덧셈 뺄셈을 배우고 난 뒤에도 아이들은 대부분 사탕의 간격을 넓게 벌리면 길이의 확대와 양의 증가를 혼동한다. 아이들은 '그 순간에' 경험하는 착시를 극복하는 데 어려움을 느낀다.

성인도 다를 바 없다. 실제로 지금도 누구나 경험하는 일이다. 다음 그림을 보면 집을 그린 도형이 나온다. 모퉁이 두 군데에 굵고 검은 선이 있다. 어느 쪽이 더 긴가? 어느 것이 더 짧은가?

이런 형태의 문제를 전에도 본 적이 있으리라. 나도 본 적이 있지만 지금도 속아 넘어간다. 아마 당신도 그럴 것이다. 이 선들은 사실 길이가 같지만, 우리는 그렇게 보지 않는다. 아무리 봐도 오른쪽 선이 왼쪽보다 길게 보인다. 측면에서 벽과 창문의 윤곽이 거리에 대한 인식을 왜곡시킨다. 오른쪽 벽의 모서리가 실제보다 길게 보이도록 우리 눈을 속이는 환경을 만들어낸다. 왼쪽에 있는 창문 모서리가 선의 길이에 대한 우리의 시각 경험을 왜곡시킨다. 사람의 뇌는 두 선이 똑같다는 것을 아는데도 불구하고 눈으로 두 선을 서로 다르게 보는 것이다.

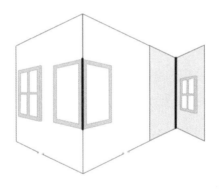

이와 같은 그림이나 또 다른 예들에서 보았듯, 길이를 확대해 보는 시각적 환상은 우리를 잘못된 결론으로 이끈다. 인간은 사실을 알면서도 끝없이 잘못된 선택을 한다.

신경과학자들은 인지 경험과 충동을 억제하지 못하는 현

상에 어떤 상관관계가 있는지 밝히기 위해 기능적 자기공명영상·fMRI을 활용한다. 아이의 뇌와 성인의 뇌에서 어떤 영역이 두 줄에 늘어선 물체의 수를 결정하는지 확인했다. 실제로는 그렇지 않은데도 더 긴 줄에 사탕 개수가 더 많다고 아이들은 대답했다. 성인들은 두 줄에 같은 수의 사탕이 있다고 올바로 대답했다. 답변은 달랐지만, 아이나 성인의 뇌에서 보이는 화상은 모두 놀랍도록 유사한 틀을 보여주었다. 성인들의 뇌는 후두정엽과 전두부에서 활동이 감지됐다.[5] 형태를 발견하고 상호간의 공간 관계를 이해하게 돕는 영역이다. 성인들이 착시를 경험할 때, 아이들과 똑같이 착시를 경험한다고 암시하듯 이 뇌의 영역은 활동이 더 빨라졌다.

성인의 뇌는 또 대뇌전두피질ACC에서도 작동했다. 이곳은 잘못되었다고 여기는 행동을 막아주는 영역이다. 성인들은 줄의 길이를 양의 확대와 혼동하지 않았다. 그들의 뇌가 착시가 발생함을 깨닫고 자발적으로 잘못된 판단을 막아주었기 때문이다.

일반적으로 대뇌전두피질처럼 조건반사 반응을 억제하는 뇌 영역은 20대 중반이 될 때까지는 제대로 성장하지 않는다. 어떤 아이들 뇌는 충동 조절 영역의 개입을 암시하며 실수를 기록한 듯 보이니 놀라운 일이었다.[6] 이런 아이들은 길이의 확대와 수의 증가를 혼동할 가능성이 적었다.

비록 성인이 될수록 본능적이고 반사적인 성향을 극복하는 신경 능력이 발달한다 해도, 인간이 언제나 통제력을 발휘하는 것은 아니다. 행동의 유해성을 알고 난 뒤에도 인지 한계점을 넘어 다중작업을 한다. 신용카드 부채에 관한 연구에서 분명히 드러나듯, 사람은 '순간의' 충동을 무시하기가 힘들다.

　컬럼비아 경영대학원과 샌디에이고 대학교 경제학과의 연구진은 보스턴에서 세금 신고를 도와줄 사람을 찾는 이들을 대상으로 실험을 진행했다.[7] 세무 대리인들은 고객들이 찾아오면 그중 일부에게 행운의 현금 보너스를 지급하라는 지시를 받았다. 고객들은 그저 방문만 하고도 당장 30달러를 받을 것인지 한 달 후에 80달러를 받을지 선택할 수 있었다. 당신이라면 50달러를 더 받으려고 30일을 기다리겠는가? 어쨌든 몇몇은 오늘 70달러를 받을지 한 달 후에 80달러를 받을지 선택하는 것처럼 어려운 결정에 직면한 듯 보였다. 이제 문제는, 그들이 보너스 10달러를 더 받기 위해 30일간 수령을 미룰 것이냐 여부였다. 고객들은 책상 위에 놓인 세무 대리인의 수표책을 보고 실제 상황임을 알았다.

　현금 보너스에 대한 고객의 선호도는 재정에 관한 의사결정에 의미 있는 결과를 보여주었다. 연구진은 이 태도를 활용해 고객이 초점을 현재에 더 맞추는지 아니면 미래에 더 맞추는지 판단할 수 있었다. 현재에 초점을 맞추는 고객들의 경우, 비록 장기적으로는 더 적어도 당장 실제로 수령할 수 있는 소액에 유혹 받았다. 미래에 초점을 맞춘 고객은 더 많은 액수를 받으려고 오래 버티는 데 관심이 있었다.

　고객들이 세금 서류를 정리해서 떠난 뒤, 연구진은 그들의 재무 서류를 샅샅이 살펴보고 각 의뢰인이 보유한 카드결제 이월 (리볼빙) 액수에 주목했다. 현재에 초점을 맞춘 쪽의 카드 빚이 더 많았다. 미래에 초점을 맞춘 그룹에 비한다면 평균 30퍼센트나 신용카드 결제 대금이 부족했다. 초점을 현재에 맞추니 미래의 결정에도 영향을 주었다. 뿐만 아니라 과거에 그 사람들이 내린 재정적 결정에도 중요한 역할을 했다. 12개월 후 세금 신고를 도울 사람을 찾기 위해 사무실에 다시 들렀을 때, 그들은 미래에 초점을 맞춘 의뢰인들보다, 여전히, 훨씬, 빚이 더 많았다.

─○○─
시야 확대 기법으로 현재 편향 물리치기

현재의 생각과 선호를 반영하여 빠르게 결정 내리는 성향을 가지고 있다면, 신용카드 관리부터 시간과 인지 자원 사용까지, 목표로 가는 길은 계속 방해 받을 것이다. 장기적으로 임무를 완수하기 위해 실천 과정을 계획하려던 마음도 약해진다. 계속해서 '오늘'의 현금 보상이나 다중작업 방식같이 즉각적으로 문제를 해결하는 편을 택한다. 지갑이나 자원의 요구를 해결할 당장의 바른 답처럼 보이기 때문이다. 어떻게 하면 이런 현재 편향을 극복하고 훗날 더 큰 이익을 얻는 방향으로 결정할 수 있을까? 이때 시야 확대 사고방식이 도움이 될 것이다.

시야 확대 기법은 초점을 넓혀 영역을 확대하고 드넓은 영역에서 어떤 방안이 있는지 고려해볼 용기를 준다. 이렇게 확대된 가능성의 범위를 생각해 결정을 내리면, 이익은 훨씬 크고 중요한 목표를 더 잘 추진하는 결과를 낳는다.

흔히 '카드법CARD Act'이라고 줄여서 부르는 '신용카드 해명, 책임 및 공개에 관한 2009년의 법2009 Credit Card Accountability, Responsibility, and Disclosure Act'을 보자. 이 법이 통과됨으로써, 카드회사는 카드 사용이 잔고에 미치는 결과를 사용자에게 반드시 통보해주어야 했다. 이 법은, 소비자들이 현명하게 재정에 관해 결정하고 매달 카드 대금의 리볼빙 규모를 관리하게 도와주는 게 목표였다. 카드법은 명세서마다 두 가지 구성 요소를 포함하도록 강제했다. 첫째, 명세서에는 잔액을 상환할 총 기간과 매달 최소 금액을 결제할 때 내는 총 수수료를 적시해야 한다. 둘째, 3년 내 전액 상환시 매달 납입 액수를 명세서에 표기해야 한다.

이 규정이 사람들의 부채 관리 방식을 개선해주었을까? UCLA 경영대학원과 노스웨스턴 대학교의 교수들이 그에 대한 대답을 찾아 나섰다.[8] 개인들을 상대로 카드법에서 요구한 정보가 들어간 명세서를 보여주었다. 설문에 참여한 사람들은 명세서의 총 잔고와 재무 정보에 자기 것이 반영되었다고 생각했다. 사람들은 재정 예측financial forecasts을 접한 뒤 어떻게 할 것인지를 결정했다. 평균적으로 최소결제의 5배, 즉 리볼빙의 약 10퍼센트를 낼 생각이라고 말했다. 그러면 이 법은 부채 상환에 크게 기여한 것일까? 하지만 이 카드법에 의해 명시된 정보가 없었다면, 개인들은 더 많이 상환했을 수도 있었다. 실제로 이에 대한 연구를 진행했더니 재정 예측이 없다면 상황에 따라서는 사람들이 최소 결제 금액의 거의 20배를 지불했으리라는 결과도 있었다. 물론 계좌의 총 잔고가 늘거나 줄 때마다 최소결제 금액은 변한다. 그 결과로, 내가 방금 설명한 효과의 규모도 달라질 것이다. 그러나 연구진은 카드법으로 인해 계좌로 납입되는 금액의 규모가 줄어드는 것을 반복하여 목격했다. 이 규정들은 역효과를 낸 것으로 보였다.

카드법에 명시하도록 한 규정이 재정 전망의 강력한 기준으로 작용한 게 문제였다. 각 개인들은 그 규정이 책임있게 행동하는 방침을 현명하게 제시했으리라 짐작했다. 예측에 산정된 액수는 그달에 얼마나 갚을지 강하게 유도하는 나침반 역할을 했다. 그런데 그 기준이, 예측 기준이 없을 때 갚으려고 했을 액수보다 훨씬 적은 게 문제였다. 사람들은 재정 건전성에 대한 장기적인 이익을 희생하여 ('지금'은 적게 내는) 현재의 삶을 살았다.

현재 법으로 인해 명세서에 표기된 3년간의 재정 예측이 끼치는 해로운 영향을 상쇄할 방도가 없을까? 연구진이 발견한 가능성 있는 방식은 시야 확대 기법이다. 그들은 예측이 포함된 신용카드 명세서를 제시했지만 거기에다 한 가지 언급을 추가했다. "0달러에서 전액 상환까지 얼마든 납입할 수 있다." 이 간단한 설명은 효과가 컸다. 그 문구는 가능한 납부액의 전체적인 범위를 보게 만들었다. 그 언급은 시야 확대 기법으로 최소결제 금액의 20배가 넘는 방안까지 제시했다. 이 정도면 상환액의 거의 절반에 가까운 규모였다.

시야를 넓힌 틀로 현재에 초점을 맞추는 태도에서 벗어날 수 있다. 어떻게 소비할 것인가를 포함해 장기적인 계획을 더 고려하게 되며, 더 큰 그림을 생각한다. 동시에 시간을 어떻게 쓸 것인지 하는 시간 관리 방식에도 영향을 준다. 맞지 않는데도 우리가 계속 다중작업을 해결책으로 택하는 이유는 무엇인가. '지금' 시간을 절약하려는 충동 때문이다. 하지만 시야 확대 기법은 결과를 기다린 결정에 보상을 해주면서 그런 충동을 밀어낼 것이다. 또 양보다 질을 선택하게 하고, 어느 때든 더 적게 일하면서 더 많은 성과를 내도록 안내해줄 것이다. 우리가 눈앞에 있는 것을 넘어 선택하는 법을 알 때, 선택의 범위를 더 넓게 확장시킬 때, 미래를 위해 더 좋은 계획을 세우게 될 것이다.

○─○

다중작업의 어려움

하지만 단서가 붙는다. 바로 지금의 순간 욕구에 순응하는 것이 늘 실수로 이어지는 건 아니다. '현재의 순간'에 이끌리는 선택이 장기적인 이익과 일치하는 상황도 있다. 열쇠는, 이런 순간을 인지하는 방법을 아는가이다.

에모리 대학교의 디워스KC Diwas는 통계 전문가다.[9] 그는, 여러 환자를 바쁘게 오가며 돌보아야 하는 응급실 의사들의 생산성에 다중작업이 미치는 효과를 조사했다. 디워스의 조사팀은 3년간 이 의사들이 환자를 돌보는 데 보낸 시간과 환자의 병을 진단하는 방식, 환자들이 합병증에 걸려 병원을 다시 찾았는지 여부 등 온갖 관련 자료를 수집했다. 디워스는 담당 환자 수가 늘어날 때 의사의 능률이 느는지 줄어드는지 알고 싶었다. 다중작업은 이런 환자들을 위한 치료의 질과 응급실 능률을 개선해줄 수 있을까?

응급실 의사가 언제 어떻게 다중작업하는지 알려면, 병원에 도착한 뒤에 일어나는 일련의 일을 살펴보면 된다. 먼저 환자 분류 담당 간호사가 상태를 평가한다. 간호사는 가상의 대기열에 환자 정보를 입력한다. 증상의 경중에 따라 기록할 때 색깔이 다르다. 그다음, 담당자가 건강 진단 폴더를 만들어 거기에 환자의 모든 의학 정보를 기록한다. 응급실 의사가 새로운 환자를 받기 위해 전자 대기열을 살핀다. 가장 심각한 증상을 먼저 살핀다. 의사는 또 전자 및 종이 기록, 증상 분류 노트, 병력 보고서 등을 살펴본다. 의사는 엑스선이나 혈액검사 같은 진단 검사를 지시하고, 신경외과 의사나 심장 전문의 같은 다른 의사들에게 전문가 의견을 구한다. 의사는 검사 결과가 나오는 대로 환자를 진찰하고 현장에 있는 가족이나 친구들에게도 필요하면 질문한다. 의사는 전문의의 판단이나 검사 결과를 기다리는 동안에 다중작업을 할 수 있다. 진단 및 치료 과정이 결정되는 동안 환자의 치료 등급은 중립 상태에 있다. 그동안 의사는 다음 환자를 보러 가야 하나? 아니면 새로운 환자를 보고 혼동이 올 수 있으니 기존 환자에 집중해야 할까? 의사가 다중작업을 하는 게 환자에게 더 좋을까?

디워스는 이 응급실 의사들이 3년간 진료한 14만 5,000명의 환자들의 사례를 추적했다. 그리고 환자 대기 시간에 의사들의 다중작업이 좋을 수도 있고 나쁠 수도 있다는 것을 확인했다.

우선, 의사의 담당 환자 수가 최소 수준일 때 다중작업은 도움이 됐다. 환자들은 좀 더 빨리 퇴원할 수 있었다. 의사는 검사 결과를 기다리는 동안, 새 환자나 이미 대기 중인 환자를 진료하기 위해 유휴 시간을 활용했다. 다중작업은 전체 환자에 대한 평가와 진단 속도를 높여주었다. 자신의 시간과 정신적 자원을 필요로 하는 수요가 많아질수록, 의사들은 더 열심히 일했고, 작업 속도를 높였다. 디워스의 자료를 구체적으로 살펴보면, 한 환자가 응급실에서 벗어나는 데 평균 1시간 40분가량이 소요되었다. 의사가 병원에서 한 번에 세 명의 환자를 본다고 해보자. 이때 다른 환자가 새로 도착했다고 가정하면, 의사는 갑자기 네 명의 환자를 동시에 담당하게 된다. 환자들의 대기 시간이 꽤 늘어날 것이라고 생각할지 모른다. 아마 이렇게 계산할 것이다. 1시간 40분을 세 명으로 나누면, 일인당 의사 대면 시간은 약 33분이며, 여기에 환자 한 명을 더하면 전체 대기 시간에 33분이 추가된다고. 그렇지 않다. 다중작업은 회진에 한 명 더 보는 것을 능률적으로 만들어준다. 실제로 응급실 의사는 담당 환자 수가 세 명에서 네 명으로 늘어났을 때, 진료 속도를 약 25퍼센트 높였다. 네 번째 환자가 나타났을 때, 의사가 동시에 많은 환자를 보는데도 불구하고 이 때문에 환자를 진료하고 퇴원시키는 데 걸리는 시간은 일인당 7분밖에 늘어나지 않았다.

낮은 수준의 스트레스는 실제로 인지 기능에 도움이 된다. 상대적으로 일이 쉬울 때, 작업량이 추가되면 활동 능력은 개선된다. 대신 뭔가 새롭고 예측할 수 없는 것, 혹은 통제 범위 밖의 것을 경험할 때, 인체는 코르티솔, 아드레날린, 노르아드레날린 같은 호르몬을 분비하여 스트레스에 대처할 준비를 한다. 이런 호르몬은 학습과 기억에 가장 중요한 구조를 이루는 해마와 편도체, 전두엽의 기능에 영향을 준다. 다중작업은 인지 체계의 이 부분에 간여함으로써 업무 능력을 향상시켜준다.

다중작업의 이점에는 한계가 있다. 어느 시점을 넘어가면, 업무를 전환할 때 쓰이는 정신적 비용이 낮은 스트레스로 이득을 보던 지점을 능가한다. 다시 말해, 담당 환자 수가 늘어날 때, 환자가 대여섯 명을 넘어가면서부터는 응급실 의사에게 다중작업의 압박이 오히려 역효과를 냈다. 부담이 현저히 적을 때 환자가 한 명 더해지면 의사의 능률이 올라간 반면 부담이 많을 때 환자가 늘어나면 오히려 능률이 떨어졌다. 진료 기록을 검토하고 미결 진단을 염두에 둔 상태에서 어느 환자에게 어떤 검사를 지시했는지 기억하는 데 시간이 더 걸렸다. 다섯 명이 넘어갈 때는 담당 환자 사이를 이동하는 의사의 능력이 급격히 떨어졌다. 의사의 정신적 대역폭이 수요를 따라가지 못했다. 실제로 속도는 환자 일인당 6퍼센트가 떨어졌다. 의사가 동시에 다섯 명의 환자를 담당했을 때, 환자가 2시간 조금 넘게 응급실에 머물렀다는 말이 된다. 여섯 번째 환자가 들어왔을 때, 그 시간은 2시간 40분으로 껑충 뛰었다.

의사 진료의 질적 상태를 조사했을 때도 구조적으로 비슷한 결과를 보였다. 담당 환자에 대한 부담이 적을 때는 진단 건수가 증가했다. 진단을 통해 증상을 확인하고 환자의 문제가 해결된다는 점에서 좋은 현상이다. 부담이 적을 때의 다중작업은 각 환자를 돌보는 질적 수준을 높여주었다. 하지만 환자에 대한 부담이 티핑 포인트를 넘어설 때, 의사는 변화를 따라가지 못했다. 일단 환자 수가 네 명을 넘어서면, 의사의 진단 건수는 줄었다. 일부 환자는 진단을 받지 못하고 돌아가는 일도 있었다. 또 의사의 부담이 클 때는 환자가 24시간 안에 응급실을 다시 찾을 가능성이 커졌다. 이 의미는 환자가 증상이 완전히 치료되지 않은 상태에서 귀가할 가능성이 커진다는 것이다.

그러니까 다중작업 스트레스에 의해 동기를 부여받는 지점을 넘어설 때, 평소보다 환자를 돌보는 시간이 길어지며 치료 능률도 떨어졌다.

다중작업은 인간의 인지 자원을 압박한다. 때로 이런 압력은 더 많이 더 빨리 생각하고 더 자주 정신적인 초점을 바꾸도록 우리에게 영감을 준다. 조용한 응급실의 경우에서 흔히 그렇듯, 자극의 정도가 낮을 때, 인간의 마음은 속도가 느리고 효율성도 떨어진다. 인지적 요구가 늘어날수록 우리는 고무된다. 최소한의 수준에 머물지 않도록 자신을 끌어올려준다. 하지만 티핑 포인트라는 게 있다. 동시에 너무 많은 일을 하려고 할 때, 다중작업은 역효과를 낸다.

◦-○○-◦
뇌 공간을 확보하는 방법

다중작업이 지나치면 인체의 인지 체계에 심한 부담을 준다. 그래서 관리 능력이 떨어질 수 있다. 능력과 인지적 관심이 균형을 이루는 이상적인 생활 방식을 일군다 해도, 적은 시간에 많은 일을 해야 하는 상황에 처할 수 있다. 한계를 넘도록 압박 받는 상황에 처한다면 어떻게 수행 능력을 극대화할 수 있을까? 일단의 스페인 신경과학자들은 탈진증후군에서 벗어나는 방법을 발견했다.[10]

과학자들은 브라질의 축구선수 네이마르 다시우바 산투스 주니오르Neymar da Silva Santos Júnior의 기초적인 풋워크 훈련을 테스트했다. 네이마르는 세계에서 최고로 우수한 축구선수로 손꼽힌다. 그가 뛴 모든 리그에서, 실제로 한 번 이상 올해의 선수로 뽑힌 경력이 있다. 2017년, 바르셀로나에서 파리 생제르맹으로 이적했는데, 이적료가 무려 2억 6,200만 달러였다. 종전의 바이아 웃 기록을 두 배 이상 올려놓았다. 이 계약으로 네이마르는 주급 이 100만 달러에 약간 못 미치는 연봉을 받게 되었다.[11]

네이마르의 뇌는 경험이 적은 선수들의 뇌와 다르게 작동 하는지 테스트가 시작됐다. 그가 발을 움직이고 있을 때 무슨 일 이 벌어지고 있는지 관찰했다. 스페인 축구 2부 리그에서 활약하 는 4명의 프로 축구선수, 같은 연령대의 스페인 국가대표급 수영 선수 2명, 아마추어 축구선수 1명의 뇌와 비교했다.

각 선수는 돌아가면서 기능성 자기공명영상 장치에 누워 마 치 달리기하는 것처럼 메트로놈 박자에 맞추어 발을 움직였다. 연구팀은 선수들이 얼마나 발을 움직이는지 비디오로 촬영해 측 정했다. 나중에 이 영상을 확인하니, 운동선수들 뇌에서 보이는 활동의 차이가, 결과적으로 신체 활동의 차이는 아니었다. 경험과 무관하게 선수들의 발은 테스트 조건하에서 같은 방식으로 움직 였다. 발목 밑에서 드러나는 이런 유사성에도 불구하고, 연구진은 네이마르의 뇌가 다른 선수들의 뇌보다 적게 움직이는 것을 발견 했다. 특히 네이마르는 발동작을 관장하는 운동피질 영역이 비교 적 적은 표면에서 상대적으로 적게 움직였다. 바꿔 말하면, 발동 작에 사용되는 신경학적 면적과 처리 능력이 (같은 방식으로 발 사용 법을 훈련하지 않은) 다른 프로 및 아마추어 축구선수나 수영선수보 다 훨씬 적었다. 네이마르의 뇌도 마찬가지고 다른 선수들의 뇌도 훈련하는 동안 뭔가 특별한 움직임이 일어났다. 만일, 우리가 하는 일을 훈련하거나 습관화하거나 부분들을 규칙화한다면, 다른 데 사용할 수 있는 정신적인 자원을 확보하게 된다. 결국 우리는 다중작업의 부정적인 결과들을 더 많이 다스리면서 덜 경험할 수 있다. 왜냐하면 어떤 일 하나를 하는 데에 그렇게 많은 두뇌의 능력이 필요하지 않기 때문이다.

경기장에서 비상한 능력을 보여주는 네이마르지만, 그가 발을 움직이는 데 뇌에서 최소한의 능력만 꺼낸 건 놀라운 일이 아니다. 실은, 특화된 기술을 지닌 수많은 전문 직업인들은 뇌의 영역들이 많이 움직이지 않는다. 예를 들어보자. 연주회에서 피아니스트들이 손가락을 움직일 때, 음악가가 아닌 일반 사람들에 비해 뇌의 운동피질 영역에서 활동이 적다.[12] 자동차 경주대회인 포뮬러 원의 전문 선수들은 스크린상에서 재빠르게 반응해야 하는 비디오게임을 할 때 시각과 공간의 관계를 담당하는 뇌 활동이 아마추어 운전자들보다 적었다.[13] 전문적인 공기소총 선수들은 사격할 때 이 스포츠를 전혀 해본 적이 없는 사람들에 비해 특히 시각과 집중력, 근육운동을 담당하는 영역에서 뇌의 활동이 적었다.[14] 미국 여자 프로골프협회 선수들 역시 티샷을 하기 직전에 아마추어 골퍼들과 비교해 이 영역의 뇌 활동이 적었다.[15] 드럼 연주를 예로 든다면, 타악기 전문 연주자들은 별로 경험이 없는 사람들에 비해 청각과 시각 정보를 동기화하는 뇌의 영역이 적게 움직였다.[16]

어느 날 오후, 나는 뉴욕대의 동료 수잰 디커Suzanne Dikker와 점심식사를 했다. 이 연구에서 얻은 요점이 무어라고 보는지 물어보았다. 그냥 개인적인 호기심으로 대수롭지 않게 한 질문이었다.

"내가 연습했던 수개월간 내 뇌에서 무슨 일이 일어났을까?"

"모르겠어"라며 그녀는 웃었다. "그 분야 전문의가 아니라서."

심리치료를 받고 있는 것도 아니고, 어린 시절 (내 탓으로 힘들었던 십대 몇 년간을 제외하면 정말 사랑스러웠던 시절) 엄마와의 관계에 관한 이야기를 꺼낸 것도 아니었다. 그런데도 나를 꿰뚫어봐 달라고 엉뚱한 사람을 붙잡고 있었다니. 그럼에도 불구하고, 그녀는 실질적이고 전문적인 지식을 지닌 사람이라 핵심을 벗어나지 않았다. 디커는 갑갑한 실험실 바깥에 사는 보통 사람들의 뇌가 리듬에 따라 어떻게 변화하는지 연구하는 신경과학자다. 디커는 전문가의 뇌가 더 작다든지 하는 차이가 있는 건 아니라고 설명했다. 다만 그 순간에 전문가만큼 잘하기 위해 초보자는 뇌를 더 가동해야 한다. 노련한 전문가의 뇌보다 해당 영역이 더 열심히 작용해야 하기 때문이었다. 전문지식이 뒷받침되면 신경효율성neural efficiency이 나타나 다른 곳에서 쓸 수 있는 인지 자원의 공간을 확보할 수 있다. 전문가들이 초보자보다 다중작업을 더 잘할 수 있는 까닭은, 부분적으로는 그들이 자신의 방식을 관리하면서 지적 능력을 더 많이 동원할 수 있기 때문이다.

개인적으로, 이런 결과는 내게는 곧 연주 연습을 하라는 신호였다. 만일 꾸준히 연습했더라면 정신적으로 힘이 덜 들었을 것이다. 가외로 얻은 인지 자원으로 더 잘 연주할 수 있었으리라. 그런 전문 수준에 도달하기 위해서는 비교적 얇은 깊이의 수영장에서 충분히 시간을 보내야 할 것이다. 이 시점에서, 다들 아는 유명한 농담을 또 꺼내게 된다.

"어떻게 하면 카네기 홀로 갈 수 있나요?"

"연습, 연습, 오로지 연습뿐이죠."

바야흐로 내 드럼 연주 기량을 처음 선보이기로 한 파티를 보름가량 남겨두고 있었다. 나는 마침내, 기존처럼 적당한 연습만으로는 되지 않으리란 걸 인정했다. 이미 꽉 차 있는 업무 일정을 다 수행하고 나머지 시간에 연습하는 것으로는, 부족한 기량이 충분히 향상될 리 없었다. 나는 무엇이 문제인지 알고 있었다. 해결책도 알았다. 솔직히 나는 드럼을 별로 좋아하지 않았다. 원하는 대로 팔다리가 움직여지지 않았기 때문이다. 집중적인 노력이 필요하다는 걸 알고는 있지만 차일피일 미루며 시간을 끌고 있었다. 연습만이 유일한 해결책이었다.

허리띠를 졸라매고 정신을 집중했다. 곰인형, 점심과 간식으로 가득 채운 가방, 유아용 물감을 넣은 가방 그리고 여분 옷가지를 싸서 매티를 조부모 댁으로 보냈다. 그 후 연습을 하다 보니 여행가방과 아이스박스를 더 딸려 보냈어야 한다는 생각이 들었다. 매티가 할머니네서 꽤 오래 머물러야 했기 때문이다. 나는 〈유어 러브〉 연습을 되풀이했다. 급기야 방이 빙빙 도는 느낌이 들었다. 디스코볼이 도는 게 아니었다. 여러 날 시리얼과 와인으로 저녁을 때웠다. 음식을 만들 시간이 없었다. 연습에 매달릴 때였다. 이 곡을 익혀야만 한다.

'뮤직 룸'이라 불렸던 그 장소는 여름 내내 뽀송뽀송하고 상쾌한 섭씨 22도를 유지했다. 땀을 뻘뻘 흘릴 생각은 없었지만, 처음으로 연습에 몰두한 한 시간 동안 얼굴이 달아오르는 느낌을 받았다. 몸이 끈적거렸다. 드럼 키트 옆 온도조절기를 보니 열심히 몰입한 내 노력 탓인지 (혹은 오랫동안 스피커를 연결해서인지) 실내온도가 1도는 올라가 있었다. 정말 제대로 뭔가 하고 있었던 것이다. 오후 내내 연습에 매달렸다. 두 귀는 이후 몇 시간 동안 윙윙거렸다. 그래도 느낌은 좋았다. 정말로 진전이 이뤄지고 있었다. 어려운 악절에 수개월 동안 조화를 맞추려 애썼던 세 곳의 팔다리가 마침내 부드럽게 조화를 이루었다. 당혹스러웠던 그 동작들은 마침내, 우연이 아니라 순조롭게 몸에 배었다.

드럼 연습을 하고 있을 때, 나의 뇌에서 무슨 일이 벌어지는지 조사해줄 신경과학자를 구하지는 못했다. 어쩌면, 아직 보여줄 준비가 안 된 것인지도 모르는 일이다. 어쨌거나 그날, 내 뇌가 엄청 많이 운동했다는 느낌이 들었다. 비록 난 전문가도 아니고 (아직은) 아웃필드 재결합 기념 투어에 지원 멤버로 차출될 일도 없을 것이다. 다만, 내 뇌가 전보다 조금 더 인지 공간을 넓게 확보했고, 다중작업도 한 단계 넘어섰다는 확신이 들었다.

공연 시작

공연하기로 한 날, 깨어나 보니 침대가 토사물로 가득했다. 실은 매티의 침대였는데, 아이가 전날 저녁에 먹은 음식을 토한 것이다. 매티가 고집스럽게 계속 먹은 수박이 탈이 났다. 매티를 포함해 몽땅 세탁을 해야 할 정도로 끔찍했다. 이 놀라운 사태로 아침 시간을 거의 90분이나 허비했으며 매니저 업무에 (나는 매니저가 따로 없었으니 말이다) 쏟아야 할 집중력이 거의 바닥이 나고 말았다. 기념품 판매대에 쌓아놓고자 직접 인쇄를 맡긴 그림이 잘못된 것을 상자를 열고 나서야 알았다. 아침의 돌발 사태 때문인 듯하다. 그림은 분명 내 얼굴과 파란색으로 얼룩덜룩한 드럼 스틱을 쥔 내 두 손이 맞았다. 그런데 견본에서는 멀쩡하던 '청산: 한 곡을 위한 투어Pony Up: The One-Trick Tour'라는 행사 제목이 보통 영어 인쇄물과는 반대 방향으로 찍혀 있었다. 오른쪽에서 왼쪽으로 읽어야 했다.

집에서 쓰는 다리미로 전사지에 셔츠 몇 장을 찍어내려고 급히 외출했다. 물품 수준이야 분명히 B급이지만, 거울의 도움이 있건 없건 읽을 수는 있었다. 인쇄 작업 때문에 아직도 온기가 남아 있는 상의를 입장객들이 잘 읽을 수 있도록 쌓아놓았다. 거꾸로 인쇄된 물품도 특별히 아이러니에 관심이 있는 사람들에게 뭔가 호소력이 있을지 몰라 같이 쌓아두었다. 이 반짝 공연 전체는 아무튼 일종의 거울나라through-the-looking-glass 체험이었다. 내 얼굴과 드럼 스틱, 그리고 거꾸로 읽히는 제목이 그 구체적인 표현이었다.

나는 또 공연 아이콘과 표어가 들어간 CD 케이스도 인쇄했다. 구매자 본인이 좋아하는 음악 CD를 넣으라는 의미의 작은 문구를 넣었다. 그걸 제외하곤 의도적으로 플라스틱 케이스의 디스크 면을 비워두었다. 내 녹음 CD를 넣지 않을 때, 더 잘 팔릴 것이라는 확신이 있었다. 그리고 공연 로고가 표시된 라벨을 와인과 맥주병에 붙이고 아이스박스를 가득 채웠다. 공연 포스터도 몇 장 준비했는데, 나 자신을, (사전에) 녹음된 록그룹 아웃필드와 함께하는 특별출연자featured artist라고 소개해놨다. 나는 결국 그들의 스튜디오 앨범을 따라 연주하는 셈이었다. 공연 이후에는 정신없이 바쁘겠지 예상하고는 포스터 몇 장에 서명도 해두었다.

공연 직전, 뮤직홀의 불을 모두 끈 다음 디스코볼을 켰다. 그리고 기념품 판매대 주변 바닥에는 보조 글로브 조명장치를 설치했다. 마지막 총연습 때에는 혹시 부러뜨리지나 않았는지 확인하려고 스틱을 점검했다. 아니, 내가 그 정도로 힘이 세진 않지, 아직은.

문이 열리고 관객이 입장했다. 10여 명이 자리를 찾느라 큰 소파가 있는 곳으로 몰렸다.

나는 옥좌에 앉았다. 매티의 친구인 세라는 헤드폰이 작동하는지 두 번이나 확인하고는 앞줄에 자리를 잡았다.

스테레오를 켜고 음을 조절한 다음 연주를 시작했다.

내 선택을 받은 곡은 기타와 리드싱어가 도입부를 연주하고 첫 1분간 드러머는 기다리게 되어 있었다. 내 선택은 현명하지만 뻔뻔하다고 생각했다. 곡이 4분밖에 안 되기 때문에 배우는 데 노력이 25퍼센트는 적게 든다고 계산했다. 결국 서투른 선택이 되고 말았다. 사람들이 나를 쳐다보는 동안, 나도 드럼 뒤에 앉아 멍하니 그들을 바라보는 꼴이 되었다. 그리고 (항상 다정하지만 때로 지나치게 솔직하게 비평하는) 엄마는 나중에 내가 겁먹어 얼어붙은 줄 알았다고 했다. 스테레오가 연결되어 있었기 때문에 이 1분간 내 양심을 가리는 농담을 할 수가 없었다. 물론 유머보다야 타악기 솜씨가 더 낫기는 했지만.

바로 내가 뛰어들 차례가 왔다. 나는 하박에서 크래시를 두드리기 전에 네 번째 박자로 옮기며 스네어의 픽업 부분을 쳤다. 기본 록 리듬으로 시작했다. "가자!"

내가 8분음표 사이의 오프비트에서 하이햇을 열었다 닫았다 하자 피트가 미소 지었다. 사지가 제대로 작동하고 머릿속이 안정된 것이 너무 자랑스러워 나도 눈짓을 해주었다. 간주곡으로 들어가며 필을 넣어주고 크래시를 치며 나왔다. 그리고 베이스 드럼의 페달을 밟는 동작으로 바꿨다. 나는 처음으로 탐탐 위를 구르는 롤 주법을 사용하며 청중의 시선을 사로잡았다.

해외 중계 라이브 스트리밍도 했다. 하여 대륙을 가로질러 캐나다에 사는 언니도 채널을 맞추고 공연을 들었다. 언니는 전문적인 음악가이자 교수다. 불과 몇 시간 전에 태국에서 귀국한 데다 식중독에 걸려 경황이 없을 텐데도 귀를 쫑긋 세우고 비평가의 안목으로 귀 기울이고 있을 터였다. 그 전 주에 내가 네 시간이나 완벽한 소리를 내기 위해 애를 쓴 스네어의 당김음 소리를 듣자 언니는 한결 긍정적으로 고개를 끄떡였다.

또 연주를 녹음해서 드러머인 사촌에게 보냈다. 내가 무슨 일을 꾸미고 있는지 듣고 나서, 그는 가족끼리 저녁식사를 마치면 늘 내 연주에 맞춰 설거지를 한다고 말했다. 내 연주에 영감을 받아 그가 아침식사까지 준비하는 계기가 되었으면 좋겠다.

뻐꾸기시계 속의 새처럼 머릿속으로 박자를 세는 일을 잠시 멈출 찰나, 나는 실내를 둘러보았다. 그때 아빠가 휴대폰을 꺼내 화면을 켠 다음 머리 위로 흔드는 것이 보였다. 벌써 앙코르를 청하는 것인가, 아니면 출구 쪽을 비추시나? 피트는 매티에게 엄지를 치켜세우는 법을 가르치고 있었다. 매티는 필요한 손가락을 움직일 줄 몰랐다. 엄지와 검지 둘 다 세우고 내뻗다 보니 아이의 손 모양은 치켜세웠다기보다 권총을 묘사하는 것 같았다. 어떤 의도인지는 알 수 없었다. 어쩌면 '엄마, 왜 나를 쏘지 않아?'라는 뜻인지도 몰랐다. 하지만 그럴 리는 없었다. 엄마가 아주 잘하고 있었으니까!

3절에서 내 마운티드 탐 솜씨는 정확했다. 플로어 탐과 스네어에서 16분음표와 8분음표를 번갈아 속사포처럼 두들기다가 크래시로 옮겨 마지막 코러스를 시작했다. 나는 라이드를 두들기다가 계속 박자를 바꿔가며 크래시와 함께 치고 나갔다. 그래, 좋았어. 마지막 당김음에서 결국 지나치게 백비트로 나갔지만, 그때쯤 참석자 절반은 춤을 추느라 연주에 주목하지 않았다. 나는 크래시를 때리면서 생전 처음으로 격렬하게 흔들고 있었다. 베이스페달을 가볍게 튕기며 연주를 마치고 스틱을 공중으로 던져 올렸다. 스틱은 360도 회전한 다음 다시 내 손으로 내려왔다. 록 스타들이 즐겨 하는 제스처였다.

관중의 박수갈채가 들려왔다. 마음에서 우러나온 갈채였다. 물론 필요하면 녹음된 트랙을 더 연주할 수도 있는데, 몇몇 관객이 벌떡 일어나 기념품 판매대로 향했다. 나는 반전 인쇄된 티셔츠를 따로 보관했지만, 두 가지 모두 가져갈 수 있게 했다. 놀랍게도 인쇄가 이상한 것에 주목하는 사람은 아무도 없었다. 실제로 팬 한 명은(감히 이런 표현을 허락해주신다면), 먼저 인쇄한 티셔츠를 기념품으로 가져갔다. 그분에게는 현대적이고 세련된 제품으로 보인 것이다. 우정의 충성 서약을 하지 않고서야 다른 이에게 이 특이한 티셔츠의 시각적 경험을 권유할 리는 없어 보였다.

관객은 앙코르를 외쳤다. 내 공연 포스터에 버젓이 들어간 안내 문구를 읽지 못한 게 분명했다. '한 곡을 위한 투어One-trick tour'라는 제목은, 아이를 하나만 둔 그들에게, 친구로서 내가 한 명 더 낳아야 하지 않느냐고 묻자 한결같이 "아니, 하나면 충분해One and done"라고 대답한 그 의미를 가리키기도 했다.

타악기의 문외한에서 반짝 스타로 나 자신을 이끌고 간 이 자기 발견의 과정에서, 난 귀중한 교훈을 많이 배웠다. 내가 화려한 미래에 어울리지 않는다는 것도 그 교훈 중 하나다. 사실 가장 큰 교훈은 티셔츠에 저지른 큰 실수였는지도 모른다. 우리가 보는 것을, 다른 누군가는 보지 않을 수도 있다. 우리의 관점은 독특하다. 그리고 그 관점의 유연성은 기회의 원천이다. 우리의 열망을 최대로 충족하는 방식으로 세계를 바라본다면, 눈앞의 지면에 (혹은 티셔츠에) 실제로 인쇄된 것을 이상하게 보지 않는 시선도 능력으로 활용할 수 있다.

정신 건강을 위한 네 가지 인식 도구

사람의 정신적인 장치 중에는 사회심리학자들이 '심리적 면역체계psychological immune system'라고 부르는 게 있다. 신체 건강을 나아지게 하기 위해 몸이 세균이나 바이러스와 싸우는 법을 가지고 있는 것처럼, 인간의 정신도 정신건강을 유지하고 개선하기 위해 자체 수단을 가지고 있다.

다음의 예를 생각해보자. 헨트 대학교 연구팀은 프로 가수가 되고자 한 텔레비전 프로그램 오디션에 참가한 벨기에 가수 지망생 400여 명과 인터뷰했다.[1] 오디션을 보기 일주일 전에, 연구팀은 오디션 참가자들에게 경쟁에서 탈락한다면 기분이 어떨지 물었다. 응답자들은 보통 비참한 기분이 들 것 같다고 예상했다. 불행히도 대부분 다음 단계로 선발되지 못했다. 그러면서 스타가 되고 싶은 그들의 꿈은 좌절되었다. 그러나 이틀 후, 그들이 어떻게 지내는지 알아보았을 때, 마음의 상처를 받을 것이라고 예상했던 바로 그 응답자들은 '그저 그런' 정도의 느낌이라고 답했다. 예상했던 고통은 느껴지지 않았다.

이렇게 예측한 실망과 실제 경험이 불일치하는 경우는 스티커 보상을 두 장 받을 줄 알았으나 한 장밖에 못 받은 3~5세 아이들에게서도 볼 수 있다.[2] 직장을 잃고 충격적인 상처를 안고 살거나 비극을 경험한 이들도 예상치 못한 회복탄력성resiliency을 경험한다.

불운한 사람들의 정신 상태가 긍정적이라니, 이런 보고가 나오자 외부에서 이들을 바라보는 사람들은 당혹스러웠다. 우리는 그들을 보며 '당신은 열심히 노력했으나 실패했다. 너무나 많은 걸 포기했다'고 생각한다. 그들이 낙담할 것이라고 예상한다.

그러나 그렇지 않다.

이는 심리적 면역체계에서 나오는 회복탄력성의 결과다. 불행한 환경이 입히는 타격은 예상보다 약하다. 사람의 인식 체계는 인상적인 요리 능력을 지니고 있다. 바로 그 능력이, 인간의 삶에서 신맛이 나는 레몬을 가져다가 예상 외로 맛난 레모네이드를 만들어낸다.

전국적인 암 연구 자선단체를 위해 기금을 모으는 지역단체를 후원할 생각이 있는지 설문조사한 적이 있다.[3] 응답자 중 절대 다수는 (실제로 10명 중 8명꼴로) "무조건"이라고 답하면서 베풂은 사람에게 중요한 요소라고 했다. 이론적인 계획을 구체적인 행동으로 옮기는 과정에서 어떤 문제가 방해할지 예측하긴 어렵다. 설문조사 뒤 실제로 응답자들이 얼마나 후원했는지 조사하니, 지갑을 털어서 어떤 형태로든 기부를 한 사람은 10명에 겨우 3명 정도였다. 아무리 의도가 좋다고 한들 늘 실제 행동까지 옮기는 것은 아니다.

어쩌면, 이것은 우리가 자기 자신한테 적극 숨기고 싶은 진실일지도 모른다.

바로 이 점에서 인간의 심리적 면역체계는 우리를 돕는다. 다음의 미묘한 차이를 생각해보자. 세간의 이목을 끈 자선 행사가 끝나고 2~3일 뒤, 어떤 방식으로든 그 행사에 후원을 했는지 설문조사했다. 처음 조사했던 모금 행사보다 시간이 더 오래 걸리고, 재정적인 규모가 더 컸다. 여기서는 100명 중에 6명이 실제로 후원했다고 답했다. 이 비율은 지역 언론의 보고서와 일치했다. 사람들은 자선단체의 일이 옳다고 생각하는데도 믿는 바를 실행하지 않았다고 솔직하게 털어놓았다. 그런데 한 달 뒤 자선 행사에 후원했는지 다시 물어보니 사람들이 대답한 후원금 집계가 올라 있었다. 왜일까. 사람들은 잘못 기억하고 있었다. 자신이 바라는 대로 행동했다고 기억했다.

스스로에 대한 기대대로 살지 못했다는 느낌이 들 때, 자아감sense of self에 상처를 받을 수 있다. 자신을 보호하는 한 가지 방법은, 보다 유리한 방식으로 과거를 기억하는 것이다. 사람의 뇌는 선의의 거짓말 같은 것으로 우리가 했거나 하지 않은 과거의 행동을 정교하게 요약할 줄 안다. 이런 보호 과정은 또 다른 형태로 역효과를 부를 수도 있다. 중요한 것은, 성공뿐 아니라 단점도 정확하게 기억해야 한다는 점이다. 진정한 성장과 발전을 위해 필수적이다.

이 책에서, 세상을 보는 법을 혁신시키는 네 가지 방법을 제시했다. 초점 좁히기narrow focus, 구체화materializing, 틀짜기framing, 시야 확대wide bracket가 바로 그것이다. 이 전략들은 각각 기능이 다르다. 이 전략들을 알면, 살아가면서 겪게 될 굵직굵직한 도전에 맞서 극한 난관들에 더 잘 대처할 수 있다. 본능적으로 뇌는 자신을 보호하려는 성향이 있다. 거기서 비롯된 결과를 파악하고 극복하라. 자신과 주변 환경, 전망을 긍정적으로 존중하며 보기 위해 힘써야 한다. 때로는 약점보다 장점에 초점을 맞추는 것이 동기부여가 되기도 하며 반대로 힘이 빠지게도 한다.

무엇을 보는가. 그에 따라 선택도 예측된다. 무엇에 초점을 맞추는가. 그에 따른 결정이 일상 행위에 그토록 큰 영향을 미치는 이유다. 내게 힘이 되는 걸 찾고 싶은가. 선택적으로 영감의 원천에 자꾸 자신을 담으려 해야 한다. 우리의 최선의 의도를 지지하고 대변하는 사람과 사물 중심으로 시각의 틀을 짜면 유리하다. 우리가 시간을 주로 보내는 공간을 목표에 부합하는 시각적 불꽃이 보이게 디자인하면, 영감을 받을 수 있다. 그러면 보다 나은 결정을 내릴 수 있다. 반대로 유혹의 틀을 짠다면, 목표 달성에 방해받는다. 금단의 열매가 담긴 그릇을 조리대 위에 놓아두면, 지나는 길에 한입 크게 베어 물기 마련이다.

좁은 초점은 현실을 잘못 대변하기도 하지만, 진정한 변화를 가능하게 할 에너지를 끌어올려준다. 먼 목적지에 시선을 돌리는 법을 알면, 도전해야 할 과제가 실현 가능하고 가깝다는 느낌이 든다. 넘어설 수 없다고 생각했으나 이제는 이룰 수 있을 것 같다고 생각이 달라질 수 있다.

다른 예로, 패배보다 승리에만 주목하면 우리가 서 있는 현실을 부정확하게 파악하고 지속적으로 발전하지 못한다. 성공할 때뿐 아니라 거기에 못 미칠 때를 알아야 하며, 여기서 목표와 힘을 찾아야 할 시점이 있다. 우리가 선택해온 지난 삶의 과정을 추적하자. 승리뿐 아니라 시련, 두 개에 고루 시선을 주자. 그렇게 발달 과정을 구체화하면 자신에 대해 더욱 정직할 수 있다. 망가질 수도 있었던 심리적 면역체계를 끌어올려 목표를 향해 나갈 수 있다. 구체화는 자신의 실수에 책임을 지게 만든다. 대신 평소보다 더, 승리를 축하할 계기를 만들어줄지 모른다. 미래에 다다르고 싶은 곳의 구체적이고 명확한 이미지를 만들자. 이를 구체적인 행동 계획과 연결한다면, 우리는 책임을 지는 방식으로 목표를 설정하게 된다. 보통 부족하게 마련인 명확성으로 최종 목표를 향한 우리의 여정을 추적할 수 있다. 구체화는, 실제로 한 선택보다 목표에 부합되는 선택을 했다고 믿게 만드는(마치 내 설문 응답자들이 실제로는 하지 않았는데도 자신의 시간과 재능, 재물을 자선단체에 기부했다고 믿은 것처럼) 편향된 기억을 없애준다.

지금까지 만난 사람 중 감기에 동반되는 증상을 좋아하는 사람은 아무도 없었다. 열이 날 때 땀을 흘리면 빨아야 할 더러운 세탁물이 늘어난다. 콧물이 뚝뚝 떨어질 때는 휴지를 사러 가게를 들락거려야 한다. 기침이 나면, 영화관이나 오페라에서 골치 아픈 동반자가 된다. 우리는 이런 증상을 온갖 물약과 로션으로 감추려 애쓴다. 하지만 가능하면 피하려고 하는 이 모든 신체적인 우환은, 감기가 회복 과정에 들어섰다는 신호다.

똑같은 이치로, 사람의 심리적 면역체계는 불쾌감을 선사할 선택이나 결정의 영향을 사라지게 한다.[4] 가령, 심리적 면역체계는 다이어트하면서 칼로리를 과도하게 섭취했을 때 죄책감 또는 예산 낭비의 스트레스를 극복하게 해준다. 설사 스스로 그런 부정적인 반응이 느껴진다 해도, 그때의 불편함과 상관없이 장차 행동에 동기부여할 수 있다. 훗날 후회할 판단착오를 잊으려고 애쓰기보다 기억해야 앞으로 더 잘하도록 자극을 받을 수 있다.

그렇게 하도록 우리를 돕는 전략이 바로 시야 확대 기법이다. 한 발 멀리 떨어져서 내가 경험한 생생한 예를 더 넓게 포착하라. 그러면 나의 행동 방식을 발견하는 데 더 유리하다. 원하는 방향보다 실제 있는 그대로를 볼 때, 더 낙관적으로 삶의 퍼즐 조각을 조합할 수 있다. 생산적이든 불리하든, 끊임없이 똑같은 선택을 되풀이하게 만드는 유발 요인을 발견할 수 있다. 오늘의 선택이 내일의 결과에 어떤 영향을 주는지 더 잘 볼 수 있고, 당장 이익이 되지만 뒤에 가서 후회하게 될 결정을 줄이게 만든다.

더욱이 시야 확대 기법은 일을 어떻게 마무리할지 선택할 기회를 다양하게 해준다. 바라는 목표로 나가는 길이 적지 않고 많다는 것을 알면, 가능성의 감각이 살아난다. 그 감각은 출발선에서는 우리를 밀어주지만 동시에 방향 전환이나 재발명의 기회를 주기도 한다. 충격을 줄여주기도 한다. 시야 확대 기법은, 더 많은 선택이 열리는 시점에 앞으로 나갈 무수한 길을 볼 렌즈를 주는 셈이다.

연주가 끝났을 때, 실내조명은 그대로 꺼둔 채 디스코볼만 돌아가게 했다. 팬들에게 현기증을 일게 하려는 게 아니었다. 혹시 관중이 조금이라도 언짢은 기분으로 떠날 경우, 이날 행사의 주역 때문이 아니라 환경 탓으로 생각하기를 바랐다.

마침내 관객이 줄어들기 시작했다. CD 케이스가 일부 없어진 것을 알았다. 요즘은 디스크로 음악을 듣는 사람이 거의 없기에 어리둥절했다. 루는 포스터 한 장을 집어 들었지만, 우리 집 출구로 나가는 길에 두고 갔다. 사람들은 티셔츠도 몇 장 들고 갔는데, 아마 내가 소매에 끼워둔 5달러짜리 지폐 때문이었을 것이다.

나 자신과 내가 이룬 성취가 자랑스러웠다. 그 성과를 얻기까지 예상보다 훨씬 오래 걸렸다. 내 관심은 고조되다가 다시 가라앉았다. 연습이 성과를 내고 나 자신의 목소리가 덜 고통스러워질 때까지 나는 주기적으로 낙담하곤 했다. 도전 과정에서 짜증이 부글부글 끓어오른 적도 있었다. 스스로 멋져 보이고 싶은 건 확실했다. 그러나 정규직을 선택한 상태에서 육아를 하고 (지금 아이는 일상적인 매력과 문제를 지닌 유아로 성장했다) 드럼을 배우며 그에 관한 책을 씀으로써 내가 초래한 자기 유도성 스트레스는 때로 견디기 어려웠다.

하지만 나는 포기하지 않았다. 이 책에서 제시한 전술들을 내 자신의 모험에 직접 적용하여 동기부여했다. 그리고 효과가 있음을 확인했다. 물론, 어느 날 효과가 크던 것이 다음 날에는 효과가 적은 것처럼 보일 수도 있다. 내 발전을 가로막는 문제를 고칠 특효약이나 단방의 해결책은 없다. 바로 그것이 우리가 사는 삶의 현실이다. 우리에게 최대의 기쁨을 안겨주는 일들은 진정한 노력을 요한다.

　이 모든 과정을 거치고 나서 내 목표를 달성했다. 뒷주머니에서 아무 때나 꺼내듯 펼쳐 보일 수 있는 연주 솜씨가 있다. 드러머가 오지 않았다는 것을 깨닫는 바로 그 순간, 특정 곡을 연주하기 위해 아웃필드의 커버 밴드로서 무대 뒤에서 반짝 출연할 수 있는 존재가 된 것이다. 언젠가 피트와 그의 밴드가 연주하는 공연장에 가는 날, 내 옆에 앉은 관객 한 분이 내가 피트의 아내라는 것을 알고 (그의 얼굴이 그려진 티셔츠를 입었기 때문이겠지. 내가 손수 만든 티셔츠도 하나 있다) 뭘 하는 사람이냐고 묻는다면, 나도 드럼 연주를 한다고 공식적으로 말할 수 있게 되었다.

감사의 말

지나고 나서 생각해보니, '감사의 말'이라는 표현에 담긴 의미가 그렇듯, 이 책을 위하여 커다란 책임을 감당해주고 내게 크나큰 인사를 받아야 할 분들이 너무도 많다. 마땅한 일이다. 에이전트 리처드 파인Richard Pine을 비롯해 잉크웰 매니지먼트Inkwell Management의 기획팀은 나의 풋내기 아이디어를 한 권의 책으로 선정해 날개를 달아주고 미숙한 사춘기를 거쳐 스스로 날 때까지 성장하는 과정을 지켜보았다. 마니 코크랜Marnie Cochran은 일본 요리사의 칼날보다 더 예리한 편집 솜씨로 내 일화 모음을 정리해주었는데 그 손길에는 천재적인 수준의 검사를 하는 피드백 전달 방법에 감성까지 담겨 있었다. 내가 이 작품에서 즐겁게 찾아낸 목소리는 그녀가 만들어낸 것이다. 또한 밸런타인 북스Ballantine Books의 편집진, 특히 내 메시지를 더욱 선명하게 해주고 마무리를 당겨주었으며 예상보다 모든 것을 훨씬 깔끔하게 해준 로런스 크라우저Lawrence Krauser에게 감사드린다.

길이 생기기 전부터 뜻은 있었다. 책을 쓰라는 자극은 처음엔 내 친구들에게서 왔다. 내 동료 애덤 앨터Adam Alter는 이 집필 여행이 재미날 것이라고 날 설득했다. 그가 첫 책을 내고 두 번째 책을 내기 전에 찾아온, 출판 마감에 따른 스트레스가 수면에 어떤 영향을 주었는지 벌써 잊은 것 같다고 난 농담했다. 그동안의 나날을 돌이켜보니 대부분은 그가 옳았다. 내가 맹목적으로 이 프로젝트의 다음 단계로 넘어가며 비틀거릴 때마다, 그는 자신의 지식과 경험을 친절하게 공유하며 나를 지원했다. 동료인 사회심리학자 리즈 던Liz Dunn은 스포츠에 잘 적응하지 못하는 나에게 지금도 서핑 레슨을 해주며 글쓰기 등의 일을 할 때 행복을 극대화하는 방법을 조언해주고 있다.

과학자로서 개인의 경험을 추동하는 삶의 원인을 발견해내는 훈련을 받았다. 내가 최고의 교육을 받았다고는 하지만, 관대한 멘토를 찾는 일에서는 순전히 우연과 행운이 따른 경우가 많았다. 나의 박사 과정 지도교수 데이비드 더닝David Dunning은 정신이 시각적 경험에 미치는 영향의 첫 증거를 함께 발견하자 흥분한 나와 기쁨을 같이했다. 학부 지도교수인 릭 밀러Rick Miller는 우리 직업에는 창의성과 지적 자유의 기회가 있다는 것을 일찍이 보여주었다. 아마 그를 만나지 못했다면 나로서는 그 뒤로 오랫동안 그런 사실을 몰랐을 것이다. 자녀 양육의 사운드트랙으로 마일스 데이비스의 〈비치스 브루Bitches Brew〉를 선택한 데이비드 냅David Nabb은 음악과 육아는 전통을 깨뜨릴 때 더 재미있는 법이라고 가르쳐주었다. 나의 첫 박사 과정 학생으로 평생지기가 된 섀나 콜Shana Cole과 야엘 그래넛Yael Granot은 내가 새 담당교수로 경험을 쌓기 시작할 때 도움을 주었다. 투후옹하Thu-Huong Ha와 애덤 크루프닉Adam Kroopnick, 데이비드 웨버David Webber로 구성된 2016년 테드 강연회 뉴욕 팀은 공적인 목소리를 찾도록 가장 먼저 도움을 주었다.

이 책에는 나에 관한 이야기도 일부 나오지만 다른 분들의 이야기가 훨씬 더 많다. 매혹적인 이야기들을 공유해준 많은 분들께 감사를 드린다. 덕분에 이야기가 풍성해질 수 있었다. 그들의 선물에 큰 신세를 졌다. 자신의 대학 학업 과정에서 나를 찾아준 많은 학생들에게도 고맙다는 인사를 전한다. 과학적인 전개 과정에 그들의 협력이 없었다면, 아직도 많은 것들이 발견되지 못한 채 기다리고 있었으리라.

이 책의 목표 가운데 하나는 아직 덜 알려졌지만 사람의 눈이 힘과 영감의 원천이라는 인식을 높여주는 것이다. 가족의 지원이 있었기에 전념할 수 있었다. 어머니 낸시 발세티스Nancy Balcetis는 공립학교의 선생님이었다. 어머니는 모든 아이들이 출발 조건에 구애받지 않고 자신의 이야기를 말하고, 다른 사람의 이야기를 듣는 능력을 발견하도록 평생 도왔다. 나의 근시안적인 태도에 적잖은 길잡이 역할을 해주셨고, 책에 대한 애정을 내 마음속에 키워주었다. 잘 시간이 지난 심야까지 불을 밝히고 책을 읽는 아이로서 나는 수많은 밤을 보냈다. 내가 동사를 제대로 활용하는 능력을 갖추기도 전에 엄마는 나의 글쓰기 스타일을 탐구하도록 도와주셨다. 나의 아버지 매트 발세티스Mat Balcetis는 직업은 치료사이지만 나에게는 첫 음악 선생님이었다. 아빠는 나를 데리고 다니며 다른 아이들과 함께 레슨을 받게 해주셨다. 그리고 아빠는 수많은 주말에 음악 경연대회를 찾아와 응원해주었기 때문에 지금도 음악이나 내 삶의 다른 분야에서 용기를 북돋아주는 가장 큰 목소리로 남아 있다. 지금도 마찬가지다. 언니 앨리슨 발세티스Allison Balcetis는 다른 나라의 대학에 다니는 바람에 지리적으로 갈라지기 전까지 주말마다 나와 함께 록음악을 연주했다. 언니의 남편 더스틴 그루Dustin Grue는 산문을 쓸 때 신중하게 고른 인용구를 수사적으로 배치하는 법과 시멘트를 부을 때 철근 보강재를 구조적으로 배치하는 법을 가르쳐주었다. 그 두 가지 가르침 중의 하나가 특히 이 책에서 유용하게 쓰였다.

어떤 내용이 인쇄될지 알기 전부터 우리의 일상을 공개하도록 허용해주고 내게 커다란 신뢰와 기대를 보내주는 남편 피터 코리건Peter Corrigan에게 고마움을 전한다. 무엇보다 기쁜 것은, 끝없이 생기는 눈 밑의 잔주름에도 불구하고 우리가 함께하는 육아의 모험이다. 매튜 코리건Matthew Corrigan을 키우면서 이 책을 쓰는 것은 내 평생에 가장 힘든 두 가지 일이었다. 이 프로젝트를 하겠다고 가장 먼저 내가 말한 사람도, 이 일을 끝내고 가장 먼저 아이스크림을 먹으며 함께 축하한 사람도 매티였다. 그때마다 아이는 미소로 엄마를 지지했다. 언젠가(자랑스럽다는 것이 무슨 뜻인지 알고 어릴 때의 지저분함에 관해 엄마가 언급한 모든 이야기를 이해할 때쯤) 매티가 나의 아들인 것을 자랑스럽게 여기면 좋겠다. 나는 지금, 그의 엄마인 것이 자랑스럽고 고맙다.

1. 새로운 길을 보라

1 Pascual-Leone, A., and Hamilton, R. (2001). "The metamodal organization of the brain," *Progress in Brain Research* 134, 1 –19.

2 Ohla, K., Busch, N. A., and Lundström, J. N. (2012). "Time for taste—A review of the early cerebral processing of gustatory perception," *Chemosensory Perception* 5, 87 –99.

3 Pizzagalli, D., Regard, M., and Lehmann, D. (1999). "Rapid emotional face processing in the human right and left brain hemispheres: An ERP study," *Neuro Report* 10, 2691 –98.

4 Fischer, G. H. (1968). "Ambiguity of form: Old and new," Attention, Perception, & Psychophysics 4, 189 –92. For more great visual illusions, see Seckel, A. (2009). *Optical Illusions.* Buffalo, NY: Firefly Books.

5 Trainor, L., Marie, C., Gerry, D., and Whiskin, E. (2012). "Becoming musically enculturated: Effects of music class for infants on brain and behavior," *Annals of the New York Academy of Sciences* 1251, 129 –38.

6 Kirschner, S., and Tomasello, M. (2010). "Joint music making promotes prosocial behavior in 4-year-old children," *Evolution and Human Behavior* 31, 354 –64.

7 NPR/PBS NewsHour/Marist poll, November through December 4, 2018, maristpoll.marist.edu/wp- content/uploads/2018/12/NPR_PBS-NewsHour_Marist-Poll_USA-NOS-and-Tables_New-Years Resolutions_1812061019-1.pdf#page=3.

8 American Psychological Association (2012). "What Americans think of willpower: A survey of perception of willpower and its role in achieving lifestyle and behavior- change goals," www.apa.org/helpcenter/stress- willpower.pdf.

9 Baumeister, R. F., and Tierney, J. (2012). *Willpower: Rediscovering the Greatest Human Strength,* New York: Penguin Books.

10 Erskine, J. A. K. (2008). "Resistance can be futile: Investigating behavioural rebound," *Appetite* 50, 415 –21.

11 Clarkson, J. J., Hirt, E. R., Jia, L., and Alexander, M. B. (2010). "When perception is more than reality: The effects of perceived versus actual resource depletion on self-regulatory behavior," *Journal of Personality and Social Psychology* 98, 29 –46.

12 Shea, A. (April 8, 2011). "Glass artist Dale Chihuly seduces eyes, and blows minds, at the MFA," WBUR News, www.wbur.org/news/2011/04/08/chihuly-profile.

2. 나에게 맞는 도전 과제 찾아내기

1 www.cnbc.com/id/100801531.

2 Just, M. A., Keller, T. A., and Cynkar, J. (2008). "A decrease in brain activation associated with driving when listening to someone speak," *Brain Research* 1205, 70 – 80.

3 US Grant US2500046 A, Willy Schade, "Petzval- type photographic objective," assigned to Eastman Kodak Co., published March 7, 1950.

4 레드불 팀의 일원으로 프로벤자노가 행한 모험에 대해 더 자세한 내용은 여기서 볼 수 있다. www.redbull.com /us-en/athlete/jeffrey-provenzano.

5 Bisharat, A. (July 29, 2016). "This man jumped out of a plane with no parachute," *National Geographic*, www.nationalgeographic.com/adventure/features/skydiver-luke-aikins-freefalls-without-parachute; Astor, M. (July 30, 2016). "Skydiver survives jump from 25,000 feet, and without a parachute," *The New York Times*, www.nytimes.com/2016/07/31/us/skydiver-luke-aikins-without-parachute.html.

6 새뮤얼슨과 다른 여자선수들의 이야기에 관해서는 다음을 참조. Edelson, P. (2002). *A to Z of American Women in Sports*. New York: Facts on File.

7 Longman, J. (October 9, 2010). "Samuelson is still finding the symmetry in 26.2 miles," The New York Times, www.nytimes.com/2010/10/10/sports/10marathon.html; Macur, J. (November 6, 2006). "In under three hours, Armstrong learns anew about pain and racing," *The New York Times*, www.nytimes.com/2006/11/06/sports/sportsspecial/06armstrong.html.

8 Sugovic, M., Turk, P., and Witt, J. K. (2016). "Perceived distance and obesity: It's what you weigh, not what you think," *Acta Psychologica* 165, 1 – 8; Sugovic, M., and Witt, J. K. (2013). "An older view of distance perception: Older adults perceive walkable extents as farther," *Experimental Brain Research* 226, 383 – 91.

9 Proffitt, D. R., Bhalla, M., Gossweiler, R., and Midgett, J. (1995). "Perceiving geographical slant," *Psychonomic Bulletin & Review* 2, 409 – 28.

10 유사한 결과는 다음 자료에서 확인할 수 있다. Cole, S., Balcetis, E., and Zhang, S. (2013). "Visual perception and regulatory conflict: Motivation and physiology

influence distance perception," *Journal of Experimental Psychology:General*, 142, 18 – 22.

11 Robinson, R. (September 16, 2018). "Eliud Kipchoge crushes marathon world record at Berlin Marathon." *Runner's World*, www.runnersworld.com/news/a23244541/ berlin-marathon-world-record.

12 Board of Governors of the Federal Reserve System (2018). "Report on the economic well-being of U.S. households in 2017 – 2018," www.federalreserve.gov/ publications/2018-economic-well-being-of-us-households-in-2017-retirement. htm.

13 VanDerhai, J. (2019). "How retirement readiness varies by gender and family status: A retirement savings shortfall assessment of gen Xers," *Employee Benefit Research Institute* 471, 1 – 19.

14 Fontinelle, A. (October 3, 2018). "Saving for retirement in your 20s: Doing the math." Mass Mutual Blog, blog.massmutual.com/post/saving-for-retirement-in- your-20s-doing-the-math.

15 Hershfield, H. E., Goldstein, D. G., Sharpe, W. F., Fox, J., Yeykelis, L., Carstensen, L. L., and Bailenson, J. N. (2011). "Increasing saving behavior thorugh age- progressed renderings of the future self," *Journal of Marketing Research* 48, 23 – 37.

16 Van Gelder, J-L., Luciano, E. C., Kranenbarg, W. E., and Hershfield, H. E. (2015). "Friends with my future self: Longitudinal vividness intervention reduces delinquency," *Criminology* 53, 158 – 79.

17 Hershfield, H. E., Cohen, T. R., and Thompson, L. (2012). "Short horizons and tempting situations: Lack of continuity to our future selves leads to unethical decision making and behavior," *Organizational Behavior and Human Decision Processes* 117, 298 – 310.

18 Ibid.

19 PBS는 1987년에 *Eyes on the Prize*라는 민권운동 관련 다큐 시리즈를 방영했다. 이 제목은, 매회 오프닝 테마 곡으로 쓰인 와인의 노래에서 따왔다.

3. 전체 계획 설계하기

1 Byrne, R. (2006). *The Secret*. New York: Atria Books/Beyond Words.

2 *O, The Oprah Magazine* cover (December 2009).

3 TD Bank (2016). "Visualizing goals influences financial health and happiness, study finds," newscenter.td.com/us/en/news/2016/visualizing-goals-influences-

financial-health-and-happiness-study-finds.

4   Kappes, H. B., and Oettingen, G. (2011). "Positive fantasies about idealized futures sap energy," Journal of Experimental Social Psychology 47, 719 – 29.

5   Pham, L. B., and Taylor, S. E. (1999). "From thought to action: Effects of process-versus outcome -based mental simulations on performance," *Personality and Social Psychology Bulletin* 25, 250.

6   Center for Responsive Politics (October 22, 2008). "U.S. election will cost $5.3 billion, Center for Responsive Politics predicts," OpenSecrets.org, www. opensecrets.org/news/2008/10/us-election-will-cost-53-billi.

7   Rogers, T., and Nickerson, D. (2010). "Do you have a voting plan? Implementation intentions, voter turnout, and organic plan making," *Psychological Science* 21, 194 – 99.

8   Morgan, J. (March 30, 2015). "Why failure is the best competitive advantage," Forbes, www.forbes.com/sites/jacobmorgan/2015/03/30/why-failure-is-the-best-competitive-advantage/#2e4f52e959df.

9   Kaufman, P. D., ed. (2005). *Poor Charlie's Almanack: The Wit and Wisdom of Charles T. Munger.* Infinite Dreams Publishing.

10   Crouse, K. (August 16, 2008). "Phelps's epic journey ends in perfection," *The New York Times,* www.nytimes.com/2008/08/17/sports/olympics/17swim.html; Crumpacker, J. (August 13, 2008). "There he goes again: More gold for Phelps," SFGate, www.sfgate.com/sports/article/There-he-goes-again-more -gold-for-Phelps-3273623.php.

11   Fishbach, A., and Hofmann, W. (2015). "Nudging self-control: A smartphone intervention of temptation anticipation and goal resolution improves everyday goal progress," *Motivation Science* 1, 137 – 50.

12   Gallo, I. S., Keil, A., McCulloch, K. C., Rockstroh, B., and Gollwitzer, P. M. (2009). "Strategic automation of emotion regulation," *Journal of Personality and Social Psychology* 96, 11 – 31.

13   Mann, T. J., Tomiyama, A. J., Westling, E., Lew, A.-M., Samuels, B., and Chatman, J. (2007). "Medicare's search for effective obesity treatments: Diets are not the answer," *American Psychologist* 62, 220 – 33.

14   Henneke, M., and Freund, A. M. (2014). "Identifying success on the process level reduces negative effects of prior weight loss on subsequent weight loss during a low-calorie diet," *Applied Psychology Health and Well Being* 6, 48 – 66.

4. 나 자신의 회계사가 되어보기

1 그래미상 후보에 오른 *Bird Songs*는 조 로바노의 22번째 앨범이다. 2011년 블루노트 레이블에서 발매되었으며 Francisco Mela, Esperanza Spalding, James Weidman, Otis Brown III 등이 레코딩에 참여했다.

2 Hollis, J. F., et al., for the Weight Loss Maintenance Trial Research Group (2008). "Weight loss during the intensive intervention phase of the weight-loss maintenance trial," *American Journal of Preventive Medicine* 35, 118–26.

3 Olson, P. (February 4, 2015). "Under Armour buys health-tracking app MyFitnessPal for $475 Million," *Forbes*, www.forbes.com/sites/parmyolson/2015/02/04/myfitnesspal-acquisition-under-armour/#352145e46935.

4 네이선 디월의 달리기 경력에 관해서는 《뉴욕타임스》 기사 참조. "How to run across the country faster than anyone"(October 26, 2019), www.nytimes.com/2016/10/26/well/move/how-to-run-across-the-country-faster-than-anyone.html.

5 U.S. Courts (March 7, 2018). "Just the facts: Consumer bankruptcy filings, 2006–2017," www.uscourts.gov/news/2018/03/07/just-facts-consumer-bankruptcy-filings-2006-2017#table1.

6 Center for Microeconomic Data (November 2018). "Quarterly report on household debt and credit," www.newyorkfed.org/medialibrary/interactives/householdcredit/data/pdf/HHDC_2018Q3.pdf.

7 Ibid.

8 ValuePenguin (March 2019). "Average credit card debt in America," www.valuepenguin.com/average-credit-card-debt.

9 애리일리의 상세한 인터뷰에 관해서는 다음 참조. www.nytimes.com/2016/04/13/technology/personaltech/googles-calendar-now-finds-spare-time-and-fills-it-up.html.

10 Ariely, D., and Wertenbroch, K. (2002). "Procrastination, deadlines, and performance: Self-control by precommitment," *Psychological Science* 13, 219–24.

11 Kruger, J., and Evans, M. (2004). "If you don't want to be late, enumerate: Unpacking reduces the planning fallacy," *Journal of Experimental Social Psychology* 40, 586–98.

12 Buehler, R., Griffin, D., and MacDonald, H. (1997). "The role of motivated reasoning in optimistic time predictions," *Personality and Social Psychology Bulletin* 23, 238–47.

13 Koehler, D. J., White, R. J., and John, L. K. (2011). "Good intentions, optimistic self-predictions, and missed opportunities," *Social Psychological and Personality Science* 2, 90 – 96.

5. 눈에 보이면 마음에 담긴다

1 Lupi, G., and Posavec, S. (2016). *Dear Data.* New York: Princeton Architectural Press. To see Lupi and Posavec's postcards online, visit www.moma.org/artists/67122.

2 www.senate.gov/artandhistory/art/special/Desks/hdetail.cfm?id=1.

3 Roubein, R., *National Journal* (June 1, 2015). "How senators pick their seats: Power, friends and proximity to chocolate," *The Atlantic,* www.theatlantic.com/politics/archive/2015/06/how-senators-pick-their-seats-power-friends-and-proximity-to-chocolate/456015.

4 Thaler, R. H. (2009). "Do you need a nudge?" Yale Insights, insights.som.yale.edu/insights/do-you-need-nudge.

5 Battaglia-Mayer, A., and Caminiti, R. (2002). "Optic ataxia as a result of the breakdown of the global tuning fields of parietal neurons," *Brain* 125, 225 – 37.

6 Wood, W., and Ruenger, D. (2016). "Psychology of habits," *Annual Review of Psychology* 37, 289 – 314.

7 Clifford, S. (April 7, 2011). "Stuff piled in the aisle? It's there to get you to spend more," The New York Times, www.nytimes.com/2011/04/08/business/08clutter.html.

8 Cohen, D. A., Collins, R., Hunter, G., Ghosh-Dastidar, B., and Dubowitz, T. (2015). "Store impulse marketing strategies and body mass index," *American Journal of Public Health* 105, 1446 – 52.

9 Federal Trade Commission Cigarette Report for 2017, www.ftc.gov/system/files/documents/reports/federal-trade-commission-cigarette-report-2017-federal-trade-commission-smokeless-tobacco-report/ftc_cigarette_report_2017.pdf.

10 Nakamura, R., Pechey, R., Suhrcke, M., Jebb, S. A., and Marteau, T. M. (2014). "Sales impact of displaying alcoholic and non-alcoholic beverages in end-of-aisle locations: An observational study," *Social Science & Medicine* 108, 68 – 73.

11 Dunlop, S., et al. (2015). "Out of sight and out of mind? Evaluating the impact of point-of-sale tobacco display bans on smoking-related beliefs and behaviors in

a sample of Australian adolescents and young adults," *Nicotine and Tobacco Research* 761–68.

12 Thorndike, A. N., Riis, J., Sonnenberg, L. M., and Levy, D. E. (2014). "Traffic-light labels and choice architecture: Promoting healthy food choices," *American Journal of Preventive Medicine* 46, 143–49.

13 Stone, M. (November 2, 2015). "Google's latest free lunch option is a fleet of 20 fancy food trucks— and the food looks incredible," *Business Insider*, www.businessinsider.com/googles-latest-free-lunch-option- is-a-fleet-of-20-fancy-food-trucks-and-the-food-looks-incredible-2015-10; Hartmans, A. (August 26, 2016). "21 photos of the most impressive free food at Google," *Business Insider*, www.businessinsider.com/photos-of-googles-free-food-2016-8.

14 Kang, C. (September 1, 2013). "Google crunches data on munching in office," *Washington Post*, www.washingtonpost.com/business/technology/google-crunches-data-on-munching-in- office/2013/09/01/3902b444-0e83-11e3-85b6-d27422650fd5_story.html. ; abcnews.go.com/Health/google-diet-search-giant-overhauled-eating-options-nudge/story?id=18241908.

15 Davis, E. L., Wojtanowski, A. C., Weiss, S., Foster, G. D., Karpyn, A., and Glanz, K. (2016). "Employee and customer reactions to healthy in-store marketing interventions in supermarkets," *Journal of Food Research* 5, 107–113.

16 Glanz, K., and Yaroch, A. L. (2004). "Strategies for increasing fruit and vegetable intake in grocery stores and communities: Policy, pricing, and environmental change," *Preventive Medicine* 39, 75–80.

17 Wakefield, M., Germain, D., and Henriksen, L. (2008). "The effect of retail cigarette pack displays on impulse purchase," *Addiction* 103, 322–28.

18 Wood, W., Tam, L., and Witt, M. G. (2005). "Changing circumstances, disrupting habits," *Journal of Personality and Social Psychology* 88, 918–33.

19 Mirenowicz, J., and Schultz, W. (1996). "Preferential activation of midbrain dopamine neurons by appetitive rather than aversive stimuli," *Nature* 379, 449–51.

20 Holland, R. W., Aarts, H., and Langendam, D. (2006). "Breaking and creating habits on the working floor: A field-experiment on the power of implementation intentions," *Journal of Experimental Social Psychology* 42, 776–83.

6. 제대로 파악한다는 것

1 Baumeister, R. F., Campbell, J. D., Krueger, J. I., and Vohs, K. D. (2003). "Does high self-esteem cause better performance, interpersonal success, happiness, or healthier lifestyles?" *Psychological Science in the Public Interest* 4, 1 –44.

2 Koo, M., and Fishbach, A. (2008). "Dynamics of self-regulation: How (un) accomplished goal actions affect motivation," *Journal of Personality and Social Psychology* 94, 183 –95.

3 Wood, L. M., Parker, J. D., and Keefer, K. V. (2009). "Assessing emotional intelligence using the Emotional Quotient Inventory (EQ-i) and related instruments," in *Assessing Emotional Intelligence* (pp. 67 –84). Boston: Springer. 정서적 지능에 대한 상세 정보는 다음을 참조. Bradberry, T., and Greave, J. (2009). *Emotional Intelligence 2.0.* San Diego: TalentSmart; Salovey, P., and Mayer, J. D. (1990). "Emotional intelligence," *Imagination,* Cognition, and Personality 9, 185 –211.

4 Wilderom, C. P. M., Hur, Y., Wiersma, U. J., Van Den Berg, P. T., and Lee, J. (2015). "From manager's emotional intelligence to objective store performance: Through store cohesiveness and sales-directed employee behavior," *Journal of Organizational Behavior,* onlinelibrary.wiley.com/doi/abs/10.1002/job.2006.

5 Shouhed, D., Beni, C., Manguso, N., IsHak, W. W., and Gewertz, B. L. (2019). "Association of emotional intelligence with malpractice claims: A review," *JAMA Surgery* 154 (3), 250 –56.

6 Elfenbein. H. A., Foo, M. D., White, J., Tan, H. H., and Aik, V. C. (2007). "Reading your counterpart: The benefit of emotion recognition accuracy for effectiveness in negotiation," *Journal of Nonverbal Behavior* 31, 205 –23.

7 Du, S., and Martinez, A. M. (2011). "The resolution of facial expressions of emotion," *Journal of Vision* 11, 1 –13.

8 Ekman, P., and O'Sullivan, M. (1991). "Who can catch a liar?," *American Psychologist* 46, 913.

9 표정을 구분해주는 근육에 관한 상세 정보는 다음 참조. Ekman, P., Friesen, W. V., and Hager, J. C. (2002). *Facial Action Coding System: The Manual* on CD-ROM. Salt Lake City: A Human Face.

10 Beck, J. (February 4, 2014). "New research says there are only four emotions," www.theatlantic.com/health/archive/2014/02/new-research-says-there-are-only-four-emotions/283560.

11 Brady, W. J., and Balcetis, E. (2015). "Accuracy and bias in emotion perception

predict affective response to relationship conflict," in *Advances in Visual Perception Research* (pp. 29 – 43). Hauppauge, NY: Nova Science Publishers.

12 Gallo, C. (May 16, 2013). "How Warren Buffett and Joel Osteen conquered their terrifying fear of public speaking," *Forbes*, www.forbes.com/sites/carminegallo/2013/05/16/how-warren-buffett-and-joel-osteen-conquered-their-terrifying-fear-of-public-speaking/#667d5529704a.

13 Shasteen, J. R., Sasson, N. J., and Pinkham, A. E. (2014). "Eye tracking the face in the crowd task: Why are angry faces found more quickly?" *PLOS ONE* 9, 1 – 10.

14 Sanchez, A., and Vazquez, C. (2014). "Looking at the eyes of happiness: Positive emotions mediate the influence of life satisfaction on attention to happy faces," *Journal of Positive Psychology* 9, 435 – 48.

15 Waters, A. M., Pittaway, M., Mogg, K., Bradley, B. P., and Pine, D. S. (2013). "Attention training towards positive stimuli in clinically anxious children," *Developmental Cognitive Neuroscience* 4, 77 – 84.

16 Dandeneau, S., and Baker, J. (2007). "Cutting stress off at the pass: Reducing vigilance and responsiveness to social threat by manipulating attention," *Journal of Personality and Social Psychology* 93, 651 – 66.

17 Ibid.

18 Dweck, C. S. (2007). *Mindset: The New Psychology of Success.* New York: Ballantine Books.

19 Moser, J. S., Schroder, H. S., Heeter, C., Moran, T. P., and Lee, Y.-H. (2011). "Mind your errors: Evidence for a neural mechanism linking growth mind-set to adaptive posterror adjustments," *Psychological Science* 22, 1484 – 89.

20 Goodman, F. R., Kashdan, T. B., Mallard, T. T., and Schumann, M. (2014). "A brief mindfulness and yoga intervention with an entire NCAA Division I athletic team: An initial investigation," *Psychology of Consciousness: Theory, Research, and Practice* 1, 339 – 56.

21 Lieber, A., director (2018). *Bethany Hamilton: Unstoppable.* Entertainment Studios Motion Pictures.

22 Deci, E. L., Connell, J. P., and Ryan, R. M. (1989). "Self-determination in a work organization," *Journal of Applied Psychology* 74, 580 – 90.

23 Forest, J., Gilbert, M.-H., Beaulieu, G., Le Brock, P., and Gagne, M. (2014). "Translating research results in economic terms: An application of economic utility analysis using SDT-based interventions," in M. Gagne, ed., *The Oxford Handbook of Work Engagement, Motivation, and Self-Determination Theory*, 335 – 46. New York: Oxford

University Press.

7. 유혹을 피하기 위해 시각적 틀 넓히기

1 Hofmann, W., Baumeister, R. F., Förster, G., and Vohs, K. D. (2012). "Every day temptations: An experience sampling study of desire, conflict, and self-control," *Journal of Personality and Social Psychology* 102, 1318 – 35.

2 Baskin, E., Gorlin, M., Chance, Z., Novernsky, N., Dhar, R., Huskey, K., and Hatzis, M. (2016). "Proximity of snacks to beverages increases food consumption in the workplace: A field study," *Appetite* 103, 244 – 48.

3 Cole, S., Dominick. J. K., and Balcetis, E. (2019). "Out of reach and under control: Distancing as a self-control strategy," research presented at the Society for the Study of Motivation, 2015 Conference, New York.

4 첫 연구는 1924~1933년 사이 시카고 근처 웨스턴 일렉트릭의 전화기 제조 공장 호손 워크스에서 실시되었다. 이런 특징을 현재 '호손 효과Hawthorne effect' 라고 한다. Mayo, E. (1933), *The Human Problems of an Industrial Civilization*. New York: Macmillan; Roethlisberger, F. J., and Dickson, W. J. (1939). *Management and the Worker*. Cambridge, Mass: Harvard University Press; Gillespie, R. (1991). *Manufacturing Knowledge: A History of the Hawthorne Experiments*. Cambridge, Mass.: Harvard University Press.

5 Engelmann, J. M., and Rapp, D. J. (2018). "The influence of reputational concerns on children's prosociality," *Current Opinion on Psychology* 20, 92 – 95.

6 Carbon, C.-C. (2017). "Art perception in the museum: How we spend time and space in art exhibitions," *I-Perception* 8, 1 – 15.

7 Wiebenga, J., and Fennis, B. M. (2014). "The road traveled, the road ahead, or simply on the road? When progress framing affects motivation in goal pursuit," *Journal of Consumer Psychology* 24, 49 – 62.

8 Fishbach, A., and Myrseth, K.O.R. (2010). "The dieter's dilemma: identifying when and how to control consumption," in Dubé, L., ed., *Obesity Prevention: The Role of Society and Brain on Individual Behavior* (pp. 353 – 63). Boston: Elsevier.

9 Allen, S. (2001). "Stocks, bonds, bills and inflation and gold," InvestorsFriend, www.investorsfriend.com/asset-performance.

10 Benartzi, S., and Thaler, R. H. (1993). "Myopic loss aversion and the equity premium puzzle," *National Bureau of Economic Research*, dx.doi.org/10.3386/w4369.

11 Kirschenbaum, D. S., Malett, S. D., Humphrey, L. L., and Tomarken, A. J. (1982). "Specificity of planning and the maintenance of self-control: 1 Year follow-up of a study improvement program, *Behavior Therapy* 13, 232 – 40.

12 Buehler, R., Griffin, D., and Ross, M. (1994). "Exploring the 'planning fallacy': Why people underestimate their task completion times," *Journal of Personality and Social Psychology* 67, 366 – 81.

13 Ferrara, E., and Yang, Z. (2015). "Quantifying the effect of sentiment on information diffusion in social media," *PeerJ Computer Science* 1, 1 – 15.

14 Rosenbaum, R. S., et al. (2005). "The case of K.C.: Contributions of a memory-impaired person to memory theory," *Neuropsychologia* 43, 989 – 1021.

15 Klein, S. B., Loftus, J. L., and Kihlstrom, J. F. (2002). "Memory and temporal experience: The effects of episodic memory loss on an amnesic patient's ability to remember the past and imagine the future," *Social Cognition* 20, 353 – 79; Tulving, E. (2005). "Episodic memory and autonoesis: Uniquely human?" in Terrace, H. S., and Metcalfe, J., eds., *The Missing Link in Cognition* (pp. 4 – 56). New York: Oxford University Press.

8. 속박에서 벗어나기

1 Wrosch, C., and Heckhausen, J. (1999). "Control processes before and after passing a developmental deadline: Activation and deactivation of intimate relationship goals," *Journal of Personality and Social Psychology* 77, 415 – 27.

2 Parlaplano, A. (June 2, 2009). "Calling it quits," *The New York Times*, archive.nytimes. com/www.nytimes.com/imagepages/2009/06/02/sports/03marathon.grafic.html.

3 Brandstätter, V., and Schüler, J. (2013). "Action crisis and cost-benefit thinking: A cognitive analysis of a goal-disengagement phase," *Journal of Experimental Social Psychology* 49, 543 – 53.

4 Wrosch, C., Miller, G. E., Scheier, M. F., and de Pontet, S. B. (2007). "Giving up on unattainable goals: Benefits for health?," *Personality and Social Psychology Bulletin* 33, 251 – 65.

5 Camerer, C., Babcock, L., Loewenstein, G., and Thaler, R. (1997). "Labor supply of New York City cabdrivers: One day at a time," *Quarterly Journal of Economics* 407 – 41.

6 Packer, D. J., Fujita, K., and Chasteen, A. L. (2014). "The motivational dynamics of dissent decisions: A goal-conflict approach," *Social Psychological and Personality Science* 5, 27-34.

7 Association of American Medical Colleges (November 9, 2018). "MCAT and GPAs for applicants and matriculants to U.S. medical schools by primary undergraduate major, 2018-2019," www.aamc.org/download/321496/data/factstablea17.pdf.

9. 효율을 극대화하며 내일을 내다보는 법

1 Dabbish, L. A., Mark, G., and Gonzalez, V. M. (2011). "Why do I keep interrupting myself? Environment, habit and self-interruption," in *Proceedings of the International Conference on Human Factors in Computing Systems*, CHI, 3127-30.

2 Ward, A., and Mann, T. (2000). "Don't mind if I do: Disinhibited eating under cognitive load," *Journal of Personality and Social Psychology* 78, 753-63.

3 Wang, Z., and Tchernev, J. M. (2012). "The 'myth' of media multitasking: Reciprocal dynamics of media multitasking, personal needs, and gratifications," *Journal of Communication* 62, 493-513.

4 De Havia, M. D., Izard, V., Coubart, A., Spelke, E. S., and Streri, A. (2014). "Representations of space, time and number in neonates," *Proceedings of the National Academy of Sciences* 111, 4809-13.

5 Leroux, G., et al. (2009). "Adult brains don't fully overcome biases that lead to incorrect performance during cognitive development: An fMRI study in young adults completing a Piaget-like task," *Developmental Science* 12, 326-38.

6 Poirel, N., Borst, G., Simon, G., Rossi, S., Cassotti, M., Pineau, A., and Houdé, O. (2012). "Number conservation is related to children's prefrontal inhibitory control: An fMRI study of Piagetian task" *PLOS ONE* 7, 1-7.

7 Meier, S., and Sprenger, C. (2010). "Present-biased preferences and credit card borrowing," *American Economic Journal: Applied Economics* 2, 193-210.

8 Herschfield, H., and Roese, N. (2014). "Dual payoff scenario warnings on credit card statements elicit suboptimal payoff decisions," available at SSRN: papers.ssrn.com/sol3/papers.cfm?abstract_id=2460986.

9 KC, D. S. (2013). "Does multitasking improve performance? Evidence from the emergency department," *Manufacturing and Service Operations Management* 16, 167-327.

10 Naito, E., and Hirose, S. (2014). "Efficient foot motor control by Neymar's brain," *Frontiers in Human Neuroscience* 8, 1-7.

11 BBC Sport (August 29, 2017). "Footballers' wages: How long would it take you to earn a star player's salary?" www.bbc.com/sport/41037621.

12 Jäncke, L., Shah, N. J., and Peters, M. (2000). "Cortical activations in primary and secondary motor areas for complex bimanual movements in professional pianists," *Cognitive Brain Research* 10, 177 – 83.

13 Bernardi, G., et al. (2013). "How skill expertise shapes the brain functional architecture: An fMRI study of visuo-spatial and motor processing in professional racing-car and naïve drivers," *PLOS ONE* 8, 1 – 11.

14 Del Percio, C., et al. (2009). "Visuo-attentional and sensorimotor alpha rhythms are related to visuo-motor performance in athletes," *Human Brain Mapping* 30, 3527 – 40.

15 Milton, J., Solodkin, A., Hluštik, P., and Small, S. L. (2007). "The mind of expert motor performance is cool and focused," *NeuroImage* 35, 804 – 13.

16 Petrini, K., et al. (2011). "Action expertise reduces brain activity for audiovisual matching actions: An fMRI study with expert drummers," *NeuroImage* 56, 1480 – 92.

10. 공연 시작

1 Feys, M., and Anseel, F. (2015). "When idols look into the future: Fair treatment modulates the affective forecasting error in talent show candidates," *British Journal of Social Psychology* 54, 19 – 36.

2 Kopp, L., Atance, C. M., and Pearce, S. (2017). " 'Things aren't so bad!': Preschoolers overpredict the emotional intensity of negative outcomes," *British Journal of Developmental Psychology* 35, 623 – 27.

3 Balcetis, E., and Dunning, D. (2007). "A mile in moccasins: How situational experience diminishes dispositionism in social inference," *Personality and Social Psychology Bulletin* 34, 102 – 14.

4 Gilbert, D. (2007). *Stumbling on Happiness.* New York: Vintage Books.